RÉFLEXIONS MORALES

SUR LES DÉLITS

PUBLICS ET PRIVÉS,

POUR SERVIR DE SUITE A L'OUVRAGE QUI A OBTENU
LE PRIX D'UTILITÉ EN 1787.

PAR M. DELACROIX,

JUGE AU TRIBUNAL CIVIL DE VERSAILLES, ET ANCIEN PROFESSEUR
DE DROIT PUBLIC.

~~~~~~

PARIS,

CHEZ ARTHUS-BERTRAND, LIBRAIRE,

Acquéreur du fonds de Buisson, rue Hautefeuille, n°. 23,

1807.

DISCOURS PRÉLIMINAIRE.

DE L'ORIGINE DE CET OUVRAGE

ET DE SES PREMIERS RÉSULTATS.

Il appartient à bien peu d'écrivains de parler d'eux et de leurs compositions littéraires sans faire naître une prévention défavorable. Il faudroit avoir le talent du citoyen de Genève pour rajeunir le passé, et animer par le charme du style des événemens fugitifs qui ne doivent point occuper de place dans la mémoire des hommes. C'est peut-être un des plus grands prodiges de l'art d'écrire que cet intérêt qu'a su répandre sur les niaiseries de son enfance l'éloquent précepteur d'Émile. Mais n'a-t-il pas plus perdu que gagné dans cette lutte de son talent contre la difficulté du sujet? A mesure que l'écrivain nous a forcés de l'admirer, l'homme a cessé d'être estimable; et, quelque repentir qu'il ait éprouvé de ses fautes, de tous ceux qui ont lu ou entendu ses confessions il en est bien peu qui soient disposés à l'absoudre. Aussi ne parlerai-je des

a

circonstances de ma vie que dans ce qui a
rapport à cet ouvrage; et si je parois quelquefois m'en écarter, ce sera pour remonter
à son principe et aux conséquences qu'elles
ont eues pour son auteur.

Avant de m'élancer dans la carrière du barreau, je flottois encore entre la gravité des
études qu'alloit exiger de moi la profession
que je me proposois d'embrasser, et les illusions de celle d'un homme de lettres. Au lieu
de me préparer à la première en me nourrissant de la lecture du sage *Domat*, du savant *Dumoulin*, de l'éloquent *d'Aguesseau*,
mon imagination erroit sur toutes les productions agréables ou frivoles que l'esprit offroit
journellement à l'oisiveté des citadins. Le hasard fit tomber sous ma main le *Spectateur* de
Marivaux, bien inférieur sans doute au *Spectateur anglois;* mais où l'on trouve quelques
morceaux que n'auroient pas désavoués *Steel*
et *Addisson*. Je conçus le dessein de faire revivre cet ouvrage, et je communiquai mon
projet à deux amis qui n'étoient pas étrangers
aux lettres, et je les invitai à s'associer à mon
travail. L'un étoit un Créole dont la tête paroissoit allumée par tous les feux du climat
qui lui avoit donné le jour. Une gaieté aimable
animoit tous ses mouvemens; son expression

étoit brillante et métaphorique; un naturel charmant, un cœur franc et généreux donnoient de l'éclat à ses erreurs : on l'eût moins aimé s'il eût été plus parfait. L'autre, froid, calme, méditatif, avoit le caractère d'une pensée profonde et sévère; il sembloit sourire aux autres par indulgence, et avoit d'autant plus de mérite à pardonner à l'humanité qu'il n'en avoit pas les défauts. Tels furent ceux qui devoient m'aider à soutenir le poids de mon entreprise. Nous travaillâmes d'abord à un *Prospectus*, par lequel nous promîmes, comme cela est d'usage, beaucoup plus que nous ne pouvions tenir; et plusieurs de ceux qui le reçurent tombèrent dans le piége que notre présomption leur avoit tendu.

Nous nous étions engagés à fournir à nos souscripteurs quinze cahiers de trois feuilles d'impression par année. Déjà un premier avoit paru; un second étoit sous presse, lorsque le Créole fut rappelé sur le sol brûlant de Saint-Domingue pour y remplir les fonctions de procureur général. Mon second associé fut, par une faveur inattendue, élevé à la place d'avocat général à Perpignan. Je me trouvai alors isolé et réduit à mes foibles moyens : il ne me restoit que deux partis à prendre, celui de renvoyer humblement à tous mes souscripteurs l'argent qu'ils avoient eu la confiance de nous faire parvenir, ou de payer d'audace en remplissant seul la tâche que nous nous étions si témérairement imposée. Ce fut celui-là que j'osai suivre. Pendant deux années, je multipliai mes efforts, je variai mes idées, je leur donnai des couleurs si différentes, qu'on parut croire à l'existence d'une société littéraire, et je fus assez heureux pour voir la curiosité publique accueillir ces feuilles, où les pensées de divers personnages paroissoient venir se déposer. Je trouvois tant de plaisir, tant d'encouragement dans ce genre de travail, que j'y serois demeuré long-temps fixé si un événement inespéré ne m'en eût détaché.

A cette époque, une cause célèbre agitoit tous les esprits de la capitale et des provinces. Heureuse la nation pour laquelle l'affaire d'un particulier devient une affaire générale, et qui n'a pas d'autres sujets de sollicitude et de discorde! Un officier général, allié aux plus grandes familles de la France, soutenoit hardiment n'avoir point reçu une somme de trois cent mille livres dont il avoit fourni les billets. Par un abus épouvantable de son crédit, il avoit jeté dans les fers le petit-fils de sa créancière. Après avoir accumulé les terreurs sur

la tête de ce jeune homme, il étoit parvenu
à arracher de sa foiblesse un désaveu dont il
se faisoit un titre. La noblesse fortifioit, de
toute sa puissance, de toute sa vanité, la cause
du gentilhomme; le commerce et toute la
classe plébéienne prenoient parti pour la famille obscure qui se trouvoit dépouillée d'une
fortune amassée par le travail et l'économie.
Deux athlètes principaux ajoutoient à l'éclat
de cette affaire, le célèbre *Linguet* et l'éloquent *Gerbier*. Une maladie vraie ou simulée
qui survint à ce dernier éteignit sa voix. Privée de cet illustre appui, la famille qu'il devoit défendre plaça toute sa confiance dans
le zèle et les lumières de l'incorruptible *Ver-*
meil. Ce jurisconsulte m'avoit envoyé quelques discours pour *le Spectateur*; il crut pouvoir assez compter sur mes foibles talens pour
me charger d'une réponse à un mémoire où
la malignité et le mensonge s'étoient parés de
la dialectique la plus subtile et de l'éloquence
la plus véhémente. Je ne trompai pas l'espérance de mon collègue. Une réponse rapide
et précise parut si lumineuse qu'elle cons-
terna to   es adversaires, et le public satisfait cor   e ce jour un avocat de plus au
barreau

Mon cabinet, désert et ignoré, fut tout à

coup rempli de cliens qui sollicitèrent le secours de ma plume. De grandes dames fati-
guées de l'autorité de leurs maris, des religieux las du joug qu'ils s'étoient imposé, des
enfans déshérités par leur faute ou par l'injustice de leurs parens, me pressoient de
toutes parts de faire valoir leurs plaintes et
leurs réclamations. Ce fut alors que je me vis
forcé de sacrifier à des sollicitations sédui-
santes l'objet de mes affections et de mes soins.

Il existe pour un avocat qui débute dans la
carrière du barreau deux écueils : celui de
languir ignoré dans l'attente de la première
cause qui viendra s'offrir à lui; l'autre, d'être
assailli d'une multitude de plaideurs qui tous
prétendent avoir un droit égal à son zèle et à
son talent. S'il veut tous les satisfaire et répondre à leur confiance, ses productions deviendront imparfaites, et sa réputation sera
bientôt éclipsée. Pour éviter cet inconvénient,
je me montrai plusdifficile, et je n'adoptai que
les causes qui pouvoient signaler mon nom.
J'immolai les plus lucratives à celles d'un intérêt général : ainsi je consacrai quelques mois
à la cause de *la Rosière de Salency*, dont j'eus
le bonheur de faire revivre l'institution presque éteinte dans le nombre des siècles écoulés depuis son origine. Le premier mémoire,

qui avoit pour objet de parer de fleurs la vertu
champêtre et de la préserver des atteintes de
la séduction, électrisa tellement tous les esprits qu'il n'y eut pas un grand seigneur, un
riche propriétaire, qui ne voulût faire croître
dans son domaine une rosière: comme si la
vertu pouvoit naître partout à la voix de l'o-
pulence ou de la vanité! En m'attachant à
donner quelque célébrité à mes travaux, je ne
tardai pas à m'apercevoir qu'en multipliant
mes succès je faisois croître autour de moi
la haine et l'envie, et que le calme d'un écrivain solitaire qui ennoblit, qui purifie ses
pensées dans le silence et la méditation, est
bien préférable aux agitations d'un défenseur
public que l'intérêt d'un client opprimé met
aux prises avec la puissance et la richesse.
C'est ce que j'eus lieu d'éprouver lorsqu'il fallut combattre en faveur du commerce les édits
désastreux qu'avoit enfantés le système économique. J'eus le malheur d'attirer sur moi
la haine du vertueux *Turgot* : je soulevai encore davantage l'indignation de ses disciples,
en prenant la défense de la marquise de Ca-
bris, qui avoit tant à se plaindre de l'*ami des
hommes*. Ce fut bien pis encore, lorsque l'on
me vit braver avec assurance et sous la seule
égide de la loi l'influence prépondérante de

plusieurs magistrats, de quelques ministres, qui s'étoient écartés des principes de justice. Il m'arriva plus d'une fois, en perdant des causes que j'avois jugées d'une équité évidente, d'éprouver ce dépit qui fit déserter le barreau au maréchal de Catinat, et le lança, heureusement pour la France, dans la carrière des armes. Mais si j'avois partagé trop souvent la douleur et les regrets de mes cliens, il m'arriva d'éprouver de bien douces jouissances. En est-il de comparables à celles dont mon cœur fut enivré lorsque j'eus rendu à l'honneur et à son emploi un militaire victime de l'erreur d'un tribunal, dont le jugement venoit d'être cassé par un arrêt du parlement de Bordeaux?

Un colonel corse avoit amené dans mon cabinet cet infortuné, qui portoit sur son visage l'empreinte d'une longue douleur: son air étoit noble et on déméloit dans ses regards une certaine fierté qui annonçoit une ame irritée, mais que le malheur n'avoit point abattue. Lorsqu'il m'eut fait le récit de ses souffrances, je me sentis ému jusqu'aux larmes. Cependant que faire pour adoucir tant de chagrins, pour réparer tant d'injustices? Dépendoit-il de moi d'effacer ce qui étoit ineffaçable, de reporter un officier dégradé au rang dont il étoit déchu, de lui restituer des appointemens qu'il avoit perdus? Voilà pourtant ce que l'on exigeoit de moi, ce que j'osai entreprendre. Je réunis toutes les forces du talent que la nature de cette cause pouvoit inspirer; je composai un mémoire qui ne pouvoit plus être adressé qu'au suprême dispensateur de toutes faveurs et de toute justice : je m'attachai à faire passer mon émotion dans toutes les ames et à exciter l'intérêt de tous les militaires, de tous les courtisans, de tous les ministres.

« S'il étoit quelqu'un parmi vous, m'é-
» criois-je, qui pût jeter un coup-d'œil
» d'indifférence ou de dédain sur cette nar-
» ration trop exacte, qu'il veuille bien se
» rappeler que j'écris pour invoquer la puis-
» sance royale en faveur d'un innocent, et
» reconnu pour tel, qui a senti la main d'un
» bourreau armée d'un fer ardent s'appe-
» santir douloureusement sur lui, qui s'est vu
» forcé d'échanger l'habit honorable qu'il por-
» toit contre l'ignoble vêtement d'un galérien,
» qui a été mêlé, confondu parmi ce qu'il y
» a de plus vil dans l'espèce humaine, qui fut
» attaché plusieurs années, comme une bête
» féroce, par un anneau de fer dont la pres-
» sion produisit à sa jambe un gonflement si
» funeste, que des chirurgiens furent sur lo

» point de la retrancher d'un corps dont elle
» ne pouvoit plus supporter le poids; qu'il ne
» fut affranchi de la honte d'un travail com-
» mun avec ses compagnons que par la crainte
» que l'attachement et l'intérêt qu'il avoit ins-
» pirés ne vinssent l'arracher à l'horreur de
» son sort. Si ce tableau fidèle de ses malheurs
» ne vous touche point encore, songez que ce
» n'est point ici un individu vulgaire, exposé,
» par son obscurité, aux erreurs de la justice;
» qu'il s'agit d'un gentilhomme, d'un militaire
» élevé au grade de lieutenant-colonel, qui
» étoit sur le point de recevoir le signe dis-
» tinctif de sa valeur et de ses services, et qu'il
» avoit, par-dessus tous ces avantages, celui
» de jouir d'une telle estime, que le jour de
» son exécution fut un jour de deuil pour
» tous ses concitoyens; que tous les ateliers,
» que toutes les maisons de la ville qu'il habi-
» toit, furent fermés par la consternation gé-
» nérale; que tous les ordres de l'état se por-
» tèrent en foule au palais du gouverneur pour
» en obtenir un sursis qui ne fut point ac-
» cordé; n'oubliez pas sur-tout que cet homme
» accablé de tant de malheurs et d'opprobres
» vient d'être jugé irréprochable, et que, par
» cette raison, nul d'entre vous ne peut se
» croire exempt d'un pareil sort, tout affreux
» qu'il soit. »

Ce mémoire, dont je ne rapporte ici qu'un fragment, produisit une sensation si vive dans tous les esprits que, lorsque l'infortuné qui l'avoit exprimé de mon cœur le présenta dans la galerie de Versailles, en se jetant aux genoux du roi, une foule de militaires l'environna en manifestant le désir de voir leur malheureux camarade réintégré parmi eux. Un vœu si loyal et si généreux ne fut point stérile. Cet officier fut reporté à son grade de lieutenant-colonel; les appointemens dont il avoit été frustré lui furent comptés, et la croix de Saint-Louis placée sur sa poitrine offrit un contraste consolant avec la flétrissure dont il portoit l'empreinte. La gazette de France ne tarda pas à publier ce grand acte d'équité qui honoroit l'autorité royale et avoit rendu l'existence à celui qui sembloit être descendu au-dessous du néant de la mort.

La reconnaissance des hommes est si calme, et leur haine si active, qu'il y a moins à espérer de dix cliens honnêtes qu'on a défendus avec zèle, qu'à redouter d'un fripon qu'on a démasqué. D'après cette vérité, confirmée par l'expérience, je résolus de suspendre pendant quelque temps une lutte qui devenoit de jour en jour plus périlleuse. Sans abandonner ma profession, j'entrai dans une carrière qui ne lui étoit pas étrangère.

M. *de Voltaire*, qui avoit essayé son vaste
génie dans tous les genres, et l'éloquent *Ser-
vant*, s'étoient élancés glorieusement dans
l'arène ouverte aux protecteurs de la foiblesse
et de l'oppression ; ils avoient combattu avec
courage contre les abus multipliés de notre
code criminel. Je tentai de marcher sur leurs
traces, et de cueillir quelques palmes dans ce
champ semé de ronces et d'épines. Nos prisons
étoient de hideux réceptacles où le crime, la
fraude, étoient entassés avec le malheur et l'innocence. Les tortures de la question répan-
doient encore l'effroi dans les tribunaux et menaçoient l'accusé silencieux ; d'affreux souter-
rains recevoient dans leurs gouffres obscurs
des captifs enchaînés, où d'immondes animaux
venoient leur disputer leurs alimens.

Je publiai, sous le titre de Réflexions philosophiques sur la civilisation, et à des époques différentes, des cahiers qui avoient pour
objet d'émouvoir la sollicitude du gouvernement et d'attirer ses regards sur des abus que
sa puissance seule pouvoit purifier.

A dieu ne plaise que je veuille m'attribuer
l'honneur des réformes salutaires qui ont suivi
la publicité de mes opinions ! La *question* étoit
un monument hideux qui s'élevoit depuis des
siècles dans l'enceinte de la justice ; il étoit miné

de toutes parts, il penchoit vers sa ruine, et la pierre que je lançai contre lui acheva de le renverser.

C'est bien plus du cœur sensible et paternel du monarque que de mes foibles efforts qu'émana l'édit mémorable qui combla pour jamais les cachots. Cependant le ministre des finances, qui fit construire une prison particulière pour les débiteurs, ne crut pas ternir sa gloire en déclarant publiquement qu'il avoit réalisé mes idées.

Ce nouveau travail, s'il donnoit quelques jouissances à mon ame, troubla plus d'une fois mon esprit, et fut encore une source de sollicitudes et de contradictions. Un des rédacteurs du Journal de Paris, en rendant un compte beaucoup trop flatteur de mon ouvrage, eut l'imprudence de dire que *les magistrats ne pouvoient trop le méditer.* Il n'en fallut pas davantage pour soulever contre lui la fierté d'un corps qui n'entendoit pas recevoir de lumières d'un individu qu'il jugeoit à une grande distance de son autorité. Les éditeurs du Journal furent mandés à l'hôtel du premier président, et là, en présence de tout ce que le parlement avoit de plus redoutable, ils reçurent une mercuriale très-offensante, et, ce qui étoit encore plus affligeant pour eux, le Journal fut suspendu pendant plusieurs jours. Cet incident, tout pénible qu'il fut pour moi, ne refroidit point mon zèle, et je n'en continuai pas moins de publier mes projets d'amélioration et de bienfaisance. Je m'aperçus cependant que le chef de la justice, qui jusqu'alors les avait accueillis favorablement, craignoit de se compromettre en les protégeant d'une manière ostensible. Plus occupé de se maintenir dans sa place de garde des sceaux, que de l'illustrer par des réformes que l'équité sollicitoit de sa puissance et de ses lumières, il composoit avec les préjugés et les habitudes de l'ancienne magistrature. Le censeur qu'il m'avoit donné se montroit de jour en jour plus craintif ; il exigeoit de moi des sacrifices que je faisois avec regret.

Lorsque je voulus réunir toutes mes feuilles et les présenter sous la forme d'un volume, je trouvai tant d'obstacles que je fus contraint de créer un nouveau titre et de changer le censeur. On m'accorda l'honnête M. *Dufour*, qui, en ce moment, siége au tribunal d'appel à Paris. Plus cet ouvrage obtenoit une heureuse influence sur l'opinion publique et sur l'esprit des ministres, plus il étoit nécessaire de l'étayer d'une autorité protectrice. Je résolus

d'en faire hommage à la puissance royale.
M. le maréchal de *Duras*, auquel je fis part
de mon projet, le seconda de l'ascendant que
lui donnoit son titre de premier gentilhomme
de la chambre, et me présenta d'une manière
si honorable au monarque, que le volume
que je lui offris fut reçu avec une distinction
particulière. Les gazettes, les journaux en par-
lèrent tous avec éloge. Le Mercure, qui, à cette
époque, s'exprimoit avec décence sur mes productions, en cita plusieurs fragmens qui don-
nèrent à cet ouvrage de la célébrité; mais ce
qui l'augmenta beaucoup ce fut l'honneur
que l'Académie françoise lui fit de lui décer-
ner le prix d'utilité : et en effet il n'en étoit
pas indigne, puisque l'on s'accordoit à dire
qu'il avoit produit l'abolition de la question,
la suppression des cachots, l'établissement
d'une prison distincte pour les débiteurs,
un adoucissement sur le sort des jeunes ga-
lériens condamnés à la servitude pour avoir
cédé trop docilement à l'autorité paternelle
d'un contrebandier. D'autres idées, telles que
celles sur la nécessité de donner aux accusés
un défenseur, de permettre aux témoins de
revenir à la vérité sans danger pour eux après
le *récolement*, n'auroient pas tardé à triompher des obstacles qu'on leur opposoit, si un

nouvel ordre de choses n'eût amené avec violence des réformes que je n'aurois jamais osé réclamer.

Tels ont été l'origine et le résultat de cet ouvrage, qui, dans une troisième édition, a subi une nouvelle métamorphose, et auquel on a substitué , sans mon aveu, un titre différent de celui sous lequel il avoit été couronné (1).

Si la célébrité qu'avoit obtenue mon mémoire contre le comte de *Morangiés* m'avoit exposé au danger de voir affluer vers moi trop rapidement les plaideurs, celle de cet ouvrage me fit éprouver un autre inconvénient. Tous les prisonniers d'état crurent trouver en moi un protecteur, et je me vis accablé d'une foule de mémoires et de lamentations qui avoient pour objet d'échauffer mon zèle et ma commisération. Je fus assez heureux pour émouvoir l'ame de plusieurs ministres, et rendre à la liberté quelques captifs dont une longue détention avoit expié les erreurs ou les imprudences. De ce nombre fut le fameux *Latude*, que des barreaux, les murs

---

(1) Il avoit alors pour titre : *Des Moyens de ramener l'ordre et la sécurité en France*. Un libraire a cru devoir, dans un beau zèle patriotique, le décorer de celui-ci : *Des Moyens de régénérer la France et d'accélérer une paix durable avec ses ennemis.*

épais,

épais, les larges fossés de la Bastille n'avoient pu retenir dans ce fort, où la haine d'une femme puissante l'avoit enseveli. Aussi imprudent qu'ingénieux, il n'avoit pas plus tôt brisé ses fers, qu'il retomboit sous la main de ses persécuteurs; trente-trois ans de la captivité la plus affreuse n'avoient ni assouvi leur haine, ni épuisé ses forces. Le mémoire qu'il avoit rédigé dans l'obscurité de son cachot me fut apporté par une femme qui sembloit être son bon génie et qui reçut publiquement la récompense de sa vertueuse persévérance. Ce ne fut pas sans des efforts multipliés, sans des sollicitations long-temps repoussées que cet infortuné, dont la vieillesse étoit un prodige, fut arraché de son odieux sépulcre et rendu à la lumière.

Tout ardent que fut mon zèle, il étoit soumis à un système de prudence; je bravois lorsqu'il le falloit, la haine des individus, mais j'évitois avec soin de m'exposer au ressentiment des *corps*. J'en redoutois l'esprit et l'inextinguible vengeance. Je voulois bien, dans les occasions périlleuses, me montrer courageux, mais je ne voulois pas paroître téméraire; aussi n'échappai-je pas quelquefois au reproche d'être trop circonspect.

M. *Dupaty* s'étoit montré, au parlement de

Bordeaux, l'émule de l'éloquent avocat général de Grenoble; appelé par ses affaires à Paris, il brûloit d'y signaler son talent et de paroître digne du titre de président à mortier, dont il avoit acquis la charge avant d'avoir obtenu l'agrément de sa compagnie. Une occasion favorable ne tarda pas à se présenter. M. *Fréteau*, son beau-frère, l'une des nobles victimes de la révolution, et chez lequel il logeoit, manifesta une douleur profonde de n'avoir pu arrêter, par son opinion, le fatal jugement qui condamnoit trois accusés à expier sur la roue. Ces misérables étoient des journaliers, errans, habitués à recevoir l'hospitalité dans une ferme où la confiance les admettoit à quelques époques de l'année. Un soir que la fermière n'avoit autour d'elle que deux servantes, trois inconnus pénétrèrent dans sa chambre, la garrottèrent, chargèrent de liens les deux filles qui s'efforçoient de la défendre, brisèrent ses armoires et s'évadèrent après avoir enlevé ce qu'ils trouvèrent de plus précieux. Ce ne fut que le lendemain, et lorsque le jour étoit déjà avancé, que des ouvriers, appelés par des cris, vinrent au secours de ces malheureuses femmes. La justice n'eut pas de peine à constater les violences, les effractions et les vols, mais la difficulté étoit d'en reconnoître les auteurs.

Les deux servantes crurent se rappeler la figure et la taille d'un rémouleur qui avoit re-
passé sur sa meule leurs ciseaux, et les traits
d'un journalier vagabond. Il n'en fallut pas
davantage pour courir après ces individus,
qu'on trouva à quelques lieues de la ferme
avec un autre artisan très-suspect. Tous trois
rendoient un compte équivoque de leur conduite et de leur séjour. La fermière, encore
troublée par l'effroi, fortifia les soupçons élevés contre eux en n'hésitant point à les reconnoître pour ceux qui l'avoient garrottée. Un
premier jugement les condamna au dernier
supplice, et l'arrêt du parlement venoit de
confirmer, peut-être trop légèrement, cette
terrible sentence.

M. *Dupaty* se hâta d'adresser au garde des
sceaux un mémoire dont l'objet étoit d'obtenir un sursis, qui ne lui fut point refusé.
Bientôt il se fit délivrer une expédition de
tout le procès, et composa, dans la chaleur
qui l'animoit, un mémoire très-véhément,
très-volumineux, en faveur de ces trois accusés. Mais pour qu'il fût imprimé sans passer
sous l'œil de la censure, il falloit qu'un avocat
inscrit sur le tableau en autorisât l'impression
par sa signature. Ce fut à ce sujet que M. *Du-*
paty vint chez moi et me pria de lui donner

trois heures d'attention pour entendre la lecture de son mémoire. Je l'écoutai en silence; et,
lorsqu'il eut fini: J'espère, me dit-il, que vous
ne balancerez point à concourir avec moi à
la généreuse défense que j'ai entreprise. J'y
consens très-volontiers, répondis-je, mais
c'est à deux conditions: la première, que vous
retrancherez de votre mémoire ce qu'il y a
d'offensant pour des magistrats que vous citez
au tribunal de l'opinion publique; la seconde,
que vous me permettrez d'exposer, dans une
consultation, une opinion contraire à la vôtre
sur ce que vous nommez *des témoins nécessaires*, et que vous voulez rejeter sans distinction. Croyez-vous, continuai-je, que s'il m'arrive dans la nuit de revenir chez moi précédé
d'un domestique dont le flambeau éclaire mes
pas, accompagné d'un frère ou d'un neveu,
je ne pourrai pas, si je suis attaqué par des
voleurs, faire appuyer ma plainte des témoignages de mon serviteur et de mon parent;
et lorsque nous reconnoîtrons tous les trois
les coupables, la justice ne devra-t-elle voir
en moi qu'un accusateur isolé? Vous, Monsieur, qui avez plus d'une fois porté la parole et élevé une voix tonnante contre des
criminels, supposé que l'un d'eux traverse
votre antichambre, passe sous les regards de

votre secrétaire, et, pénétrant jusqu'à vous, vous frappe d'un coup de poignard; qu'après avoir ainsi satisfait sa vengeance, il parvienne à s'échapper, faudra-t-il, quoique vous l'ayez bien clairement désigné, que la justice dédaigne d'entendre et la déclaration de vos domestiques et celle de votre secrétaire, et absolve le coupable faute de témoins irrécusables? M. Dupaty ne fut point touché de mes objections, et n'en persista pas moins dans son système. Offensé de mon refus, je ne m'attendois pas, me répliqua-t-il, à cet excès de prudence de la part d'un avocat qui vient de publier un mémoire contre le maréchal de *Castries*, ministre de la marine. Vous ne connoissez donc pas, repartis-je, la différence qu'il y a entre le danger de contrarier les intérêts d'un personnage puissant, mais loyal, et celui d'offenser la présomption d'un parlement qui se croit infaillible dans ses jugemens? Au surplus, je n'ai nulle crainte pour vos accusés; de fortes présomptions s'élèvent contre eux, mais nul des effets volés n'atteste leur crime; je ne vois donc point dans leurs procès cette force de charges, cette réunion de preuves plus claires que le jour, qui, suivant la maxime de notre jurisprudence, doit précéder une condamnation. Il

suffit que vous répandiez quelques nuages,
quelque obscurité sur l'accusation de vos
clients, pour qu'ils échappent à la mort; mais
vous, Monsieur, vous n'échapperez pas à la
haine et à la persécution des magistrats, dont
vous aurez révélé sans ménagement l'injustice
ou la légèreté.

Cette prédiction ne le déconcerta point;
il étoit si loin d'en être effrayé, qu'il me ré-
pondit avec un peu d'humeur: J'espère trouver un avocat moins timide que vous. Dites
plus aveugle, lui répliquai-je, et vous l'entraî-
nerez avec vous dans le malheur et dans l'humiliation. Ce que j'avois prévu ne manqua
pas d'arriver. Le mémoire parut, suivi de la
consultation d'un jeune avocat très-estimable,
il excita dans tout Paris la plus vive sensation.
Le parlement, indigné de l'effet qu'il produisit, ne tarda pas, d'après un éloquent réqui-
sitoire, à le flétrir du nom de libelle et à prononcer sa suppression, ainsi que celle de la
consultation, avec des qualifications qui sus-
pendirent l'avocat de l'exercice de ses fonctions. Les ennemis du défenseur des condamnés se réjouirent d'un jugement qui sembloit
ternir à leurs yeux l'éclat de sa renommée;
ils y puisèrent un nouveau prétexte de contrarier ses vues personnelles et ses projets

d'élévation. Ce malheur, que je lui avois prédit, loin de refroidir le zèle qui l'animoit, le rendit plus ardent. A peine ses misérables clients furent-ils transférés dans les prisons de Rouen, qu'il les y suivit, et il ne prit de repos que lorsqu'un arrêt bien solennel eut proclamé leur innocence.

On prétendit depuis que le Parlement de Paris, irrité d'un jugement si contraire au sien, s'étoit hâté de prendre sa revanche. Ce qu'il y a de vrai, c'est qu'une fille *Salmon*, accusée d'avoir jeté du poison dans les alimens de ses maîtres, et qui venoit d'être condamnée au parlement de Rouen à périr dans les flammes, ne tarda pas à être acquittée au parlement dé Paris, et fut présentée dans nos salles de spectacles comme une victime de l'erreur qu'une équité plus éclairée avoit arrachée du bûcher.

Des événemens d'un ordre bien supérieur ont mis fin à ces querelles de vanité, à ces grandes luttes d'orgueil et de puissances. Il ne fut plus question d'insinuer, d'inspirer des réformes salutaires, et d'attendre dans le calme le succès de ses tentatives, comme on voit descendre du ciel une rosée bienfaisante. L'imagination fut épouvantée du bien qui sembloit venir par torrent, et qui, loin de fructifier sur

le sol qu'il inonda tout à coup, finit par tout
bouleverser et par tout détruire.

Alarmé de tant d'améliorations fugitives,
je me gardai bien de me mêler à la troupe
des ouvriers téméraires et imprévoyans. Je
réservai toutes mes forces pour lutter contre le
génie du mal, qui ne devoit pas tarder à paroître... Mais je ne veux pas rappeler ici des
scènes de malheur et de calamité dont j'ai
tenté de faire perdre le souvenir; qu'il me
soit seulement permis de dire qu'après avoir
inutilement présenté dans les premiers discours sur les constitutions de l'Europe les
inconvéniens et les orages des gouvernemens
démocratiques, j'eus le malheur de me laisser séduire par un décret qui sembloit rendre
à la pensée toute sa liberté; je produisis, dans
un nouveau Spectateur, des idées de justice
et de salut public que la perversité se hâta
d'étouffer. Cette imprudence stérile faillit être
bien funeste à son auteur, et peu s'en fallut
qu'il ne fût condamné au silence de la mort.
Heureusement le nuage qui pesoit sur sa tête,
et d'où la foudre devoit partir, s'éclaircit, se
dissipa, et lui permit d'espérer une révolution plus heureuse dans le système politique
de la France. Son attente n'a point été trompée; un génie réparateur de tout le mal dont

ses yeux avoient été affligés, a fait succéder
une morale pure et constante aux écarts de
la perversité. C'est alors que j'ai cru pouvoir
reprendre la plume avec confiance, et jeter
quelques idées au-devant du Code pénal qui
doit terminer glorieusement la tâche que s'est
imposée le législateur des Français.

Je me fais peut-être illusion sur le mérite
de cet ouvrage ; mais si je n'ai pas pour lui
cette aveugle prédilection qu'on reproche
aux pères pour le fruit d'un âge avancé, je
dois espérer qu'il ne paraîtra pas inférieur à
celui qui l'a précédé.

On n'y remarquera point ces subtilités, ces
pensées paradoxales qui frappent dans le traité
de *Beccaria* ; on n'y verra que l'intention d'a-
méliorer, de purifier ce qui existe. Il a bien
moins pour objet d'éclairer les magistrats, les
jurisconsultes, que de familiariser la jeunesse
avec les principes d'une justice qu'elle doit
tout à la fois redouter et chérir. Voilà le but
d'utilité que je me suis proposé. Il m'appartient moins qu'à tout autre de donner des
leçons à ceux qui savent ; moi qui ai oublié
le peu que je savois, moi qui n'existe plus que
par de foibles réminiscences, qui crains d'im-
portuner l'amitié, en exigeant d'elle des lectures dont j'ai tant de besoin pour retremper

mes pensées et ranimer mon imagination.
Depuis que les trésors de l'histoire sont épui-
sés pour moi, que je ne puis plus jouir des
richesses de l'épopée, que les génies dramatiques dont l'antiquité brille, et ceux dont
notre nation se glorifie, ne réchauffent plus
mon esprit, tout ce que j'ai lu de grand et de
beau semble s'être effacé de ma mémoire. Je
n'admire plus rien que sur parole; les productions qui ont fait le charme et l'aliment
de ma vie, sont comme de magnifiques ta-
bleaux exposés à quelque distance de mes
regards, et où je n'aperçois plus qu'un ciel
azuré, quelques masses informes, quelques
lambeaux de pourpre et l'écume de l'Océan.
Dois-je m'affliger de ce vide dans lequel je suis
tombé? J'ai gravi avec peine cette montagne
qui paroît si élevée à l'œil de l'enfance, et
partage la vie humaine. Que de contradictions, que d'obstacles à surmonter avant d'atteindre à son sommet! Pour quelques fleurs
qui s'offrent à la vue, et qu'on s'empresse de
cueillir, de combien de ronces et d'épines
n'est-on pas déchiré! des écueils à éviter, des
haines à calmer, des terreurs à dissiper, des
dangers à braver: lorsque j'y parvins, je jouis-
sois de toute la vigueur, de toutes les facultés
dont la nature a doué la virilité. Pourquoi

ne me suis-je pas alors reposé dans le calme
de la sagesse ? Pourquoi, me nourrissant des
fruits d'une raison mûrie par l'expérience, ne
me suis-je pas mis à l'écart pour fortifier mes
pensées dans la solitude , et fouler à mes
pieds les passions qui jusqu'alors m'avoient do-
miné ? Hélas ! j'eus l'imprudence de me mêler
à la foule des voyageurs ; j'ai voulu contempler les différentes scènes du monde, les divers
groupes de l'espèce humaine ; j'ai vu par fois
des familles enjouées , des époux satisfaits,
de jeunes personnes dont de chastes désirs
et des amours légitimes coloroient l'innocence, des pères, satisfaits de leur tâche, qui
s'éteignoient sans regrets et sans effroi ; mais
pour quelques individus sur lesquels mes regards s'arrêtoient avec douceur , combien
d'autres révoltoient ma vue ! Des frères animés
par l'envie et la cupidité se provoquer , se
défier au combat, pour agrandir leur héritage ;
des furieux, plongés dans un tel désespoir,
qu'ils avoient pris la vie en haine, et vouloient
l'arracher à ceux qui l'avoient reçue d'eux ; des
hommes forts et vigoureux qui se laissoient
abattre par le plus léger malheur ou la plus
commune injustice ; des débauchés qui se
hâtoient de vivre et détruisoient leur existence dans des plaisirs immodérés, comme

s'ils eussent craint d'avoir trop de jours à passer sur la terre ; des veuves qui, sans s'être
montrées épouses ni mères, exagéroient leurs
prétentions, et réclamoient les bénéfices d'une
tutelle ; des artistes, des hommes de lettres qui
se déchiroient pour attirer sur eux l'attention
des sots ; des médecins qui se disputoient les
malades, plus pour l'avantage de les visiter que
pour l'honneur de les guérir ; des prédicateurs
plus occupés d'éblouir que de convaincre,
plus flattés d'exciter l'envie que de l'étouffer ;
des parvenus, plus aveugles dans leur risible
vanité, que la fortune à laquelle ils devoient
leurs richesses et leur élévation ; enfin, une
multitude d'oisifs qui croyoient payer leur
tribut à la société, en divisant leurs stériles
journées entre la médisance et le jeu.

Après avoir paru quelque temps m'arrêter
sur un point fixe, je cédai à cette force d'impulsion qui imprime le mouvement à tout ce
qui croît et décroît dans l'univers. Il fallut se
résoudre à descendre par une route opposée
à celle que j'avois suivie : d'abord la pente
étoit si douce qu'elle sembloit insensible ;
mais, après le charme d'une marche facile,
j'ai senti la main du temps s'appuyer sur moi,
me presser de son poids et accélérer mes pas.
Inutilement j'essayois de m'arrêter et d'oppo-

ser quelque résistance à la force qui m'entraî-
noît; je n'ai pas tardé à découvrir le vallon
qui se termine par un abîme où tous ceux
qui me précèdent et me suivent doivent aller
s'engloutir; les uns se flattent de n'y rencontrer que le néant; d'autres commencent, en
approchant de ce gouffre, à éprouver des
remords tardifs, ils se rappellent leurs injustices et leurs crimes; saisis d'effroi, ils redoutent une vengeance plus éclairée que celle des
hommes, et qu'ils ne pourront ni corrompre
ni adoucir; d'autres, mais en bien plus petit
nombre, espèrent y être plongés dans un
océan de jouissances et de bonheur. Ce sont
là les vrais, les seuls heureux; leur marche est
libre et franche; ils sont peu touchés des misères qui les environnent; ils les regardent
comme des épreuves salutaires, comme des
moyens de félicité pour le juste. Quant à moi,
qui me traîne le plus lentement qu'il m'est
possible, et cherche à allonger ma route par
de vains détours, je jette au hasard quelques
semences. Fasse le Ciel qu'elles prospèrent un
jour, et ne soient point inutiles à mes compagnons de voyage !...

En publiant cet Ouvrage, je suis loin de
me croire exempt du reproche de grossir
cette masse monstrueuse de volumes, sous la-

quelle tant de vérités précieuses demeurent
étouffées. Les livres sont comme les vivans
qui se poussent et se pressent pour arriver
plus tôt sur la scène du monde. A peine y
sont-ils parvenus qu'ils tombent et disparoissent; c'est beaucoup si, sur mille qui s'éva-
nouissent, un seul demeure long-temps dans
une attitude majestueuse et fixe nos regards
par sa noble prestance et la régularité de ses
formes. Combien d'auteurs s'abstiendroient
d'écrire, s'ils pouvoient prévoir le sort de
leurs compositions! Mais, aveuglés par leur
vanité, ils se précipitent dans le ridicule et
le néant; heureux souvent d'échapper par le
mépris à la haine et à la persécution, qui seroient les seuls fruits de leurs veilles et de
leurs travaux.

RÉFLEXIONS MORALES

SUR

LES DÉLITS PUBLICS ET PRIVÉS.

CHAPITRE PREMIER.

DE L'INCESTE.

Que les adorateurs de la nature exaltent ses merveilles, qu'ils se prosternent devant sa puissance, qu'ils l'admirent dans ses œuvres; c'est un sentiment louable : des enfans ne peuvent trop révérer leur mère. Cependant si l'on ne suivoit que ses lois, si l'on cédoit à tous ses penchans, si l'on ne réprimoit les mouvemens qu'elle nous inspire, de combien de vices et de crimes l'homme souilleroit sa vie, et combien il se rendroit souvent abject et coupable aux yeux de la société et des lois! Que d'actions méprisables et punies par la justice des hommes civilisés, semblent être dirigées par la nature, ou innocentes à ses regards!

Un des crimes qui nous révolte davantage et pour lequel un accusé ne trouveroit peut-être pas un seul défenseur, c'est celui de l'inceste.

L'antiquité nous l'a présenté sous l'aspect le plus

1

hideux. Il attiroit sur le coupable la colère des
Dieux, la terre en étoit épouvantée; et cependant
ce que nous appelons un inceste, est la source de
toutes les générations vivantes. Les premiers enfans
du père commun des hommes dûrent nécessairement
s'unir entre eux par les liens que nous avons depuis
réprouvés.

Abel, l'innocent Abel, ainsi que son odieux frère,
eurent pour légitimes épouses des filles sorties du
même sein qui leur avait donné la vie.

Quelle que soit l'origine des peuples qui habitent
toutes les parties de notre sphère, soit qu'ils aient
commencé par peupler des îles ou le continent, il
faut que le premier couple ait donné le jour à une
postérité incestueuse, et qu'elle ne se soit éloignée de
ces rapprochemens devenus criminels qu'en traversant
des siècles d'existence.

Ne seroit-ce pas la politique des sages législateurs
qui nous auroit fait apparoître un crime dans une
union que la nature avoit d'abord commandée? Oui,
sans doute, elle est sage cette loi qui rend pour le
frère la personne d'une sœur sacrée et inviolable.
Sans elle toutes les sociétés humaines eussent été divisées par familles; étrangères les unes aux autres, elles
n'auroient jamais osé se confondre : plus les unions
auroient été particulières et domestiques, plus les
discordes auroient été générales. Le chef d'une même
peuplade eût été le souverain d'une foule de castes
opposées et variées à l'infini. Une indigence éternelle
eût été le partage des unes, une orgueilleuse opulence

eût été à jamais le rempart et l'appui des autres.
C'est donc par l'effet d'une admirable prévoyance
que l'on a forcé chaque membre d'une famille d'aller
chercher dans une autre, l'épouse ou la compagne
que la nature lui prescrivoit de choisir, sous peine de
languir sans postérité sur la terre.

Si quelques contrées de l'Orient ont jusqu'à présent résisté à cette loi favorable aux sociétés, elles
sont en si petit nombre qu'elles ne méritent pas de
faire exception à la règle générale; mais, tout en l'environnant du respect qui lui est dû, tout pénétré que
je sois des avantages immenses qui en sont résultés
pour l'humanité, je ne voudrois pas qu'on plaçât au
nombre des offenses faites à la nature un acte qu'elle
a d'abord prescrit, parce qu'elle est immuable dans
ses décisions et qu'elle n'est altérée ou modifiée que
par la puissance des hommes, qui souvent la dominent et la soumettent à leurs besoins.

Il est de véritables outrages à la nature que l'on
pourroit envisager comme des crimes, et cependant
le tribunal de l'opinion publique est le seul qui les
juge et les condamne. Ce sont les alliances monstrueuses de la jeunesse avec la décrépitude, de la
difformité avec la grâce florissante, celle de la débauche exténuée avec la pure innocence. Ce sont là
les alliances que la nature réprouve, dont elle s'indigne, et qu'à son grand détriment la société tolère.
Une loi de Lycurgue condamnoit à l'exposition,
c'est-à-dire à la mort, tous les enfans qui arrivoient
au monde mal conformés, et qui devoient par cette

1.

raison n'être qu'onéreux à la république. Une loi
plus juste et moins cruelle seroit celle qui interdiroit
le mariage à ceux qui semblent ne devoir donner
l'existence qu'à des êtres viciés ou difformes et présenter une excuse à l'infidélité.

Il est un véritable inceste aux yeux de la nature
et des lois : c'est l'union d'un père avec sa fille, d'un
fils avec sa mère. Dans la première, le père a abusé
du plus doux des sentimens; il a trompé l'innocence,
il a égaré la confiance, il a usurpé les droits d'époux
sous les dehors de l'empire paternel; et quand la
mort qui l'auroit séparé de sa légitime compagne ne
le couvriroit plus du crime d'adultère, il n'en auroit
pas moins outragé la nature et les lois. Dans la seconde, la mère s'est dégradée pour jamais dans la
pensée de celui qui devoit l'honorer encore plus que
l'aimer; elle a corrompu l'affection la plus touchante
et transformé en une licence honteuse les plus chastes
caresses; elle s'est exposée au danger d'éteindre tout à
la fois le respect et l'amour dans leur source, et de devenir un objet de mépris et de dégoût devant l'étrangère qu'elle n'aura pas eu honte de précéder par ses
odieuses faveurs.

Il faut pourtant l'avouer, ces alliances tout horribles, tout épouvantables qu'elles sont à nos yeux,
ne sont punissables devant le ciel et les hommes
qu'autant que l'erreur ne leur a pas servi de voile, et
c'est ce qui fera toujours du malheureux Œdipe un
personnage plus digne de pitié que de la colère des
dieux.

Quelle que soit la dépravation de nos mœurs,
croyons qu'elles ne furent jamais souillées de ces
unions monstrueuses. Cependant, si des coupables
en avoient offensé cette justice dont l'œil pénètre
dans les asiles les plus secrets, abandonnons-les à
sa seule vengeance et ne portons pas dans la société
le scandale de nos recherches. Il est des crimes qu'il
est de l'honneur de l'humanité de ne pas même soupçonner, à l'exemple du législateur des Athéniens, qui
crut devoir s'abstenir de prononcer une peine contre
les parricides.

On peut envisager en général comme contraires
aux lois naturelles, civiles et politiques, toutes les
unions commandées par l'empire du sang. C'est par
cette raison que doit être réprouvée celle d'un oncle
avec sa nièce. La société, en concentrant tous les
hommes dans un même cercle de nation dont chaque
père de famille est un chef distinct, ne laisse pas à
l'espèce humaine cette liberté illimitée dont jouit l'espèce sauvage.

Lorsque celle-ci a acquis le degré de puissance
qui suffit à l'entretien de son existence, elle devient
indépendante : tous les liens de famille sont rompus;
elle méconnoît les auteurs de sa création, et elle en
est méconnue; elle ne tient plus aux individus semblables à elle que par les mêmes habitudes et les
mêmes besoins; tous les mâles sont pour elle des
mâles, et toutes les femelles sont soumises aux mêmes
désirs, jusqu'à l'époque où la vieillesse vient paralyser leurs sens, les isole en retirant loin d'elle tout

secours et toute affection. C'est ainsi que tout se
compense dans l'état de nature et de civilisation.
L'un nous vend ses faveurs en exigeant des sacrifices; l'autre ne nous prescrit que notre conservation : mais s'il laisse à notre jeunesse le charme de
l'indépendance, il flétrit notre caducité par l'isolement et l'abandon; il ne daigne pas même accélérer
pour la vieillesse et pour l'infirmité le seul remède à
ses langueurs et à ses souffrances.

En revenant au sujet que nous traitons, posons
pour première maxime que, sous l'empire de la civilisation, la nature est modifiée de manière à ne pouvoir plus être assimilée à la nature sauvage; que ce
que celle-ci permet peut être prohibé par l'autre, et
que tant que les hommes croiront ne devoir pas se
ravaler au rang des animaux, ils ne pourront pas
prendre pour exemple de leurs écarts les inclinations
et les habitudes des espèces qui leur sont inférieures.
La conséquence de cette vérité incontestable est que
la justice peut sévir contre tout individu qui porte
atteinte à une loi sur laquelle reposent l'ordre et
l'harmonie de la société dont il fait partie.

La grande difficulté n'est pas de punir les infrac-
teurs, mais d'apporter une sévérité équitable dans leur
punition. Le fruit d'un amour incestueux doit-il supporter la peine d'un crime auquel il n'a point concouru? l'innocente victime d'une passion effrénée,
et qui n'a ni prévu ni provoqué sa honte et son
malheur, doit-elle être entraînée dans la punition
de son odieux complice? et parce que la violence de

l'un ne mérite aucune pitié, faudra-t-il refuser toute commisération à la foiblesse de l'autre? C'est là ce qu'un législateur doit peser dans sa sagesse et son humanité.

Puisqu'on ne peut pas parler de délits domestiques ou privés sans établir des peines proportionnées à leur gravité, il faudroit encore, avant d'en prononcer contre un oncle incestueux, examiner s'il réunissoit à son titre celui de tuteur, parce qu'alors l'abus qu'il auroit fait de l'ascendant d'une autorité paternelle le rendroit plus coupable : la confiscation de ses biens au profit du fruit de cet amour ténébreux, seroit peut-être la seule punition qu'une justice éclairée devroit infliger à ce vil esclave d'une passion désordonnée; la haine, la misère et le remords, devenus son partage, seroient ses seuls bourreaux. C'est ainsi qu'en s'élevant à des idées d'un ordre supérieur, on épargne à l'humanité la vue des supplices sans laisser pour cela le crime impuni.

CHAPITRE II.

DE LA PÉDÉRASTIE.

CHASTE amour! voile ton visage, détourné tes regards de dessus les pages où je vais tracer le crime des ennemis de ton culte! Que ne m'est-il possible d'éteindre leurs flammes coupables, en les précipitant dans un torrent de honte et d'opprobre! En vain la justice s'est armée de torches pour allumer les bûchers destinés à les consumer : ils semblent renaître de leurs cendres, et les flammes qui éclairoient leur supplice ont jeté une lumière plutôt funeste à l'innocence qu'effrayante pour le crime.

Qui pourra nous apprendre par quelle bizarrerie inconcevable, des penchans sans attraits ont pu l'emporter sur les désirs les plus naturels, et donner le change aux affections les plus douces et les plus voluptueuses ? Cet écart honteux des lois et des inspirations de la nature n'a pour excuse ni la brutalité sauvage, ni l'absence de la plus belle moitié du genre humain, puisque, dans les siècles les plus policés et dans les villes peuplées de tout ce que l'amour offroit de plus attrayant, on a vu des unions monstrueuses insulter aux autels de Junon. A mesure que les arts et les sciences firent des progrès dans la Grèce et

dans Rome, s'accrut et se propagea cette passion
hideuse, qui ne tarda pas à déchirer les voiles qui
avoient caché sa turpitude dans des siècles moins éclairés. Plus licencieuse, plus téméraire que sa rivale,
elle dédaignoit les ombres du mystère : elle affron-
toit le grand jour, et bravoit tout à la fois la nature
et les lois que le nombre des coupables effrayoit.
C'est dans les cités les plus populeuses que ces fléaux
de la population se montrent le plus audacieux; c'est
sous les climats où l'amour devroit compter sur un
plus grand nombre d'adorateurs, qu'il rencontre
le plus de rebelles à ses inspirations; c'est dans les
harems où tant de beautés réunies se disputent les
désirs d'un maître superbe, que de légitimes espérances sont déçues, et que les outrages à l'amour
sont plus multipliés.

Ne rejetons pas sur la nature les crimes qu'ont
fait naître les habitudes et les usages des hommes
réunis en société. Sans doute des parures trop effé-
minées données à la jeunesse d'un sexe qui ne devoit
être présenté que sous les attributs de la force, du
courage et du travail, n'ont pas peu contribué à
égarer les sens et à faire trouver des rapports et des
ressemblances entre des êtres si différens. La flamme
la plus impure n'eut pas plutôt commencé à jaillir
d'une imagination égarée par de coupables erreurs,
qu'elle se communiqua à d'autres imaginations, et
bientôt l'opulence oisive étendit ses séductions sur
l'adolescence et parvint à la soumettre à ses débauches. Les esclaves les plus soignés, les plus chéris,

ne furent plus ceux qui se montraient fidèles et laborieux : c'étoient les jeunes gens que la nature avoit doués de plus de finesse, de plus de régularité dans les traits, de plus de grâces dans la démarche, de plus de mollesse et de langueur dans les habitudes, ceux enfin qui paroissoient se rapprocher davantage d'un sexe dont on ne se détachoit que pour lui préférer sa ressemblance.

Il est cependant des affections, des surveillances et même des jalousies, sur lesquelles la calomnie a versé ses poisons : dans tous les siècles il exista des hommes sages et incorruptibles qui s'attachèrent à la jeunesse, se plûrent à la cultiver, à la voir croître et promettre d'excellens fruits. Des jeunes gens doux, aimables, sensibles, animés du désir de s'instruire et de se distinguer, qui montroient de l'adresse et de la générosité dans leurs jeux, de l'ardeur dans leurs travaux, de la fierté dans leurs douleurs, et faisoient pressentir une rare destinée, dûrent inspirer des préférences et un attachement plus vif.

De là, sans doute, cette affection de Socrate pour le jeune Alcibiade. Une amitié si louable et si naturelle ne put ternir la vertu de ce philosophe que dans l'imagination des hommes dépravés, et dont une sagesse trop éclatante révolte les regards. Eh ! qu'y a-t-il de plus séduisant pour l'habitant d'une république florissante, que l'espoir d'offrir à sa patrie, par des soins attentifs, par des leçons de morale, par de bons exemples, un jeune citoyen qui en deviendra la parure et le soutien en déployant autant

de courage dans les champs de la victoire, que d'é-
loquence devant le peuple assemblé ?

On ne seroit peut-être pas plus équitable envers
quelques poètes de l'antiquité, si on les jugeoit coupables de l'égarement dont nous parlons, sur quelques écarts d'une muse trop licencieuse.

Je me plais à croire que le vieil Anacréon n'eut
d'autres torts que celui de laisser errer son imagination aimable et folâtre sur des sujets indignes de sa
lyre, et qu'Horace, en l'imitant quelquefois dans le
désordre de son enthousiasme, ne paya jamais que
des tributs légitimes à l'amour. Rendons la même
justice à Virgile, que l'on a jugé avec trop de sévérité
sur un seul vers d'une églogue ; et quoique le mot
ardebat soit rendu foiblement par ceux-ci *aimoit ten-
drement*, je me plais à croire que le poète qui peignit
avec tant de grâce, de chaleur et de vérité les amours
de Didon et d'Énée, ne donna d'accès dans son
cœur et dans ses sens qu'à des passions avouées par
la nature.

Ce seroit bien peu connoître les favoris des muses,
que d'asseoir une opinion de leurs mœurs, de leur
caractère, sur leurs compositions : plus elles ont de
chaleur, d'enthousiasme, moins elles leur appartiennent. Ce sont des inspirations momentanées qui
les dominent : maîtrisés par une imagination ardente
et vagabonde, ils flottent à son gré, s'identifient avec
tous les personnages, distribuent la louange, frappent
de la censure selon leurs affections présentes, exaltent leurs protecteurs, abaissent leurs ennemis avec

plus de force que de discernement : semblables à ce qu'on nous raconte des sybilles, ce sont moins eux qui parlent que le génie qui les illumine. Il n'y a pas jusqu'au bon La Fontaine qu'un tribunal aveugle n'eût pu condamner aux flammes, si l'on eût voulu le rendre responsable des écarts de sa muse simple et naïve; et le poète qui se flattoit de gagner le ciel en léguant aux pauvres le produit d'une édition de ses contes, eût été bien surpris de se voir condamner sur les jeux d'une imagination trop ingénue.

Ce n'est donc jamais ni sur des rapports mensongers, ni sur des apparences trompeuses, que l'on doit croire ce qui est souvent hors de vraisemblance, et ce qui devroit toujours être hors de la vérité.

Mais si c'est encore là un des crimes qu'il est de la prudence de ne pas rechercher lorsqu'il demeure enseveli dans sa honteuse retraite, on ne doit pas le laisser impuni toutes les fois qu'il ose se montrer au grand jour et insulter à la société par une impudence scandaleuse.

C'est là, de toutes les atteintes aux mœurs, la plus révoltante et la moins digne de pitié. C'est surtout envers le profanateur de la jeunesse que la justice doit sévir avec le plus de rigueur. Qu'on n'imagine pas néanmoins que je veuille rallumer les bûchers qui consument les coupables sans les purifier! Laissons au ciel le soin de les punir par des flammes qui ne doivent point s'éteindre, s'ils n'en obtiennent pas leur pardon : contentons-nous de les dévouer à une honte ineffaçable. Ils ont voulu rivaliser avec un sexe

dont ils n'avoient ni les grâces ni les attraits. Que
ses parures deviennent tout à la fois leur honte et
leur supplice ; qu'on suspende à leurs oreilles des
anneaux de fer dont ils ne pourront jamais se détacher;
qu'on fixe au-dessus de leurs mains des bracelets de
même métal ; qu'on les expose pendant quelques
jours à la risée publique en couvrant leur tête ignominieuse d'une coiffure analogue au rôle qu'ils ont
usurpé: et s'ils ne meurent pas de honte sous ce tra-
vestissement auquel la loi les aura condamnés, qu'elle
ajoute à leurs flétrissures une détention plus ou moins
prolongée, pendant laquelle ils seront assujétis aux
travaux des femmes.

En remplaçant ainsi la terreur par le ridicule et
l'humiliation, on obtiendra peut-être, sinon plus de
pureté dans les mœurs, au moins plus de mystère
dans le crime, et une funeste commisération n'en-
hardira plus les coupables.

J'ai rempli la tâche que m'imposoit ce triste sujet.
Si je n'ai point offensé la pudeur en parlant du vice
qui l'outrage le plus, je m'estimerai heureux d'avoir
évité l'écueil qu'il me présentoit.

CHAPITRE III.

DU PARRICIDE.

C'était faire trop d'honneur à l'humanité que de présumer qu'il ne devoit point exister dans son sein d'enfans assez malheureusement nés pour tenter de ravir le jour à ceux de qui ils l'avoient reçu. Les sanglantes annales de nos cours de justice nous offrent des exemples multipliés de ce crime, si épouvantable que la pensée seule en fait frémir la nature. Odieuse soif des richesses! aveugle amour de l'indépendance! c'est vous qui l'avez enfanté parmi nous ce forfait méconnu des sauvages! Sous combien de formes il se montre, et que d'enfans ont donné la mort à leur père sans être accusés de parricide! Les seuls que la justice punisse sont ceux qui ont levé un bras homicide sur les auteurs de leurs jours, ou détruit leur existence par des breuvages empoisonnés : mais ceux qui ont comprimé le cœur paternel par des outrages, par leurs débauches, par une noire ingratitude, par un abandon offensant, par l'infamie dont ils se couvroient; tous ceux-là sont loin de croire qu'ils puissent être rangés dans la classe des parricides; et cependant ils ont précipité dans la tombe celui qui leur avoit donné la vie.

Que de vieillards vénérables et remplis d'honneur
auroient vu leurs jours se prolonger dans le calme
et la sérénité, si le cours n'en eût été abrégé par des
enfans pervers et dénaturés!

Lorsque j'aperçois un chef de famille errer solitaire et pensif : à sa démarche lente, à son visage
sombre, je juge souvent qu'il est malheureux par ses
enfans, et qu'il fuit sa maison parce qu'il n'y trouve
plus le bonheur. En seroit-il un plus grand pour
des fils que de sentir, à l'approche de leur père, leur
cœur palpiter d'amour et de reconnoissance, de pouvoir se dire : Voilà celui qui revit en nous ; paroissons
heureux et il le sera ; servons-lui d'appui et il trouvera des charmes dans sa foiblesse. Nous avons reçu
de lui la vigueur, la jeunesse, tous les plaisirs dont
nous jouissons; parons-nous de ses dons à sa vue,
qu'il soit satisfait de son ouvrage, qu'il en soit fier
s'il se peut. Avons-nous des peines, dérobons les
lui de peur qu'il n'en soit trop affligé : si nous avons
besoin de ses conseils, interrogeons son expérience ;
nous sont-ils superflus, confions-lui encore nos desseins,
nos succès, afin qu'il s'en applaudisse, comme s'il les
eût partagés. Nous avons dévoré dans notre enfance
les fruits de sa vie laborieuse; que notre virilité offre
à sa décrépitude une paisible sécurité : qu'il ait bien
la conviction que tant que la mort ne lui ravira pas
ses enfans, il lui restera quelque chose sur la terre;
que s'il nous laisse un héritage, nous le bonifierons
pour le transmettre à ceux qui naîtront de nous.

C'est parce que des sentimens si doux et si natutels n'ont point germé dans le cœur de l'enfant, que l'existence prolongée de son père lui devient importune, que son autorité l'offusque, qu'il spécule sur un patrimoine dont ses vœux criminels le rendent indigne.

Il y a loin sans doute de ce désir parricide à l'action atroce qui souille la main d'un fils et le transforme en assassin; mais si ce n'étoit que la crainte du supplice qui eût arrêté son bras, qu'il ne croie pas qu'il y ait une grande distance entre lui et le criminel qu'on mène à l'échafaud.

S'il a moins excité l'indignation des hommes, l'Être suprême, qui lit dans sa pensée, y a découvert ses homicides vœux, et l'en punira comme s'il les eût accomplis.

La plupart des parricides méritent d'autant plus l'exécration générale, que lorsqu'ils commettent leur forfait ils sont arrivés à l'âge où ils ne sont plus sous l'empire d'une autorité menaçante, qu'ils peuvent s'y soustraire, si elle leur paroît tyrannique, par le travail, par l'éloignement, par la profession des armes. C'est donc toujours la paresse, la débauche et la lâcheté, qui poussent à leur crime ces fils qui sont tout à la fois la honte et l'épouvante de la nature.

Si les enfans qui ont porté une main homicide sur leur père pouvaient être surpassés en atrocité, ce seroit seulement par ceux qui ont abrégé les jours d'une mère. Eh! qu'y a-t-il au monde de plus digne d'amour et de reconnoissance pour un fils, que celle qui lui a donné le jour avec tant de douleurs, et qui

les

les a si vite oubliées en le recevant dans ses bras, en le plaçant sur son sein; qui l'a nourri du plus pur de son sang; qui a appaisé ses cris par tant de soins, par de si doux murmures, par des balancemens si tendres; qui a cédé de si bonne grâce à tous ses désirs, à toutes ses importunités ; qui n'a jamais éprouvé de répugnance ni manifesté de dégoût en soulageant ses infirmités.

La dette d'un fils envers une bonne mère ne peut jamais s'acquitter ; il faut qu'il se résigne à lui devoir, toute sa vie, plus qu'il ne pourra jamais lui rendre, quelque bien qu'il lui fasse dans son âge avancé. Ses présens, ses déférences, ses soins délicats, n'équivaudront jamais aux secours qu'il a reçus, aux sollicitudes dont il aura été l'objet. Rien ne pourra égaler la douceur des remontrances qui lui auront été adressées ; ses caresses même ne vaudront pas les émotions de la sévérité maternelle, encore moins ses alarmes et son intervention salutaire à la vue d'un père irrité et menaçant. C'est à la fille seule qu'il appartient peut-être d'acquitter la dette de la nature, en rendant, sous les yeux de sa mère, les soins qu'elle en a reçus, à l'être qui vient de doubler sa génération, et ranimer sa tendresse. C'est alors que l'auteur de ses jours lui pardonne de lui retirer une partie de ses affections, qu'elle lui sait gré d'être plus occupée d'un autre que d'elle. Les soins qu'on lui dérobe, loin de lui paroître des larcins, ne lui semblent que des devoirs auxquels elle applaudit ; et si elle craint d'être moins aimée, sa jalousie, loin

2

d'avo... de l'amertume, a quelque chose de plus doux encore que le calme du cœur. Ses regards semblent dire à sa fille: Chéris beaucoup ton enfant; mais n'oublie pas ta mère.

Qui pourrait cependant le croire? Un être aussi adorable, et qui devroit être si précieux pour tout ce qui est sorti de son sein, en a été plus d'une fois outragé, frappé, exterminé. Oreste, le malheureux Oreste, n'a pas été le seul qui ait mérité d'être tourmenté par les Furies. Ah! pourquoi faut-il que la justice des hommes mette un terme aux tourmens des remords et abrège un supplice qui ne devroit jamais finir? Mais ne seroit-ce pas aussi trop punir l'humanité que de la condamner à avoir sans cesse sous les yeux un monstre qui l'a deshonorée, à le nourrir dans les chaînes, à se repaître de son désespoir, à jouir de ses fureurs? Ne vaut-il pas mieux l'étouffer sur-le-champ, en purger la terre et le livrer à la vengeance du ciel?

Rien ne peut excuser le crime dont je viens de parler : mais, pour qu'il existe, il faut qu'il soit accompagné de la préméditation, qu'il n'ait point eu pour cause la défense naturelle, l'imminent danger d'une mort inévitable, l'égarement d'une fureur aveugle, ou, ce qui est la même chose, l'aliénation d'esprit.

Heureux les juges qui, à la vue d'un accusé dont les mains sont teintes du sang d'un père, peuvent du moins entendre sortir de sa bouche ces tristes paroles : « Je lui ai donné la mort, il est vrai ; mais le

» glaive dont il a été frappé étoit dans ses mains, et
» il l'avoit levé sur la tête de mon épouse enceinte.
» Si je l'ai repoussé avec une violence homicide ,
» c'est parce que, dans l'accès d'une fureur injuste,
» il s'est élancé sur moi et vouloit m'arracher la
» vie : ah ! pourquoi ne lui ai-je pas plutôt laissé ter-
» miner des jours qui ne peuvent plus être qu'odieux
» pour moi ! »

Mais qu'ils sont à plaindre les juges qui sont forcés
d'interroger et d'entendre ces exécrables parricides
qui ont médité dans le silence du crime le plus horrible des forfaits, et dont l'impatiente avidité n'a pu
supporter l'attente d'un héritage qu'ils convoitoient,
et ont fait à l'ardeur de le recueillir le plus abomi-
nable des sacrifices !

C'est sans doute une idée belle et digne de la sage
antiquité, que d'avoir voulu que ce criminel mar-
chât au supplice le visage voilé d'un crêpe funèbre,
pour épargner au peuple la vue trop révoltante de
l'ennemi de la nature et des lois. Qu'on ne dise
point que ce crime n'auroit jamais épouvanté le ciel
et la terre, si une éducation plus soignée, si une autorité moins sévère eussent dirigé l'enfance du coupable : nous n'avons que trop vu des fils ingrats et
dénaturés sortis de familles illustres, et auxquels on
avoit prodigué toutes les recherches, toutes les lumières d'une éducation distinguée. En vain les meilleurs exemples avoient frappé leurs yeux; en vain les
préceptes de la plus saine morale leur avoient été
répétés : plus on avoit satisfait leurs désirs, plus ils

2.

s'étoient accrus ; et parce qu'il leur restoit encore quelque chose à espérer de la mort de leur père, ils ne se sont occupés que du projet de l'accélérer. Tant il est vrai que la cupidité domine toutes les classes d'hommes, surmonte tous les principes, étouffe toutes les lumières et nous rend capables de tous les crimes! Inutilement donc la législation s'é-puiseroit-elle en recherches pour prévenir à jamais le parricide : il tient à une désorganisation morale que l'on peut regarder comme la plus monstrueuse maladie de l'ame, et il n'est pas plus possible à un père d'en garantir un fils par sa tendresse, par ses leçons et par sa générosité, qu'il ne le seroit de le préserver de l'aliénation de l'esprit, lorsqu'elle est l'effet d'une cause physique. Aussi avons-nous moins eu pour objet de lutter contre ce dernier excès de la perversité humaine, que d'effrayer la jeunesse par la crainte de s'en rendre coupable en contristant le cœur d'un père, en trompant ses plus douces espé-rances, et en le frustrant de ce retour de soins et d'affection qu'il avoit le droit d'attendre des fils qu'il a nourris, élevés, enrichis du fruit de ses travaux, de ses économies et du sacrifice de ses plaisirs. C'est à ceux-là seuls que ce chapitre est destiné, et ils sont en si grand nombre que tous mes vœux se bornent à pouvoir le diminuer.

CHAPITRE IV.

DU FRATRICIDE.

Quand bien même on ne devroit pas une foi aveugle aux inspirations consacrées dans ce livre antique et solennel qui est le premier fondement de la religion, il seroit difficile à l'incrédulité même de révoquer en doute que le premier crime qui abreuva la terre du sang humain fut un fratricide. En effet, quelle imagination eût pu se complaire à flétrir le premier rejeton de la race humaine, et à imprimer sur son front la malédiction du ciel? Il n'y a rien que de triste et d'humiliant dans cet acte de férocité qui porta la désolation au sein de la première famille, et il provenoit d'un sentiment malheureusement trop commun, celui de la jalousie, qui divisa deux fils élevés dans la maison paternelle. Oui, à la honte de nos affections naissantes, rien n'est plus commun que l'envie que se portent les enfans les uns aux autres à la vue des plus légères faveurs distribuées par la tendresse paternelle : aussi les parens jaloux d'entretenir la paix dans leurs foyers mettent-ils leur attention à dissimuler toute préférence, toute affection privilégiée ; et si une inclination involontaire les domine, ils s'appliquent à la couvrir du voile du mys-

tère : c'est à l'insu des autres enfans qu'ils accordent
au bien aimé quelques dons particuliers. C'est ainsi
qu'il arrive souvent à une bonne mère de trahir le
foible de son cœur ; mais trop souvent un père ambitieux et jaloux du lustre de son nom, fait germer
la jalousie dans le cœur de ses filles, qui n'obtiennent
de lui que de froides caresses et une surveillance dé-
daigneuse.

Loin que la nature seule suffise pour alimenter
l'accord et l'amitié fraternelle dans les familles, elle
est presque toujours cause de la dissension et des
querelles qui s'élèvent entre les enfans. C'est parce
que l'autorité qui les domine leur recommande sans
cesse de s'aimer, de s'entre-aider, leur fait honte de
leurs disputes, réprime leur emportement, qu'ils ne
sont pas toujours en guerre. C'est contre eux qu'ils
essaient leurs premières forces, que se font entendre
leurs cris plaintifs et les accès de leur colère. Une
mère a souvent plus de peine à faire régner la con-
corde parmi la petite population qu'elle dirige,
qu'un prince dans l'état qu'il gouverne.

Ne nous étonnons donc point si ce sentiment de
jalousie qui s'empare du cœur de l'homme à sa naissance, a plus d'une fois produit un crime qui paroît
d'abord si contraire à la nature. Combien d'ames viles
et intéressées sont sourdes à ce vers plein de charmes
et de douceur !

Un frère est un ami donné par la nature.

C'est un spectacle bien affligeant pour la vertu

que celui de deux frères ennemis; et cependant on a regardé, dans le siècle qui vient de s'écouler, comme merveilleux l'attachement de deux frères qui ne pouvoient demeurer éloignés l'un de l'autre, qui se cherchoient dans les sociétés où ils s'étoient promis de se réunir, qui sembloient se tenir lieu de tout autre penchant et paroissoient réaliser ce que Montaigne nous a dit de l'amitié. (1)

Cette affection rare étoit née sans doute d'une heureuse sympathie dans les goûts et dans les opinions; ils avoient la confiance que ce qui plaisoit à l'un ne pouvoit pas déplaire à l'autre; ils paroissoient satisfaits de ce qui arrivoit d'agréable à l'un des deux, ou si affligés de ses souffrances, qu'on eût dit qu'un même esprit animoit les deux corps et que la nature ne leur avoit donné qu'un cœur. Pourquoi cet heureux accord, cette harmonie de sentimens et ce rapport intime d'affections, se rencontrent-ils si peu parmi les frères? C'est parce qu'aux oppositions de caractère se joint encore celle des intérêts, et qu'il vaut mieux, pour le repos des hommes, vivre séparés et méconnus, que d'exister réunis sous l'odieux empire de l'ambition et de la cupidité, qui sont deux sources intarissables de haine, de discorde et de crimes.

La trop célèbre histoire d'un des plus anciens patriarches nous a appris à quel degré d'atrocité la jalousie a pu conduire les hommes envers un jeune frère qui étoit si digne de leur amour. Hésiter à

_____

(1) MM. de Sainte-Palaye.

lui donner la mort, le condamner à l'exil et à l'esclavage, porter la désolation dans le sein d'un père
en le frustrant du doux objet de son affection : voilà
le crime dont des enfans élevés dans le sein de la sagesse et des mœurs n'eurent pas honte de se rendre
coupables. Comment donc, après cet exemple, des
pères peuvent-ils se reposer avec confiance sur les bons
préceptes et sur l'opulent héritage qu'ils se proposent
de transmettre à leurs enfans? Ah! si les vœux homicides étoient exaucés, que de familles nombreuses
se trouveroient réduites à un membre isolé! que de
successions deviendroient le partage d'un avide hé-
ritier! Heureusement la justice comprime les désirs
dénaturés, et la honte reste au fond du cœur de ceux
qui n'osent pas les produire au grand jour.

Cependant si l'intérêt n'aveugloit pas les hommes
et ne les éloignoit pas de la route du bonheur, combien les frères gagneroient à demeurer unis! Quelle
barrière n'opposeroient-ils pas à l'adversité s'ils s'entr'aidoient mutuellement de leur force, de leur courage, de leur industrie; s'ils se prêtoient un généreux
appui dans leurs calamités; s'ils combinoient leurs
talens, leurs lumières, leurs protections, de manière
à s'avancer d'un pas égal soit dans la carrière de la
fortune, soit dans celle des honneurs! Plus d'une
famille a ressenti l'heureux effet de ce bel accord que
la politique devroit commander, quand bien même
il ne seroit pas inspiré par la nature. Si l'on rapproche de cet heureux résultat ce qu'a produit une
conduite opposée, de quel affreux contraste ne sera-

t-on pas frappé! Si l'on jette les yeux sur une famille désunie, qu'y voit-on? L'isolement de tous les
membres, les liens les plus sacrés rompus, la tristesse de ses chefs, des dissensions domestiques, des
menaces, des projets de vengeance, plus d'asile
commun, des procès multipliés et la ruine générale. Tels sont les fruits de cette mésintelligence
dont la société offre trop souvent l'affligeant spectacle.

Je ne peux pas me rappeler sans éprouver un
sentiment d'indignation et de mépris pour l'espèce
humaine, la perversité d'un frère qui sortit, au milieu des ténèbres, du lit où il étoit couché près de
son père, pour aller donner la mort à une sœur qui
avoit refusé de partager avec lui douze écus qu'elle
venoit de toucher du prix d'une génisse : il avoit prétendu que la moitié de cette modique somme lui
appartenoit, parce que, disoit-il, la vache dont la
génisse étoit provenue étoit pleine lorsqu'elle étoit
tombée dans le lot de sa sœur. Le misérable! après
avoir commis ce meurtre horrible, étoit allé froi-
dement se replacer près du malheureux père dont
il teignit les draps du sang de sa fille, et laissa ainsi
planer long-temps sur la tête du vieillard le soupçon
d'une effroyable complicité.

J'assistai, pour mon malheur, à la condamnation
du coupable, et j'aurois désiré qu'au lieu de l'envoyer à la mort, comme tant d'homicides vulgaires,
la justice des hommes eût, à l'exemple de Dieu,
imprimé sur le front du condamné le sceau de l'ignominie et d'une éternelle réprobation ; qu'il eût été

conduit de ville en ville jusqu'aux limites de l'Empire français, et lancé dans la solitude des forêts comme une bête féroce qui ne devoit plus rien avoir de commun avec l'espèce humaine. Tous ceux qui l'auroient reconnu à ce signe visible s'en seroient éloignés, et il seroit demeuré solitaire et errant jusqu'à ce que la misère et la faim eussent mis un terme à son supplice.

On ne m'accusera pas de vouloir être plus sévère que ne le sont les lois qui ont aboli les tortures dans lesquelles le crime expiroit. On sait que j'ai long-temps lutté contre les opinions invétérées de nos criminalistes, que l'humanité m'a su quelque gré de mes efforts et de mes succès. Je ne dois donc pas craindre de le dire : je voudrois que, loin que l'appareil fût le même pour tous les crimes, il inspirât dans l'ame du peuple un sentiment différent à la vue de ceux qui marchent, soit à la mort, soit à la honte de la servitude.

CHAPITRE V.

DU SUICIDE.

Oui, sans doute, c'est un crime que de se donner la mort, puisque c'est déserter le poste où l'homme est placé, sóit par la nature, soit par la société à laquelle il est agrégé : c'est, aux yeux de la religion, offenser le ciel que de dédaigner l'existence qu'on en a reçue, et de s'affranchir, en brisant le lien qui nous attache à la terre, des devoirs que le dispensateur de la vie avoit imposés à sa créature. C'est s'établir juge entre elle et lui, et trancher cette grande question : s'il vaut mieux être anéanti que d'exister misérable.

Il est incontestable que la vie est un don qui nous distingue de la matière et de tout ce qui est inanimé, et que, si elle nous doit conduire à cette fin si désirée des justes, nous ne pouvons pas l'abréger sans nous montrer ingrats envers celui de qui nous la tenons. Quel homme oseroit, après avoir renvoyé à un monarque le présent qu'il lui auroit fait parvenir, se montrer à ses yeux? C'est donc manifester que l'on ne croit, ni à l'immortalité de l'ame, ni à l'existence d'un Dieu au tribunal duquel nous comparoîtrons pour y être jugés sur l'usage que nous

aurons fait de nos facultés, que de vouloir cesser
d'être avant le terme limité de nos jours. Et que
peut dire la créature qui s'est volontairement pré-
cipitée dans les bras de la mort, pour s'excuser aux
yeux de Dieu d'avoir brisé son ouvrage? Prétendra-
t-il qu'il étoit si pauvre, si infirme, si rebuté de ses
semblables, que la vie n'étoit plus pour lui qu'un
poids accablant et supérieur à ses forces? Devois-tu
douter, lui répondra son juge, de ma justice et de
ma bonté? Devois-tu croire qu'une courageuse résignation aux douleurs de ton sort seroit sans récompense? Examine d'abord si les malheurs que tu n'as
pu supporter provenoient de l'auteur de ton être,
ou de tes vices; et si, avant de prendre la vie en
aversion, tu as bien employé toutes les facultés dont
je t'avois doué pour ton bonheur et ta conservation;
si mille autres dont les jours s'écoulent dans le
travail, et qui trempent de leurs sueurs le pain dont
ils se nourrissent, n'avoient pas les mêmes raisons
que toi de se délivrer de la vie: et cependant à
peine murmurent-ils de la rigueur de leur destinée;
ils attendent avec patience que je les appelle, avant
de sortir du séjour où je les ai placés. As-tu le droit
de te plaindre de ce que je n'ai pas entouré ton
berceau de richesses, de ce que je n'ai pas fait croître
les moissons sans culture, pour te dispenser du travail? Quel titre avois-tu de plus que tous tes semblables à une faveur particulière? A t'en croire,
j'aurois dû peupler la terre de souverains, de riches,
d'hommes robustes et inaccessibles aux douleurs et

aux infirmités : que fussent alors devenues les sociétés où tous les hommes auroient voulu commander, où nul d'entre eux n'auroit eu besoin ni du travail ni de l'industrie ? Ne falloit-il pas aussi, pour
t'épargner les douleurs de l'enfance et les infirmités de la vieillesse, te créer, comme le premier
père des humains, jeune et vigoureux, et t'attirer
au ciel après quelques années écoulées dans les plaisirs et de tranquilles jouissances ? En agissant ainsi
j'aurois sans doute manifesté ma bonté ; mais à quels
traits aurois-tu reconnu ma justice ? Tu vas être
frappé de son évidence. Si, reconnoissant de la vie
que je t'ai donnée, tu m'avois adoré sur la terre
comme ton bienfaiteur ; si tu avois attendu de ma
suprême équité le dédommagement des peines auxquelles ta condition te condamnoit ; si, frappé des
merveilles dont j'avois environné le séjour que tu
habitois, pour te donner une foible idée de ma grandeur et de ma puissance, tu m'avois rendu l'hommage que j'avois le droit d'attendre de ton intelligence ; si, loin de te mettre en révolte contre celui
qui dispense à son gré quelques faveurs passagères
sur les mortels, tu t'étois soumis à mes lois et avois
attendu avec patience le prix de ton obéissance et de
tes vertus : tu jouirois dans peu d'un bonheur bien
supérieur à celui qui a tant de fois excité ton envie ;
tu chérirois les épreuves par lesquelles j'aurois fait
passer ton respect et ta docilité ; et ce qui n'a excité
que tes plaintes et ton désespoir te paroîtroit des
faveurs. Tu as préféré le calme de la mort à la vie :

demeure pour jamais enseveli dans ce néant que tu
as choisi; qu'il n'y ait plus rien de commun entre
le créateur de l'univers et la créature qui a rejeté
l'existence que je lui avois donnée.

Examinons maintenant si celui qui fait le sacrifice
de sa vie, parce qu'il n'a plus le courage d'en supporter le poids, ne se rend pas également coupable
envers la société, dont il se détache comme un fils
mécontent qui abandonne le toit paternel pour aller
se perdre dans des contrées inconnues. Et en effet
tout homme qui a reçu le jour dans un état dont les
lois ont protégé sa foiblesse, garanti ses propriétés,
quelles qu'elles fussent, favorisé son industrie, lui
doit en retour l'assistance de ses forces, de ses lumières et de ses vertus; et il ne peut l'en frustrer
sans se rendre coupable d'un vol envers sa patrie.

Lorsque le célèbre citoyen de Genève qualifioit
de *fripon* le rentier qui consommoit dans l'oisiveté
le fruit de son revenu, il étoit accusé de paradoxe;
cependant il ne seroit pas impossible de prouver
que ce n'étoit là qu'une vérité dure sortie de l'ame
d'un républicain, puisque l'état peut exiger de ses
membres quelque chose de plus que la consommation paisible de son numéraire : ce stérile citoyen est
presque toujours puni du larcin qu'il fait à sa patrie,
par les ennuis et les maladies qui naissent de son
oisiveté. Que d'hommes ne prennent la vie en dégoût
que parce qu'ils ne savent ou ne veulent absorber
leur revenu que dans l'apathie de l'égoïsme et dédaignent toutes les professions utiles ! Si du moins

Ils savoient s'en choisir une qui n'exigeât ni talens, ni application, ni force de corps, et demandât seulement quelque sensibilité dans l'ame et quelque discernement dans l'esprit, ils pourroient encore s'acquitter envers la société. Eh! quel est donc le riche qui ne puisse, malgré son aversion pour le travail et son éloignement pour les arts libéraux, parcourir la cité qu'il habite, s'enquérir des familles qui auroient besoin de ses secours et de ses consolations, et distribuer avec intelligence son superflu à celles que de foibles avances rendroient actives et laborieuses? Donner des soulagemens aux uns, relever les espérances des autres, calmer des pères irrités, concilier des parens processifs, enlever des enfans à l'ignorance et à la paresse : ne seroit-ce pas là une belle fonction à remplir et un digne emploi de ses facultés? Cet homme, en paroissant ne rien faire, auroit une vie plus utile pour la société que le laborieux artisan, et il n'éprouveroit point cette satiété d'existence, cette plénitude d'ennui, qui amènent le dégoût de la vie et multiplient les suicides.

Pourquoi les habitans des campagnes qui ne vivent que de privations, dont l'existence est si pénible, qui sont, pour ainsi dire, en comparaison des citadins, les bêtes de somme de la société, sont-ils moins disposés à abréger leurs jours que les habitans des villes? C'est parce que ce funeste penchant provient moins du malheur uniforme de notre position que des chances subites de la fortune. Le journalier sait qu'il est condamné au travail et à la privation;

il s'est arrangé, dans sa pensée, à vivre misérable et
dédaigné du riche. L'extrême indigence le contriste,
mais ne l'épouvante pas : la mendicité est pour lui
une ressource. Si ses bras sont condamnés à demeurer
oisifs, il ne rougit point de demander le pain qu'il
ne peut plus gagner. L'indigent qui, à la faveur de
ce titre, s'affranchit du travail, se soustrait à l'impôt
qui ne peut atteindre sa misère, se condamne à émouvoir le riche et à n'exister que par la piété qu'il inspire, ne se délivre pas de la vie, toute ténébreuse
qu'elle soit pour lui. Il n'en est pas de même du cita-
din qui passe rapidement de l'aisance à l'extrême pauvreté, qui souffre de la commisération de l'opulence ;
il voile son indigence aussi long-temps qu'il le peut,
et cherche, en se donnant la mort, à se soustraire,
moins au poids de la vie qu'à la honte de la pauvreté.
Mais la société ne présentant point aux malheureux,
ni les mêmes dédommagemens ni les mêmes espérances que lui offre la religion, elle doit l'attacher à
la vie en le préservant du désespoir. C'est par cette
raison qu'elle devroit recréer, sous une forme nouvelle, ces asiles où le repentir et le malheur alloient
quelquefois s'ensevelir. Je ne demande point qu'on
relève ces monastères où l'oisiveté languissoit dans
l'abondance et sembloit insulter au travail; mais
seroit-il impossible de créer dans chaque département des hospices pour la vieillesse qui auroit
payé à la patrie un long tribut de travail, et qu'une
sage économie et des vertus privées n'auroient pu
garantir de l'abandon et de l'extrême indigence?
Celui

Celui qui a consacré à l'abondance et à la prospérité
de son pays ses forces et ses talens, n'a pas moins
de droits à sa reconnoissance et à ses secours que le
guerrier qui lui a donné son sang. Les nations fleu-
rissent encore plus, dans la paix, par le travail de
leurs habitans, que, dans la guerre, par le courage
de leurs soldats.

Peut-être seroit-il plus conforme aux lois de l'humanité de classer ces établissemens et de les varier
de manière que les infortunés de tous les ordres n'y
fussent pas confondus, et que la délicatesse souffrante n'y fût pas mêlée avec la brutale ignorance.
De quel avantage n'auroient pas été pour ce projet
les cloîtres, où le fanatisme et l'ambition poussoient
aveuglément une jeunesse florissante et la condamnoient à lutter avec toutes ses passions contre l'austérité d'une règle inhumaine? Que n'ont-ils été réservés
pour la vieillesse impuissante, pour l'imprévoyante
crédulité, pour les remords de l'inexpérience et le
désespoir d'une infortune subite? Mais une imprudente aversion pour tout ce que la piété avoit créé, a
détruit ce que l'humanité devoit conserver, et il ne
lui reste plus qu'à gémir sur des ruines stériles. Bien
des siècles s'écouleront sans doute avant que l'homme,
frappé dans son honneur et sa fortune par l'injustice et la méchanceté de ses semblables, puisse aller
se reposer avec sa conscience dans un asile où de funestes préjugés ne le poursuivront pas, et où il n'aura
de compte à rendre qu'à un être juste et miséricor-
dieux.

Au surplus, si le suicide est toujours un crime envers le ciel, s'il en est un envers la société tant que
nous pouvons lui être utiles, il n'est pas démontré
qu'il soit équitable de le réprimer par la honte du
supplice, parce qu'il peut provenir de l'aliénation
d'esprit ou de la foiblesse de la constitution, et que,
dans tous les délits privés ou publics, il est contraire
à la justice d'admettre comme punissable ce qui peut
être excusé par un motif supérieur à l'humanité.

Ou le suicide a des torts envers la société, ou la
société a des torts envers lui; et comme l'on ne peut
pas être juge dans sa propre cause, c'est au ciel seul
qu'il appartient de prononcer dans celle-ci. En flétrissant la mémoire du coupable, on ne ternit que
celle des parens qui lui survivent; et au lieu de le retenir à la vie, on le force à répandre sur la cause de
sa destruction un mystère qui peut être souvent funeste à l'innocence.

CHAPITRE VI.

DES PROFANATEURS DES TEMPLES.

MALHEUR sans doute à ceux qui, nés dans le sein d'un état, opposent une incrédulité constante aux dogmes religieux qui forment la base de la morale publique! Ils sont à plaindre, puisque, dans leurs peines et dans les misères attachées à la condition humaine, ils sont privés d'un appui salutaire et d'un contrepoids à toutes les passions qui nous entraînent trop souvent vers la ruine et le déshonneur. Leur premier châtiment est d'être livrés aux tourmens de l'envie et frustrés de l'espérance dans leur malheur; ils ont borné tout le bonheur dont ils sont jaloux aux délices de la terre, aux jouissances d'une courte vie: et cette félicité si passagère leur échappe presque toujours, ils n'en voient que l'image fugitive; et les efforts qu'ils font pour la saisir, les épuisent de fatigues et de regrets.

L'homme religieux, au contraire, qui n'attache nulle importance aux faveurs de la fortune, à l'éclat des dignités, éprouve par la pensée et par l'espérance une jouissance supérieure aux réalités du matérialisme.

Il y auroit donc une sorte d'injustice à persécuter

3.

celui qui est privé d'un don que le ciel n'accorde qu'à ses favoris : ce seroit vouloir punir un aveugle de sa cécité. Qu'importe que ce misérable, plongé dans les ténèbres, s'obstine à nier le prix de la lumière et l'existence des globes qui brillent dans le firmament? faut-il encore rendre son sort plus cruel, en lui faisant un crime d'une incrédulité si malheureuse? Telle est cependant l'injustice dont se rendent coupables les intolérans persécuteurs.

Tant que l'athée renferme sa triste pensée dans un ténébreux silence, il ne doit exciter que la pitié de l'homme religieux; il ne mérite pas même l'honneur de la controverse. Ce n'est qu'au moment où il tente de faire des prosélytes et veut détacher d'une croyance salutaire l'innocence et la candeur, qu'il encourt l'animadversion des lois, parce que les préceptes dangereux peuvent briser le frein à l'aide duquel on dirige la jeunesse dans la route de la vertu. Je ne concevrai jamais ce que se flatte de gagner un professeur d'athéisme; mais je vois clairement tout ce qu'il peut faire perdre aux autres. Je le compare à un magicien, qui, armé de sa baguette, convertit en pierres les êtres animés, métamorphose en glace le feu qui brilloit, et flétrit l'existence, en lui enlevant ses charmes et ses attraits. Plus il a de force et de puissance dans le raisonnement, plus je le considère comme un fléau pour l'espèce humaine. Je voudrois qu'il n'eût jamais reçu le don de la parole; ses discours me contristent et m'importunent : mais je suis bien loin de vouloir le détruire, et mon indignation contre lui ne

va pas même jusqu'à la haine ; car, tout en désespé-
rant de l'éclairer, je voudrois qu'il fût accessible à
la lumière, et que, honteux des crimes qu'il auroit
multipliés, son génie purifié réparât tout le désordre
de ses erreurs. Je suis loin de partager le sentiment
de ceux qui attribuent à la philosophie les crimes
dont nous avons été les témoins. L'ignorance et
la cupidité, si communes aux hommes, ont fait plus
de mal que tous les systèmes erronés des écrivains ;
et si quelques paradoxes se sont trouvés d'accord
avec des excès populaires, c'est parce qu'il n'est pas
nécessaire de savoir lire et écrire pour devenir cruel
et pervers. Les cannibales, les incendiaires, les assassins, ont existé long-temps avant qu'on eût trouvé l'art
de fixer la pensée sur le papier.

Plus d'une nation barbare et ignorante s'est souil-
lée de tous les crimes, a renversé des autels, brisé
des idoles, détruit les images des Dieux, immolé à
sa rage les prêtres, les veuves éplorées, et poignardé
leurs enfans, sans autre inspiration qu'une férocité naturelle. Plaignons, mais ne calomnions pas les écrivains qui ont trop présumé de leurs lumières ou de
celles de l'humanité ; ils ont voulu réformer quelques
erreurs, et ils ont étouffé de grandes vérités. Il est
d'antiques édifices qu'on ne peut réparer sans courir
le risque de les ébranler et d'ensevelir sous leurs
ruines tous ceux qui y trouvoient un abri. Telle étoit
parmi nous cette religion qui remplaça celle des
Druides et fit disparoître leurs abominables sacrifices.
N'eût-elle rendu que ce service aux descendans des

Gaulois, elle méritoit leur reconnoissance et leur respect. Celle qui recommandoit aux hommes de s'aimer, de se secourir et d'élever leurs pensées vers le ciel, valoit sans doute mieux que le culte qui s'abreuvoit du sang humain, consacroit des forêts à d'horribles mystères et ravaloit l'humanité jusqu'à soumettre son intelligence à l'instinct des jumens : cette religion avoit répandu tant de lumières sur la nation et semé tant de germes de vertus, qu'on pouvoit lui pardonner quelques égaremens de ses ministres, quelques abus de ses sectateurs. Cependant l'impiété se montra inexorable à son égard et tenta de la détruire jusques dans ses fondemens, au risque de faire succéder les plus épaisses ténèbres à une lumière qui lui sembloit importune.

Grâces éternelles au Génie réparateur de tant de désordres et de dévastations! Il a rendu à l'affligé ses consolations, au misérable ses espérances. Le juste n'a plus été persécuté, et la piété, en se réfugiant dans les temples, y a retrouvé près des autels la charité, qui n'osoit plus exercer ses œuvres au grand jour.

Il ne doit donc pas être seulement considéré comme un perturbateur, mais bien comme un génie malfaisant, celui qui, d'une main sacrilége, profane les images du culte public, disperse, foule aux pieds les objets de la vénération du peuple. Cette profanation seroit même un crime aux yeux de l'humanité, quand ce seroit une horde étrangère qui s'en rendroit coupable. Le fanatisme, dans sa fureur aveugle, a

pu quelquefois se glorifier de cette licence effrénée ;
mais elle n'en est pas moins contraire aux droits des
nations : les temples de tous les peuples, à quelque
divinité qu'on y rendît hommage, ont dû paroître
des asiles sacrés aux yeux des nations étrangères.
C'est aux lumières de la raison, c'est aux progrès de
la sagesse, qu'il appartient exclusivement de purifier
les cultes et de rectifier la croyance religieuse. Si elle
est aveugle, il faut la respecter ; si elle est insensée,
il faut la plaindre ; si elle est féroce, il n'y a qu'une
autorité légale qui doive la réprimer. Mais ce n'est
pas en opposant la barbarie à l'incrédulité qu'on
venge la divinité de la profanation de ses temples.
Des amendes honorables, des purifications, auxquelles le coupable est forcé d'assister sous le voile
de la pénitence ; une longue réclusion, pendant laquelle il est obligé de réparer par des actes publics
l'offense qu'il a commise, et de témoigner son repentir, me semblent un châtiment mieux adapté à son
crime, que ces supplices dans lesquels paroissoient se
complaire des ministres farouches et irrités.

Nous n'entendons pas ranger dans la classe des
profanateurs irréligieux ces brigands audacieux qui
dépouillent les temples pour s'enrichir, et en conver-
tissent les vases précieux en métal, l'unique objet de
leur cupidité. Sans doute ces spoliateurs sont d'une
classe plus punissable que ceux qui s'introduisent
dans la demeure de l'homme ; et si ceux-ci doivent
être condamnés à des travaux limités et sans flétrissure, la peine des autres ne doit avoir pour terme

que celui de leur vie sacrilége, avec la marque ineffaçable de leur servitude.

Il n'y aura jamais de législation parfaite chez les
peuples les plus civilisés; mais celle qui se rapprochera plus de cette perfection idéale à laquelle l'humanité ne peut pas atteindre, sera celle qui ne con-
fondra pas sous un mot générique des délits qui ne
se ressemblent ni par leurs causes ni par leurs effets,
et qui leur appliquera des peines toujours graduées
sur leurs principes et sur le dommage qu'ils portent
à la société ou aux individus offensés.

Combien, cependant, d'esprits bornés confondent
l'irrévérence avec le scandale, avec la profanation,
avec la spoliation des temples! Et c'est d'après cette
confusion d'idées qu'on a souvent puni des fautes
comme des crimes, et fait naître des déclamations
contre une puissance qui a cessé d'être honorée lorsqu'elle a paru plus jalouse d'inspirer la crainte que
le respect.

Je suis loin de vouloir répéter ici ce que tant d'é-
crivains ont dit sur la fin déplorable du jeune *La
Barre :* mais il me semble que la religion eût plus
gagné si, loin de le livrer aux bourreaux, elle se
fût placée entre lui et l'échafaud, l'eût couvert de
son voile sacré, se fût emparée de sa personne pour
l'éclairer, et ne s'en fût dessaisie qu'après avoir obtenu
du coupable un aveu solennel de sa faute et le signe
public d'un remords, sinon réel, au moins apparent.
Quel est le jeune homme qui, après un exemple
aussi éclatant, se fût exposé à une réparation d'au-

tant plus affligeante qu'elle auroit été moins sincère? Et, en effet, ce qui pourroit arriver de plus consolant pour le condamné, ce seroit l'intime conviction de sa faute et le désir de satisfaire tout à la fois le ciel et la terre par les larmes d'un véritable repentir.

En vain l'impiété s'excuseroit-elle en disant que Dieu ne s'est point assigné de demeure sur la terre; que c'est l'insulter que de prétendre restreindre son immensité à des édifices construits par la main des hommes; que son véritable temple est l'univers; que c'est là que sont répandus tous ses adorateurs : ce n'est pas sur sa grandeur que doivent se mesurer et notre culte et nos hommages; c'est sur la foiblesse humaine qu'il faut les limiter. L'éternel ne nous jugera pas sur ce qu'il lui seroit dû, mais sur ce que nous pouvons lui offrir.

CHAPITRE VII.

DU RÉGICIDE.

Un état est la réunion plus ou moins étendue de diverses familles; chacune d'elles a son chef particulier : mais il en est un dont l'autorité domine la leur et que l'on doit considérer comme le père de tous, qui, par son titre, a droit à l'affection et à la reconnoissance de toutes les familles qu'il protège de sa puissance et de la sagesse de ses conseils.

Dans une monarchie bien constituée, les volontés doivent être subordonnées à celle du monarque, comme dans une famille particulière toutes les actions, tous les travaux, doivent être soumis à la volonté de son chef. Si des enfans, au lieu d'obéir aux ordres d'un père qui leur commande le travail ou le repos, qui leur assigne leur tâche en raison de leur force et de leur intelligence, opposent de la résistance à l'autorité vénérable qui doit les diriger; s'ils prétendent s'établir juges entre eux et celui qui ne doit leur permettre que d'humbles représentations: il n'y aura bientôt plus ni accord, ni harmonie dans la famille; chacun de ses membres, négligeant ou dédaignant la tâche qui lui est imposée, le patrimoine qui étoit la richesse commune deviendra bientôt stérile; les be-

soins se multiplieront, la misère succédera à l'abondance, et la famine portant le désespoir dans tous les
cœurs, toutes les affections se changeront en haine ;
et, loin de revenir aux principes d'obéissance dont
ils se sont écartés, les enfans rendront à leur père
la malédiction qu'ils auront justement encourue. Les
offenses, les scènes sanglantes, naîtront de cet horrible état de choses ; et c'est ainsi que de petites révolutions domestiques présentent la foible image d'une
grande révolution d'empire.

Sans une autorité honorée et respectée, il n'est
point de monarchie. Si les commandemens de la volonté prédominante et à laquelle toutes les autres
doivent être assujéties, ne sont pas ponctuellement
exécutés, le retard dans l'obéissance doit porter à la
société le même dommage que l'inexécution des ordres
d'un général fait éprouver à une armée sans discipline, où chaque officier, chaque soldat, voudroient,
avant d'obéir, juger si la position qu'on lui prescrit
de prendre est nuisible ou salutaire.

Plus ce grand personnage, devant l'autorité duquel toutes les autres doivent fléchir, est élevé en
dignité et en pouvoir, plus sa personne doit être hors
d'atteinte et sacrée. Il importe au repos public qu'elle
soit inaccessible à tous les coups de la vengeance. La
justice, pour être vraiment protectrice, doit se montrer souvent sévère ; et c'est par cette raison que le
prince qui refuse avec équité, comme il accorde avec
bonté, est d'une part environné de murmures, et
de l'autre de bénédictions. La loi, dont il est l'or-

gane, récompense et châtie tour à tour. En la faisant
exécuter, il faut nécessairement qu'il marche précédé
de la douleur et de la joie, et que celle-ci lui serve
de rempart contre l'autre. Vainement l'équité dicteroit
tous ses jugemens et régleroit toutes ses demandes, il
ne pourra pas échapper aux plaintes du condamné, au
mécontentement de l'ambitieux, aux réclamations de
l'avarice et de la cupidité. Plus il sera animé du désir
d'opérer le bien général, plus l'égoïsme, qui ne cal-
cule que le sien particulier, criera à l'injustice et cher-
chera à faire prévaloir son intérêt personnel. Le fanatisme, toujours jaloux de faire triompher ses opinions,
ne les verra pas contrariées sans exhaler sa rage et manifester sa fureur. L'envie, qui croit mériter tout ce
qu'elle désire, qui ne juge qu'elle digne des faveurs
de la fortune, murmurera contre tous les bienfaits
dont elle ne sera pas l'objet. L'ambition, sourde et
craintive, qui place toujours ses espérances dans un
avenir incertain, méditera au fond de son cœur la
ruine d'un pouvoir sur lequel elle se flatte de s'élever.
Toutes ces passions diverses environnent donc de
dangers celui qui est tout à la fois le chef et le père
de tous les enfans de la patrie; et plus ces périls multipliés exposent une vie qui doit être précieuse à
tous, plus la société a d'intérêt de l'environner de
sauvegardes.

C'est une grande calamité pour un peuple que la
perte d'un prince bon, juste, éclairé; mais si, à ces
qualités rares, il joignoit de la magnanimité dans
ses desseins, de la prudence dans ses entreprises, de

la constance, dans les difficultés, de la valeur dans
les actions décisives ; s'il savoit animer ses soldats
par l'exemple du courage et des sacrifices; si tous
ses plans de guerre n'avoient pour objet que de repousser de perfides agresseurs et d'assurer à la nation une paix durable : la destruction d'un souverain
aussi recommandable seroit sans doute une grande
catastrophe. La main du régicide qui l'auroit frappé
auroit couvert d'un crêpe funèbre tout l'empire : elle
auroit plongé dans le deuil toutes les familles; et il
ne seroit pas un sujet qui, dans sa profonde douleur, ne dût à jamais maudire la mémoire du criminel qui eût enlevé à tout un peuple celui dont
la valeur et la justice consolidoient la gloire et le
bonheur.

L'assassinat commis sur la personne d'un mauvais
roi est toujours un crime, et souvent un malheur.
Il est un crime, parce que pas un sujet n'a le droit
de s'ériger en juge entre le prince et la nation; il est
un malheur, parce qu'il jette dans l'ame de ses suc-
cesseurs la défiance, et que l'attention qu'ils donne-
ront à se conserver les détournera de leur devoir.
Un monarque ne doit être occupé que de ses sujets.
Il faut qu'il existe au milieu d'eux avec une telle
sécurité que la crainte pour ses jours et le soupçon
du moindre danger n'approchent pas de son esprit.
L'amour de l'un et la reconnoissance des autres doivent former une garantie et une surveillance, réci-
proques. Qui voudroit être roi à la condition de se
tenir toujours en garde contre un assassin ? Il n'y

avoit qu'un tyran qui pût imaginer voir toujours une épée suspendue à un fil sur sa tête. Un bon prince voit au contraire briller mille épées pour sa défense.

A Dieu ne plaise qu'on entende jamais agiter parmi nous ces questions odieuses qui ont épouvanté les monarques! J'aimerois autant voir délibérer des enfans sur le droit de vie et de mort contre un père dont l'autorité leur seroit importune. Malheureux! au lieu de souiller vos mains de son sang, écartez-vous de sa demeure, fuyez loin de lui, portez dans les contrées étrangères votre industrie, et ne faites pas rougir la nature, l'humanité, par un forfait qui doit vous livrer à d'éternels remords.

C'étoit, sans doute, pour effrayer le régicide et paralyser sa main meurtrière, que la sévérité de nos lois avoit accumulé contre son crime tortures sur tortures, et créé le plus épouvantable appareil de supplices. Ce motif est si louable que si l'on avoit pu joindre encore à cette horrible image celle des tourmens de l'enfer, je n'aurois pas l'imprudence de le blâmer.

Malheureusement l'expérience ne nous a que trop appris que le délire qui pousse au régicide n'est point arrêté par la crainte d'une vengeance impitoyable, et que, soit qu'il se flatte d'échapper aux recherches de la justice, soit qu'il se dévoue à la mort la plus douloureuse, il n'en accomplit pas moins son détestable projet.

Épargnons donc, non pour le salut du coupable, mais pour l'honneur de l'humanité, ce hideux assem-

blage de tortures et de supplices qui n'opère point
une terreur salutaire : que la main du criminel soit
séparée de lui et jetée dans les flammes; et si, par
une pitié dont le monstre n'est plus digne, on ne le
condamne pas à supporter le poids d'une exécrable
vie dans une prison où la lumière du jour ne péné-
trera point, que le glaive de la justice en purifie la
terre et le livre à une sépulture infamante.

En voilà trop, sans doute, pour un forfait que le
ciel épargnera à la France. Puissent les rois et les
sujets oublier qu'il exista, et s'honorer par une confiance tellement réciproque, que le prince puisse
toujours marcher sans gardes, et n'ait à se défendre
que des transports indiscrets de la reconnoissance
publique !

CHAPITRE VIII.

DE LA PEINE DE MORT.

Avant de nous enfoncer plus avant dans l'antre ténébreux des crimes, arrêtons-nous sur une question importante, et qui a été agitée par des auteurs célèbres qu'une excessive philanthropie nous paroît avoir entraînés dans l'erreur; car la vertu a aussi son fanatisme et son délire. Elle a contesté à la société le droit de priver de la vie celui de ses membres qui s'étoit rendu coupable des plus grands crimes. Ce paradoxe, soutenu avec éloquence, a donné de la célébrité à son auteur; mais lorsque la raison froide l'observe et le décompose, il s'évapore comme ces globes légers et fragiles que l'enfance s'amuse à créer et voit détruire sans regret.

Oui, sans doute, si le crime étoit si étranger à l'humanité qu'il fût étonnant d'en voir sortir un de son sein; si l'aspect d'un coupable inspiroit une telle horreur que l'on pût se flatter que l'exemple de son impunité fût sans danger pour les individus de son espèce; s'il suffisoit, pour empêcher que le crime ne se renouvelât, de le fixer dans la honte et la servitude, il seroit plus digne de la sagesse humaine d'enchaîner le coupable que de répandre son sang.

Mais

Mais combien nous sommes loin de cette belle hy-
pothèse!

La société est un assemblage d'êtres si divers par
leurs lumières et leurs passions, qu'elle est presque
toujours en guerre avec elle-même. Si la loi ne mettoit
un frein aux désirs injustes, aux ressentimens cruels,
aux accès de la jalousie, il n'y auroit ni propriétés
respectées, ni sécurité pour les jours de l'homme.
La fraude et la violence donneroient à la ruse et à la
force un ascendant effroyable. Ce qu'il étoit impossible
d'attendre de la sagesse et de l'intelligence des hommes,
il a bien fallu s'efforcer de l'obtenir de leur crainte
et de leur foiblesse. Ainsi on n'est parvenu à les détourner de l'injustice à laquelle l'imperfection de
leur nature les portoit, que par l'effroi des châtimens. C'est dans la gradation équitable de ces peines
que consiste la perfection de la puissance répri-
mante. Il est du droit naturel d'opposer la force à
la violence, et de prévenir par un homicide le
coup que veut nous porter un assassin. Aux yeux de
la justice humaine et divine, celui-là est innocent
qui a donné la mort au brigand qui vouloit lui arracher la vie. Or ce que l'homme pouvoit légitimement
faire pour sa conservation, ne peut être contesté à
la société, qui périroit en détail si l'assassin pouvoit,
à l'abri d'un respect insensé pour sa personne, multiplier ses victimes.

Mais, dit-on, l'état, en condamnant à mort le
meurtrier, ne fait qu'accroître ses pertes; et il est
si supérieur en force à celui qu'il a désarmé, qu'il

4

y a de la cruauté à l'immoler sans défense, et de l'imprévoyance à se frustrer des services qu'il pourroit rendre dans la servitude à laquelle il seroit condamné.

Il me semble qu'au lieu de voir dans le supplice d'un coupable qui expie son crime sur un échafaud la puissance d'un être physique qui en immole un autre, il est plus beau de considérer cet acte de justice comme l'effet d'une puissance morale qui plane au-dessus de tous les intérêts privés, de toutes les affections particulières, et frappe d'un glaive protecteur l'ennemi de la nature et des hommes.

Celui qui s'apitoie sur le sort de l'assassin condamné à périr, n'éprouve un sentiment de commisération que parce qu'il ne voit alors que la douleur et le désespoir du condamné, et parce qu'il est touché des marques de repentir qu'il manifeste. Mais si son intérêt se portoit sur la famille que le criminel a privée de l'un de ses membres; s'il considéroit que cette main qui a privé de la vie un de ses semblables, pourroit encore se souiller du sang d'un autre, peut-être sa pitié se changeroit-elle en un sentiment de haine et d'horreur.

Vous voulez qu'on se contente d'enchaîner cet homme féroce : hélas! qui vous répondra qu'avant qu'une année soit écoulée, il n'aura pas trouvé le moyen de briser ses fers et d'offenser l'humanité par un nouveau meurtre ? Que de misérables ne se sont échappés des galères que pour rentrer dans la carrière des crimes! Ils avoient d'abord mérité seu-

lement l'esclavage ; mais croissant dans l'élément du
crime, ils ont, par de nouveaux forfaits, attiré sur
leur tête un châtiment plus sévère.

La réponse la plus tranchante que l'on puisse
faire à ceux qui prétendent protéger l'humanité en
s'efforçant d'abolir la peine de mort, se tire de l'expérience. Il n'est pas un de ceux qui suivent habituellement les cours criminelles qui n'ait remarqué
la révolution subite qui s'opère sur le visage et dans
toute l'habitude du corps d'un accusé, lorsque l'espérance d'être seulement envoyé aux fers s'évanouit
par un jugement qui, frappant ses oreilles, présente
à sa pensée l'horreur d'une destruction prochaine.

Si l'on en excepte quelques années de révolution, la profession d'assassin et de voleur armés n'est
embrassée que par une classe d'hommes vils, obscurs
et ignorans, qui n'attachent nul prix à l'opinion publique, sur lesquels l'infamie et la dégradation civique n'ont point de prise. Habitués à des vêtemens
grossiers, à la privation des alimens délicats, ils
s'accommoderoient de la servitude, si elle ne les assujétissoit pas au travail pour lequel ils ont de l'aversion, et s'ils pouvoient toujours convertir à leur gré
un salaire qui leur est refusé, en une liqueur enivrante, le grand objet de leurs désirs.

Faites disparoître à la vue de cette classe d'hommes
le supplice de la mort, et bientôt elle se précipitera
dans le meurtre pour se couvrir des dépouilles de
ses victimes : les grandes routes seront infestées de
brigands, et le paisible habitant verra ses clôtures

violées et sa demeure assaillie par ces impitoyables *chauffeurs* qui ont épouvanté nos campagnes. La seule crainte de ce glaive qui met un terme à leur odieuse vie les arrête, parce qu'ils aiment encore mieux vivre misérables que de périr condamnés.

Eh! qu'importe donc la douleur passagère et le néant d'un être abject et sanguinaire, si ses angoisses et sa destruction garantissent les jours de plusieurs citoyens utiles et irréprochables? Peut-on mettre en balance sa fin ignominieuse avec l'ordre et la sécurité publique? Ne risque-t-on pas de devenir inhumain en réclamant l'humanité en faveur de ses plus lâches ennemis? Oui, la peine de mort est juste, parce que, si elle est prononcée de *sang-froid*, elle tombe sur un individu qui de *sang-froid* a précipité dans la mort son semblable; elle est salutaire, parce qu'en exterminant un assassin, elle retient le bras de celui qui seroit tenté de l'imiter. Loin d'être nuisible à la société, elle la dispense de nourrir et de surveiller un misérable qui s'est rendu indigne de tout soin et de toute assistance.

Qu'on ne répète plus que les exécutions sanglantes familiarisent le peuple avec l'image de la destruction et contribuent à le rendre féroce. S'il se porte en foule vers ces scènes effrayantes de la justice, c'est parce qu'il recherche tout ce qui peut l'émouvoir et frapper ses sens; mais je ne croirai jamais que la vue d'un homme qui expie son crime sur l'échafaud, loin de détourner les spectateurs de marcher sur ses traces, les y conduise.

Peut-être plus d'un assassin n'auroit jamais trempé sa main dans le sang de ses victimes si ses esprits eussent été frappés de l'effroi et des gémissemens d'un scélérat conduit au supplice. Sans doute il seroit à desirer qu'il n'y eût ni crimes ni jugemens à mort ; que la morale publique et une bienfaisance active, éclairée, prévinssent tous les forfaits : mais c'est là un de ces vœux superflus et stériles que la raison ose à peine former. Tant que les passions ardentes et injustes agiteront le cœur des hommes, il faudra leur opposer le frein d'une justice sévère, et se reposer davantage sur la crainte d'un châtiment prompt que sur les leçons de la sagesse et de l'humanité.

CHAPITRE IX.

DE L'HOMICIDE.

Depuis que le genre humain couvre la surface de la terre, ce n'a pas été assez pour lui de se croire le maître de ce vaste domaine, de s'arroger le droit de vie et de mort sur tous les animaux, de les soumettre à son empire, de les poursuivre dans les forêts, de les atteindre dans l'air, de les saisir à travers les flots : il a voulu exercer sa puissance et sa férocité sur ceux de son espèce; et l'homme n'a pas eu de plus terrible ennemi à redouter que l'homme même. Pour un qui a péri sous la dent meurtrière du tigre, ou qui a assouvi la faim d'un lion furieux, mille autres ont succombé sous le fer aigu de leurs semblables.

Les diverses peuplades se sont partagées en bandes d'assassins qui se cherchoient, qui se provoquaient, pour s'exterminer mutuellement. C'est pourtant du milieu de cet acharnement féroce, et qui a dépeuplé des contrées, des villes, des royaumes, que sont sorties des règlemens protecteurs de la vie de quelques hommes.

Tandis que l'on couvroit de gloire et que l'on exaltoit par des chants le guerrier qui avoit exter-miné des milliers de combattans et anéanti leurs de-

meures, on couvroit d'opprobres, on condamnoit
au supplice l'assassin solitaire qui avoit immolé une
seule victime à sa vengeance ou à sa cupidité. Toute
étrange, toute inconséquente que paroisse cette distinction, elle est cependant fondée sur des principes
de justice et de salut public. C'est sur elle que reposent la prospérité des états, le lustre des nations et
la sûreté des individus. Lorsque c'est la loi qui commande, elle est seule coupable si le crime résulte de
la soumission ses ordres; et les hommes qui doivent être ses aveugles instrumens ne méritent que des
éloges pour lui avoir obéi, puisque la rébellion à
la loi entraîne l'anarchie, le pire de tous les maux.

Il ne peut exister de société heureuse et paisible,
si chacun de ses membres n'a pas la certitude de
jouir de tous les jours que la nature lui accorde,
tant qu'il n'aura pas mérité d'être retranché de la
vie. Nul n'a le droit d'attenter à celle d'un autre,
même pour se rendre justice, parce qu'il n'est point
d'individu sur la terre qui soit investi d'assez de sagesse et de confiance pour qu'on lui ait attribué le
pouvoir de faire disparoître un seul humain d'après
sa volonté isolée et ses seules lumières : aussi n'y
a-t-il rien de plus monstrueux, de plus opposé à la
nature que ces gouvernemens où un despote, tel que
celui de Maroc, peut appeler devant lui des esclaves
qu'il nomme des sujets, et abat leur tête de son ci-
meterre sans prendre de conseil que de sa férocité
et de son caprice. Ce que ce despote ose faire au
grand jour, l'assassin l'effectue dans les ténèbres.

Il dit à sa victime : « Tu m'as offensé, je veux que
» tu périsses : je crains que tu ne repousses mes
» coups, je te les porterai lorsque tu seras sans
» défense et loin de tout secours; tu es riche, et
» pour avoir ta dépouille je vais commencer par
» t'arracher la vie : ta compagne est devenue l'objet
» de mes désirs, et pour qu'elle en devienne la proie
» je prétends anéantir celui qui pourroit s'opposer
» à ma jouissance: plus j'aurai d'obstacles, plus j'au-
» rai recours à la ruse et à la perfidie pour triompher
» de mon ennemi et accomplir le dessein que j'ai
» conçu dans le silence. Si le fer me semble trop
» périlleux pour moi, j'emploierai d'autres instru-
» mens, j'atteindrai de loin l'homme dont la vue
» m'importune; un plomb meurtrier le frappera au
» moment où il marchera avec sécurité : un breuvage
» empoisonné portera la destruction dans ses en-
» trailles, et je ne tarderai pas à apprendre qu'il
» n'est plus. »

Tel est le crime qu'il étoit si important de comprimer par la terreur d'une condamnation et l'appareil du supplice. Il n'a rien de commun avec les homicides commandés par la puissance souveraine et
l'équité des lois; mais il est un danger pour la société, dont il est bien essentiel de la garantir, parce
qu'il y rameneroit le trouble et la sollicitude: c'est
la fausse application des peines prononcées contre le
meurtrier. Pourquoi les hommes qui parlent sans
cesse de justice, sont-ils si peu doués de ce discernement qui démêle à travers les actions ce qui pro-

vient d'une intention criminelle ou d'un égarement
excusable ? Il faut cependant l'avouer, l'esprit de
nos législateurs a multiplié ses efforts pour se rapprocher de ce point d'équité dont nous sommes encore bien éloignés. C'étoit déjà sans doute beaucoup
de distinguer le fait d'avec l'intention ; mais s'il est
si aisé de constater l'un, il n'est pas aussi facile de
juger l'autre, et de se préserver d'une indulgence funeste ou d'une sévérité cruelle. C'est cette difficulté
qui donne à nos jugemens l'apparence de l'arbitraire
et rend la destinée des accusés si incertaine : aussi ce
qui peut leur arriver de plus malheureux, c'est d'être
présentés à la justice avec une mauvaise renommée.
Les soupçons se changent alors en certitude, et l'on
ne peut pas admettre des intentions innocentes en
faveur d'un homme dont l'existence est flétrie par
l'opinion publique. Il faut pourtant convenir que si
cette manière d'asseoir son opinion a ses inconvéniens, elle peut aussi avoir son avantage, en faisant
sentir aux membres de la société qu'il est important
pour eux de se concilier, par une conduite régulière, l'estime générale.

Il est bien peu d'individus qui, dans le cours
d'une longue vie, n'aient été provoqués par une
offense grave à un acte meurtrier. Des préjugés trop
invétérés se sont réunis pour le pousser à la vengeance, et le cri d'un faux honneur a étouffé la voix
menaçante de la justice. Il n'appartient donc qu'à
une équité suprême d'établir une distinction entre le
crime concentré dans une classe perverse, et le délit

auquel nul individu ne peut se flatter d'être étranger.

Un axiome bien erroné est celui-ci : *Tout homme qui tue est digne de mort.* Oui, sans doute, celui-là est digne de mort qui arrache la vie à son semblable avec préméditation, avec noirceur, avec perfidie; mais l'époux, mais le père qui n'aura pu se défendre d'un accès de fureur en voyant son épouse ou sa fille outragée, et aura saisi le fer qui étoit sous sa main, sera-t-il indigne de vivre, parce qu'il aura cédé à l'impulsion de la nature et de l'honneur? aura-t-il même mérité d'être confondu, sous l'habit d'un forçat, parmi des brigands avec lesquels son moral n'a rien de commun? Il a, dira-t-on, versé le sang d'un homme et privé la société d'un de ses membres. Mais quel sang a-t-il répandu? celui d'un agresseur, d'un criminel. La justice étoit-elle là pour le garantir de l'offense qu'il a repoussée et pour l'en venger? Il n'a fait que devancer le coup qu'elle auroit porté : voilà son délit, et qui ne doit pas sans doute rester impuni; mais c'est une autre nature de châtiment qui doit lui être infligée. S'il n'a rien fait contre l'honneur, il ne doit point être déshonoré; il n'a enlevé à la société qu'un homme vil et méchant, il ne faut pas qu'elle perde encore un homme juste et sensible. M'élevant au-dessus des formes nouvellement adoptées, j'oserai proposer d'établir dans toutes les cités un tribunal de mœurs publiques, composé d'un certain nombre de notables élus par la voie du sort, et qui jugeroient si un homme prévenu d'un meurtre ou d'une agression grave devroit être livré à la justice,

comme homicide : ce ne seroit pas un jury d'accusation formé d'habitans pris au hasard dans les campagnes, étrangers aux lois de l'honneur, et qui ap-
portent dans leurs décisions l'humeur d'un déplacement forcé et l'indifférence de l'apathie sur le sort
d'un accusé; mais une assemblée de citoyens éclairés,
qu'une fortune, une réputation de probité éleveroient
au-dessus de la partialité et de la séduction. Si ce
tribunal, d'après tous les renseignemens qu'il auroit
recueillis sur les circonstances de l'homicide, sur
l'existence de son auteur, le présumait coupable, il
enverroit son opinion au procureur général de la cour
de justice criminelle, qui déploieroit sur l'accusé la
sévérité de son ministère : si, au contraire, il étoit
présumé innocent, la décision du tribunal d'opinion
seroit adressée au procureur impérial du tribunal civil, qui pourroit le condamner envers la veuve et les
enfans de l'homicidé à une somme proportionnée à
sa fortune, et à une amende envers l'état; mais si le
coupable, après avoir repoussé une agression, s'étoit
lui-même dénoncé comme auteur du meurtre, il seroit acquitté honorablement.

En présentant ces idées, je n'avance rien que de
conforme à la plus saine raison; je n'établis nulle
différence entre les individus qui attaquent la vie des
hommes sur les routes, dans les domiciles; je ne réclame point de distinction en faveur de ceux qui
attentent de sang-froid aux jours de leurs semblables,
avec préméditation, quelques offenses qu'ils en aient
reçues. Les premiers sont des brigands indignes de

toute pitié; les autres ont outragé la justice en ven-
geant leur propre offense, et se sont exposés à périr
du glaive de la loi en échappant à celui de leur adversaire. Je n'ai donc entendu parler que de ceux
qui, dans les accès d'une juste fureur, n'ont pu prévoir le résultat de leur coup, ou qui, égarés par la
crainte d'un péril imminent, ont plus voulu repousser la mort que la donner. Voilà le délit que je sou-
tiens appartenir à l'humanité, et auquel l'homme le
plus pur ne peut se flatter d'échapper, à moins qu'il
n'existe dans une société bien supérieure à celle où
nous sommes condamnés à vivre.

Je ne parle point ici des homicides fortuits que
l'innocence expie par la douleur et le désespoir : il
n'est point de tribunal assez inique pour la condamner à d'autres peines que celles qu'elle éprouve et
qui empoisonnent souvent ses jours. Quel est celui
qui oseroit appeler le châtiment sur la tête d'un ami
qui serre dans ses bras le corps sanglant de son ami,
qui s'efforce vainement de le rappeler à la vie et menace de s'arracher la sienne, maudit le jeu téméraire,
l'exercice périlleux qui a ravi ce qu'il avoit de si cher?
Si vous le condamnez à mourir, vous accomplirez ses
vœux; vous ne pourrez pas être plus sévère envers lui
qu'il ne l'est lui-même. Vous détestez son imprudence; il en a horreur : vous voulez lui enlever une
partie de sa fortune; il la donneroit toute entière
pour n'avoir pas commis l'action qu'il se reproche.
Ah! plaignez-le et soulagez sa peine, si vous le pouvez, au lieu de l'aggraver!

Il est néanmoins des imprudences homicides qu'il est de la justice de réprimer ; et quoiqu'elles ne soient souillées d'aucune intention criminelle, celui qui les a commises ne doit pas avoir impunément mis la vie des hommes en danger et troublé la sécurité publique. Quoique ces sortes de délits paroissent appartenir exclusivement à la police des états, ils doivent être aussi du ressort des tribunaux; mais ce sujet nous conduiroit trop loin, il n'a rien de commun avec celui que nous venons de traiter.

CHAPITRE X.

DE L'INFANTICIDE.

SERAIT-IL donc vrai, comme l'ont prétendu quelques misanthropes, que cette créature humaine que
d'autres ont élevée à un si haut degré de grandeur et
de dignité, fût, de toutes celles qui existent, la plus
perverse et la moins étrangère à tous les crimes ? Celui dont nous allons parler est sans doute bien horrible, bien opposé à la nature. Eh ! qu'y a-t-il de
plus contraire à ses lois que de replonger dans le
néant l'enfant auquel une mère vient de donner le
jour ? de détruire sans pitié cet être fragile, à peine
sorti du sein de la douleur, et que l'instinct général porte à chérir et à soulager ? De quel trouble,
de quel égarement fut-elle agitée, la première qui
rejeta dans les bras de la mort le fruit de son amour !
La nature lui commandoit de le nourrir ; elle lui en
avoit fourni les moyens, elle lui en avoit donné le
besoin, elle avoit établi entre la mère et l'enfant la
loi de se prêter un mutuel secours ; l'aliment de l'un
devenoit le poison de l'autre, s'il étoit refusé à la
bouche innocente qui venoit le pomper. Ce que la
tendresse accordoit étoit tout à la fois un bienfait et
une récompense, puisqu'il soulageoit la foiblesse et

la puissance, et que la source où l'enfance puisoit la
vie sembloit prospérer et s'enrichir de ses dons. Il a
donc fallu qu'une cause surnaturelle détruisit cet
accord salutaire qui doit exister entre la mère et l'enfant. Il faut l'avouer, c'est dans l'état civilisé que cette
offense à la première des lois s'est manifestée. Avant
que la fécondité pût paroître un sujet de honte, et
qu'une mère eût à rougir d'un titre si noble, nul être,
parmi les hommes, ne fut repoussé de la vie par celle
qui la lui avoit donnée ; mais les institutions humaines,
qui ne sont pas toujours d'accord avec la loi de la
nature, étouffèrent celle-ci ; et, au risque de devenir
victime d'une désobéissance bien cruelle, une mère
eut le courage barbare d'étouffer un nouveau-né,
moins pour le détruire que pour ensevelir sa faute
avec lui. Plus l'empire de l'honneur acquit de puissance, plus le fruit de la foiblesse fut exposé à lui
être immolé. Tout conspiroit contre lui : l'autorité du
chef de famille qui se croyoit offensé, le mépris des
hommes, les clameurs des mères, l'ironie des étrangers, le dédain de la jeunesse vertueuse, la censure
de la religion, la voix menaçante de ses ministres,
sembloient se réunir pour accabler l'innocence et la
faute, et les plonger indistinctement dans l'opprobre.
L'imprudente mère, ne découvrant que danger pour
elle, et qu'ignominie pour l'être auquel elle avoit
donné le jour, ne crut pas lui porter un grand préjudice en le frustrant d'une vie misérable, ni se
rendre criminelle en se dérobant au courroux d'un
père et au dédain des hommes. Telle fut sans doute

l'origine du crime que les lois ont dû punir. Il auroit été de la sagesse de chercher tous les moyens de
le prévenir. Retrancher de la vie cette jeune mère que
son imprévoyance a placée entre le crime et l'épouvante, c'est ajouter la mort à la mort et substituer le
désespoir à la terreur.

Je n'ignore pas ce qu'une morale austère et impitoyable peut objecter: mais si le glaive de la loi ne
frappoit que le vice et la débauche; si ces créatures
dépravées, qui sont l'opprobre de leur sexe, qui font
un trafic honteux de leur personne, qui étouffent
leur fécondité dans de stériles jouissances, dont les
refus seroient des faveurs, étoient les seules qui fussent
traînées devant les tribunaux pour avoir anéanti le
malheureux fruit de leurs débauches, je les aban-
donnerois avec dédain à leur déplorable sort. Malheureusement ce n'est jamais sur cette classe perverse que
tombe l'accusation d'infanticide: ce sont presque toujours de simples villageoises séduites par de trompeuses promesses, ou des citadines ingénues, aveu-
glées par un sentiment trop vif, par des illusions trop
douces, qui se trouvent exposées à être condamnées
par les juges pour avoir voulu éviter la honte d'être
blâmées par les hommes.

Si les accusations de cette nature exposent à un
grand danger l'infortunée qui en est l'objet, elles
mettent aussi l'équité en péril. Tant de causes innocentes, tant d'accidens imprévus peuvent concourir
à priver de la vie le fruit d'une union illégitime, qu'il
est souvent difficile de discerner le malheur d'avec le
crime.

crime. Plus le repentir est grand, plus il jette de trouble dans les esprits ; plus la coupable étoit loin de sa faute, moins l'expérience peut la diriger. Par la raison qu'elle gémit solitaire sur son imprudence et qu'elle cherche à se dérober à tous les regards, elle ne peut recevoir des conseils salutaires ; et dans le moment où elle auroit le plus besoin d'assistance, elle se trouve éloignée de tous les secours qu'elle n'a osé implorer. Celle que la pudeur a forcée d'étouffer ses cris, cherche à étouffer aussi ceux qui peuvent la trahir. C'est quelquefois dans l'obscurité des nuits, dans la solitude des forêts, qu'elle a déposé le fardeau qui pesoit encore plus sur son cœur que sur ses entrailles maternelles. Elle le délaisse, parce que si la nature lui commande de ne pas s'en séparer, la loi impérieuse de l'honneur et de sa conservation lui prescrit de ne pas offrir un témoin de sa faute et qui ne lui apporteroit, en échange de ses soins et de sa tendresse, qu'opprobre et indigence.

Ils n'existent plus ces asiles où le repentir pouvoit aller se réfugier sous la miséricorde céleste et y trouver un abri contre le mépris des hommes. Loin de les détruire, il auroit fallu les multiplier, leur donner des réglemens moins austères, en ouvrir l'entrée à toutes créatures malheureuses qui auroient voulu s'y consacrer à la pénitence, au travail et aux devoirs de la maternité. Des vœux indissolubles ne les y auroient point enchaînées ; et si l'avenir leur eût apporté quelque héritage, les eût affranchies de l'autorité paternelle ou en eût adouci la sévérité, elles auroient eu la fa-

5

culté de rentrer dans le sein de la société et d'y présenter les leçons de la sagesse et les exemples de la
vertu.

Mais puisqu'il faut renoncer, au moins pour plusieurs années, à l'espérance de voir réaliser un projet
aussi salutaire, hasardons de présenter quelques idées
plus analogues aux circonstances présentes, et qui, si
elles ne font pas entièrement disparoître le crime de
l'infanticide, en affoibliront les ravages. Ne condam-
nons plus la fille égarée à lutter contre la pudeur, en
la contraignant, sous peine de mort, d'aller révéler
sa faute à un magistrat qui consignera sa honte sur un
registre public. Prescrivons-lui seulement de confier.
son malheur, soit au ministre de son culte, soit à l'officier de santé établi dans sa commune. Ceux-ci, sans
désigner son nom, transmettront sa déclaration, dont
ils conserveront une note secrète.

Toute fille enceinte qui se présenteroit dans l'hospice le plus voisin de son habitation, y seroit reçue et
soignée jusqu'après sa délivrance, sans qu'on puisse
exiger d'elle autre chose qu'un travail proportionné
à ses forces et à ses facultés. Un léger impôt mis sur
tous les célibataires âgés de trente ans, seroit uniquement consacré à subvenir aux frais qu'entraîneroit ce
grand acte d'humanité.

Les fruits d'un amour illégitime auroient une existence assurée; élevés et nourris par l'état, ils deviendroient sa propriété : tous ceux qui appartiendroient
au sexe courageux seroient un jour enrôlés sous les
étendards, ou sous les pavillons de la marine.

Les jeunes filles, habituées de bonne heure aux travaux de l'aiguille et de la filature, et à ceux qui peuvent s'adapter à la foiblesse de leur sexe, seroient consacrées à l'entretien des soldats et des matelots jusqu'à l'époque où elles pourroient devenir les épouses de quelques cultivateurs, soit dans nos Colonies, soit dans nos campagnes dépeuplées.

C'est ainsi qu'un ami de l'humanité, plus occupé de prévenir le crime que de le punir, se plaît à répandre des pensées qui seront long-temps des chimères, parce que des lecteurs frivoles réservent toute leur sensibilité pour des héros romanesques et des catastrophes imaginaires : ils croiroient leur émotion dégradée, si elle avoit pour objet des malheurs réels et les misères de l'indigence !

CHAPITRE XI.

DES INCENDIAIRES.

De tous les crimes qui portent atteinte à la fortune et à la sécurité publique, il en est peu qui soient plus nuisibles et plus punissables que celui que commet l'incendiaire. S'il attaque l'habitation de l'homme, il met en péril sa demeure, son existence et celle de sa famille; il répand l'épouvante et jette l'alarme parmi tous les propriétaires. Il n'est pas un d'eux qui ne préférât de demeurer solitaire avec son épouse et ses enfans et inaccessible à la méchanceté de ses semblables, s'il devoit être exposé au danger de voir le lit conjugal, le berceau de ses fils, devenir la proie des flammes, et d'être réduit à chercher au milieu des ténèbres une issue pour se dérober et tout ce qu'il a de plus cher, à une fin douloureuse et misérable.

Si l'incendiaire, dans sa criminelle envie, a fait dévorer par le feu l'espérance et la richesse de l'agriculteur; si, de sa main oisive, il a détruit l'aliment des hommes, il n'est plus l'ennemi d'un seul : il est l'ennemi de tous, et il seroit à désirer que toutes les horreurs de la famine devinssent son châtiment. C'est vraiment contre ce coupable que l'humanité entière crie vengeance; elle interdit à son égard tout sentiment de pitié : c'est lui qu'elle voudroit environner d'un continuel effroi.

Quant à nous, qui avons toujours désiré de voir graduer les peines en raison de la gravité des fautes, et qui sommes loin de regarder la mort comme le dernier des supplices, nous ne nous hâterions pas de la donner à l'incendiaire. Il nous semble qu'une loi plus équitable le condamneroit à paroître revêtu d'une robe d'ignominie sur laquelle seroient peints des traits de flammes: il porteroit à sa main une torche ardente, qui, en éclairant la face du criminel, rendroit ses traits plus hideux et importuneroit ses regards de l'élément qu'il auroit rendu son complice. Ce ne seroit qu'après plusieurs séances prolongées dans la haine et dans l'indignation publiques, qu'elle abrégeroit ses jours, si son crime avoit porté un grand dommage à la société, ou qu'elle le condamneroit à la servitude, s'il n'avoit été nuisible qu'à un individu.

C'est sans doute d'après une belle pensée, c'est par un sentiment généreux, qu'un nouveau code pénal a fait disparoître cette longue énumération de tortures et de supplices qui précédoient la destruction des scélérats. Mais puisque la mort la plus rapide doit être l'unique punition de tous les grands crimes, il faut en être économe envers eux, et ne pas la leur présenter indistinctement comme le terme de la vengeance humaine.

Il y a loin sans doute de la menace de l'incendie à son affreuse exécution; mais toutes les fois qu'elle a pour objet de contraindre la volonté et d'amener des sacrifices, elle se rapproche de l'acte du brigand qui présente au voyageur une arme meurtrière et ne lui laisse d'autre alternative que celle de succomber sous ses coups ou de se dessaisir de son or. Il est donc essentiel de bien discerner cette menace avide et tyrannique, de celle qui peut échapper à une colère impuissante.

La loi, qui signale et frappe tous les crimes, ne peut pas en saisir toutes les nuances, et c'est par cette raison qu'il est difficile d'apporter assez de lumières dans l'exercice de la justice criminelle. Le juge qui se glorifie d'être l'organe de la loi, s'expose quelquefois, avec des intentions pures, au danger de condamner l'accusé qu'elle absoudroit, ou à sauver celui qu'elle puniroit sévèrement.

Ce qui rend le crime dont nous parlons difficile à saisir, c'est parce que, conçu dans le silence de la haine ou de l'envie, il s'accomplit dans la solitude et les ténèbres : il n'exige ni complices ni pouvoir, et se confond avec mille accidens fortuits. Le même malheur peut provenir de la main d'un innocent ou de celle d'un coupable, et tous deux sont dans une égale impuissance de le réparer : c'est donc alors qu'il faut s'attacher à découvrir l'intention et l'intérêt de l'accusé, et qu'il ne faut pas même établir sa conviction sur quelques motifs de haine ou de vengeance; car plus le crime est grand, plus il a besoin d'être environné d'évidence avant d'être accablé de toute la sévérité de la loi. Si c'est un malheur public que la

destruction d'une grange remplie d'une moisson abondante, c'en seroit un plus grand encore que l'erreur
d'une condamnation qui dévoueroit l'innocence à un
supplice réservé pour le crime.

Nous ne pouvons pas trop le répéter, lorsque ces
fatales erreurs tombent sur des vagabonds, sur des
individus immoraux dont l'existence multiplie les
soupçons, ils en sont à la fois les victimes et les complices; ils se sont frustrés, par leur conduite oisive et
dépravée, de l'abri salutaire sous lequel peut se réfugier le citoyen laborieux et irréprochable; et ce n'est
pas là un des moindres avantages attachés à la pureté
des mœurs, et que doit faire valoir aux habitans des
villes et des campagnes l'orateur dont le ministère
sacré est de les éclairer et de les guider dans la route
de la vertu, en les aidant à supporter les misères
attachées à leur condition.

CHAPITRE XII.

DU VIOL.

Depuis l'institution du mariage, c'est offenser les mœurs que de chercher à surprendre des faveurs qui ne doivent être réservées que pour une union légitime, et de flétrir dans une affection illicite la fleur que l'hymen seul devoit cueillir. C'est une faute plus grande encore que de prétendre s'associer aux voluptés d'un époux sans en avoir le titre, de laisser au mari toutes les charges du mariage et de lui en ravir les douceurs, de profaner le lit conjugal en y faisant naître l'inconstance et le parjure, de conduire par l'attrait du plaisir et l'ardeur d'un nouvel amour au dégoût d'un attachement pur et que le temps a refroidi : mais un délit bien plus grave que ceux-ci et qui ne leur est pas même comparable, c'est la grossière brutalité qui ose prendre une passion effrénée pour de l'amour, soumettre la foiblesse à d'impétueux désirs, et qui dans sa fureur tyrannique dompte les efforts de la pudeur, subjugue l'innocence et l'immole sans pitié à ses criminelles ardeurs. De quelque nom qu'on appelle cet amant farouche, quels que soient ses traits, il n'est à mes yeux qu'un animal sauvage, plus digne de figurer dans un haras que parmi la société humaine.

Oui, quoi qu'on en puisse dire, le viol est un crime
réel, et qui exerce ses fureurs non-seulement sur la
foiblesse, mais encore sur toute la puissance d'un sexe
incapable de lui opposer une résistance durable, et
qui doit finir par succomber sous des efforts prolongés
par l'artifice ou secondés par la perfidie. C'est en vain
que la malignité s'obstineroit à soutenir que le triomphe du coupable n'a jamais eu à surmonter toute la résistance de la vertu: l'expérience n'a que trop appris
que, lorsqu'elle est réduite à ses seules forces naturelles, elle finit par abandonner une honteuse victoire à son oppresseur. Mais comme ce criminel abus
de la puissance s'exerce souvent dans la solitude,
loin de tous les secours que pourroit invoquer la victime, ne laisse après lui d'autres traces que le désespoir de l'un, que l'insolent triomphe de l'autre, il
est difficile à la justice de le constater. Si l'offensée
ose se plaindre de l'outrage qu'elle a reçue, l'agresseur se retranche dans le mensonge; la confusion et
le trouble de son timide adversaire lui prêtent de
nouvelles armes et accroissent son audace. Il soutien-
dra que l'innocence a sollicité elle-même son déshonneur; qu'il n'a fait que condescendre à ses désirs, qui
avoient devancé les siens. Après avoir accablé de
honte le malheur, peut-être offrira-t-il de réparer
une faute qu'il rejettera sur la nature, par une union
qu'il a rendue détestable. S'il appuie sa défense de
quelques mouvemens oratoires; si, d'une voix touchante, il adresse quelques reproches à son accusa-
trice; si, feignant d'être sensible aux pleurs qu'il voit

répandre, il conjure les juges d'avoir pitié d'une foiblesse qu'il a partagée avec celle qui la leur a révé-
lée, ils hésiteront, et, dans le doute, ils craindront
de condamner celui qui oppose l'assurance à une ti-
midité silencieuse et un repentir simulé à la douleur
véritable.

L'inégalité des conditions, la distance des âges,
l'extrême supériorité de forces, les rapprochemens et
les familiarités antérieures, la réputation des individus, le lieu de la réunion funeste à la vertu, l'isolement médité ou fortuit : voilà les circonstances sur
lesquelles une équité protectrice doit long-temps s'arrêter; et s'il lui reste encore quelques doutes, une
loi impérieuse lui prescrit de respecter l'honneur et
les jours de l'accusé en jetant un voile sur le malheur
de l'innocence. Il ne faut pas se le dissimuler, la
crainte qu'une faute commune aux deux sexes ne se
manifestât et n'attirât sur le plus foible la honte et
la persécution, n'a porté que trop souvent celui-ci à
se plaindre de la violence, lorsqu'il avoit à se reprocher des séductions mystérieuses et des désirs que sa
vanité avoit pris plaisir à faire naître.

Pourquoi faut-il que la dépravation des mœurs et
l'aveuglement d'une passion honteuse aient égaré
l'homme jusqu'au point de lui faire franchir les bornes que la nature avoit imposées à ses impétueux désirs? S'il y avoit quelque chose de sacré pour les fureurs de l'amour, c'étoit sans doute l'innocence naïve
et caressante de l'enfant : quel nom donner à l'être
assez pervers, assez corrompu pour souiller de ses

baisers impurs la beauté naissante qui s'offre sans défiance aux apparences de l'amitié? Mais s'il avoit osé
abuser de cette sécurité jusqu'à porter d'horribles
atteintes à la pudeur, s'il l'avoit offensée jusques dans
ses plus secrets retranchemens, la justice ne pourroit
pas soutenir la vue d'un semblable accusé; et en dé-
tournant de dessus lui ses regards indignés, elle devroit se hâter de l'immoler à la nature outragée.

Plus ce dernier abus de la puissance est révoltant,
plus la sagesse doit se tenir en garde contre les accusations téméraires et calomnieuses : des rapports mensongers ont plus d'une fois transformé en crime ce
qu'on devoit regarder comme de simples jeux. Que
d'actes sont purs avec des cœurs qui le sont véritablement, et ne deviennent vicieux que parce que le vice
corrompt toutes les actions des hommes!

De quelle prudence, de quelle pénétrante sagesse
ne faut-il pas qu'un juge soit doué pour discerner la
vérité d'avec le mensonge à travers l'embarras d'un
enfant qui balbutie une accusation, et au milieu du
trouble d'une mère alarmée, qui la première a recueilli l'imposture, qui l'a provoquée par des questions imprudentes, par des menaces réitérées. et qui
dans sa colère s'est exagéré son malheur! Elle ne
parle que de crimes et ne demande que vengeance :
il ne tient pas à elle que toutes les mères ne partagent
sa fureur et ne fassent elles-mêmes justice de celui
qu'elle accuse.

Voilà encore un des écueils que l'équité doit redouter! Hélas! malheureusement, elle en est envi-

ronnée. La témérité des accusateurs et l'adresse des accusés l'exposent sans cesse au danger de frapper l'innocent et de sauver le coupable; et c'est le seul désir de lui épargner quelques-unes de ces funestes erreurs, qui nous détermine à la précéder et à répandre sur la route ténébreuse qu'elle est obligée de suivre les lueurs d'une longue et pénible expérience.

C'est malheureusement un frein bien foible et bien impuissant contre les excès de la licence et de la débauche que la sévérité des lois! Le riche trouve le moyen de s'y soustraire en étouffant la plainte sous le poids de son opulence. Il n'est point de dommages qu'il ne se flatte de réparer avec quelques parcelles de son or; il essuie les larmes de la foiblesse, il désarme la puissance paternelle, il plonge dans les ténèbres ses obscènes et criminelles jouissances, il oppose à l'autorité de la justice un rempart qui lui dérobe ses secrètes iniquités : aussi voit-on rarement un accusé de quelque importance amené devant les tribunaux pour le crime dont nous venons de parler. C'est presque toujours un mercenaire, un misérable journalier, sur qui tombent les accusations de ce genre, et il ne présente pour excuse que le délire de l'ivresse, ou pour défense qu'une dénégation stupide.

Peut-être vaut-il mieux pour le respect des mœurs que tous les outrages qu'elles reçoivent dans les grandes cités et dans les habitations de l'opulence soient réparés par le riche, que de devenir un objet de scandale aussi fatal à l'agresseur que préjudiciable à l'offensée.

CHAPITRE XIII.

DU RAPT.

De toutes les propriétés, la plus sacrée sans doute est celle d'une fille pour ses parens, celle d'une épouse pour son mari. Eh! quelle douleur peut être comparable à celle d'une mère qui, à son réveil, ne retrouve plus l'enfant qu'elle chérissoit, apprend que l'objet de ses affections et de ses soins est devenu la proie d'un ravisseur; qui ne voit plus autour d'elle que confusion et que douleur, et qui, dans l'excès de son accablement et dans son désespoir, n'ose révéler son malheur, dans la crainte de répandre le déshonneur d'une fugitive dont l'absence excite tout à la fois sa colère et ses regrets?

Il est d'une nature différente, le sentiment qu'éprouve un mari abandonné par une compagne infidèle qu'un séducteur lui a enlevée. Si son amour survit à cet outrage, l'indignation et la fureur semblent venir à son secours pour le préserver du désespoir; il se livre à des idées de vengeance, et soulage son cœur par l'espérance de voir bientôt tomber le châtiment sur la tête des coupables.

La mère hésite encore à croire sa fille criminelle; elle aime à se persuader que la violence a précipité sa fuite, que sa voix a été étouffée et qu'elle verse aussi des larmes sur sa honte.

Le mari ne voit qu'une complice dans l'épouse qui lui a été ravie et ne lui épargne pas plus les outrages qu'à son séducteur.

La justice paroit partager les mêmes sensations lorsque les accusés sont amenés devant elle; elle abaisse un regard compatissant sur deux amans qu'une passion violente a égarés; elle désire entendre sortir de leur bouche des motifs qui justifient la séduction de l'un et la foiblesse de l'autre : mais sa contenance est sévère et menaçante à la vue d'une épouse infidèle et de son ravisseur; elle les a déjà condamnés avant de les avoir entendus. Et en effet que pourroient-ils alléguer pour leur défense? Oseront-ils proposer pour excuse une passion qui est le crime et la honte de tous les deux? La femme craint de lever un front flétri de l'empreinte de l'adultère; elle se rappelle trop tard qu'elle ne s'appartenoit plus, qu'un lien sacré attachoit, sinon son cœur, du moins sa personne, à celui qu'elle a délaissé et dont elle a déshonoré la couche. Les larmes qu'elle répand ont perdu leur pouvoir, les sons qu'elle articule d'une voix entrecoupée ne peuvent plus attendrir; le vice semble avoir altéré tous ses traits et fait succéder la difformité à la grâce de la jeunesse ou de la beauté souffrante.

Le ravisseur, de combien de crimes ne s'est-il pas rendu coupable? Il a violé l'hospitalité; il a jeté la corruption dans l'ame d'une femme qu'il a égarée par ses discours; il a ravi la tendresse d'une mère à des enfans, le cœur d'une épouse à un mari. Le brigand qui à force armée se seroit introduit dans une maison et en auroit enlevé toutes les richesses, auroit occasioné moins de dommages et seroit moins criminel. Les lois anciennes, qui condamnoient à mort le ravisseur et punissoient d'une réclusion ignominieuse et illimitée la femme adultère, n'étoient donc pas trop sévères, et nous nous garderons bien de chercher à les adoucir. Si nous pouvions en tempérer la rigueur, ce seroit en faveur de celui qui, rencontrant des obstacles insurmontables dans les préjugés et dans l'intérêt de parens inflexibles, seroit parvenu à soustraire à une autorité tyrannique l'objet de ses affections : mais, pour qu'il fût digne de grâce, il faudroit que ses vœux eussent été purs, que sa séduction eût été précédée de sollicitations respectueuses, qu'il n'y eût eu dans son enlèvement d'autre ascendant que le pouvoir d'un amour mutuel, que l'accusé ne fût ni dans la servitude ni aux gages des parens devenus ses accusateurs; car alors ce seroit un vol domestique dont il se seroit rendu coupable, et son délit mériteroit au moins la même peine.

Il ne faut pas nous en glorifier, le rapt est devenu un délit bien rare parmi nous; il n'existe plus guères que dans les romans, et c'est peut-être là une triste preuve de la dégradation de nos mœurs : l'acte d'un enlèvement supposoit de l'énergie dans la passion, de grands obstacles dans l'accomplissement de ses désirs, une surveillance redoutable de la part des

amis, des parens et des époux. L'amour, avant de
se porter à cet excès, avoit pris naissance dans le
mystère, s'étoit nourri et entretenu par des aveux
secrets, et ce n'étoit qu'après avoir été contrarié et
alimenté par de longues difficultés, qu'il faisoit explosion et répandoit l'alarme dans les familles. Aujour-
d'hui que les déclarations précèdent les désirs, que
l'embarrassant n'est pas de promettre et d'obtenir, mais
de tenir ce que l'on a promis et de se montrer quelque
temps digne de ce que l'on a obtenu; qu'il est devenu plus difficile de rompre que de s'unir; que l'on ne
rougit ni de son abandon ni de son inconstance; que
les mères, au lieu de donner des exemples de vertu,
ne débitent que des préceptes de prudence; que les
maris se parent de leur infidélité et ne se montrent
jaloux que de leur maitresse : il faudroit être aussi fou
que téméraire pour méditer des enlèvemens et vouloir ravir par violence ce que l'on ne paroît défendre
que pour donner plus de prix à la conquête.

L'extrême jeunesse peut seule prêter quelque appui
à une plainte en rapt de séduction, et elle doit plus
encore exciter la sévérité du ministère public contre
la négligence des pères et mères, que contre le séducteur. Si une mère attentive surveilloit ses filles comme
son trésor; si elle couvroit leur inexpérience des ailes
de la sagesse; si, sans avoir l'air de les observer, elle
ne les perdoit jamais de vue; si elle s'attachoit à descendre dans leur cœur, à en surprendre toutes les
affections; si, par une aimable confiance, elle se
rendoit la dépositaire de tous leurs secrets; si elle
éclairoit

éclairoit leur innocence par une morale douce et
naïve, elles deviendroient le plus puissant rempart
contre la séduction; mais elles sont si occupées de
leurs plaisirs, de leurs projets d'ambition et de vanité, que si leurs filles échappent aux écueils qui environnent la jeunesse, elles doivent leur salut, moins
à leur vertu qu'à la légéreté des attaques dont elles
ont à se défendre.

C'est ainsi que l'immoralité générale est un océan
de vices où tout va se confondre, et dans lequel les
crimes même s'engloutissent et disparoissent.

CHAPITRE XIV.

DE LA BIGAMIE.

Si l'on montroit à un Persan ou à un Turc qui
traverseroit l'un de nos bagnes, un esclave traînant
une longue chaîne, couvert des habits de l'opprobre
et de la servitude; quel seroit son étonnement d'apprendre que ce malheureux auroit été réduit à un
aussi triste sort pour avoir épousé deux femmes! A
quel châtiment, s'écrieroit-il, serois-je donc réservé
parmi vous, moi qui en compte sept dans ma demeure? C'est ainsi que la plupart des actions des
hommes se colorent au gré des nations ou de leurs
législateurs.

Loin de vouloir combattre la sévérité de la loi qui
condamne la bigamie, je veux, au contraire, la justifier aux yeux de l'étranger. Elle est équitable, non-
seulement sous le point de vue de la religion, mais
encore sous le point de vue de la politique. La première, en nous unissant à la femme, nous l'a donnée
comme une partie de nous-mêmes pour devenir une
inséparable moitié dont le bonheur ou le malheur
seroit le nôtre, dont nous charmerions la vie, dont
nous adoucirions les souffrances, qui seroit placée
sous notre garde, dont nous multiplierions l'existence

par les douceurs de la maternité, que nous envisage-
rions comme notre égale, malgré la supériorité de nos
facultés physiques et morales; enfin, à laquelle nous
servirions de consolateur et d'appui jusqu'à ce terme
fatal où le lien qui nous unissoit est tout-à-coup rompu
et doit laisser l'un ou l'autre isolé sur la terre.

Le créateur, qui rassembla autour du premier
homme tant d'objets pour sa félicité, ne lui donna
qu'une compagne, parce qu'il voulut que le bonheur
de l'un fût égal à celui de l'autre, et parce que sa
bonté ne lui permit pas de jeter la jalousie au sein
de ce couple fortuné, destiné à peupler la terre de
créatures qu'il distinguoit de toutes les autres. S'il
eût donné au premier homme plusieurs femmes, les
préférences que celui-ci auroit accordées à l'une
d'elles auroient nécessairement obscurci la félicité
des autres; et dès-lors il auroit prouvé que le bonheur du sexe le plus foible ne lui étoit pas aussi cher
que celui du plus fort. Son intention a été que son
amour leur parût égal; il leur a accordé sans distinction tous les biens qui émanoient de sa bonté : tant
qu'ils ont été purs, ils ont joui de la même félicité;
lorsqu'ils se sont souillés du crime, il leur a également
ment retiré ses faveurs et les a livrés au malheur de
leur condition.

Ce que Dieu a fait pour l'homme et la femme, la
religion véritable devoit le faire dans le lien du mariage. Aussi a-t-elle consacré ces paroles augustes et
solennelles qu'elle adresse à l'époux : *Celle-ci est la
chair de ta chair.* De quel ineffaçable sentiment elles

6.

devroient pénétrer des époux qui sortent de l'autel !
de quel œil ce couple ainsi réuni devroit s'envisager
mutuellement ! comme les pensées de l'un devroient
être celles de l'autre ! comme les deux ames devroient
se confondre ! Mais aussi, combien de fois le charme
de ces paroles divines et solennelles est-il dissipé par
l'ascendant de l'intérêt ou des passions humaines !
Comment se trouveroit-il un accord parfait dans des
unions où des idées de fortune ou d'ambition s'efforcent de rapprocher les contraires, où l'on ne con-
sulte souvent ni les goûts, ni les penchans, ni le rapport des âges, ni les qualités morales, ni les habitudes antérieures ?

On paroît étonné de ce que le divorce, à peine institué parmi nous, avoit déjà brisé tant de nœuds de
l'hymen. Si quelque sentiment de honte n'en avoit
arrêté le pouvoir destructeur, le spectacle de mille
familles divisées eût affligé la religion et la nature. Cependant qu'y a-t-il de plus imposant aux yeux de la
sagesse que la vue de deux êtres qui, après avoir réuni
sous l'autorité paternelle leurs affections et dans leurs
facultés un accord mutuel, s'élancent libres et joyeux
dans la course de la vie, arrêtent un œil satisfait l'un sur
l'autre, se complaisent dans l'idée de couler dans la
même demeure des jours fortunés, de n'en pas laisser
approcher l'ennui et les soucis, et d'y faire naître et
croître les fruits d'un amour inaltérable. Lorsqu'à
ces douces illusions succède un sentiment moins vif
et plus réfléchi, des entretiens graves éclairent leur
raison, dirigent leurs pensées sur l'avenir ; s'ils se sé-

parent avec moins de regret et moins de sollicitude,
ils se rapprochent toujours avec le même plaisir; ils
s'interrogent et se répondent avec le même intérêt :
on diroit qu'ils s'écoutent parler, tant leurs pensées
et leurs paroles se confondent. C'est surtout à l'approche des enfans, qu'on diroit être sortis du sein du
père comme de celui de la mère, qu'il est doux de
les observer : comme leurs cœurs palpitent, comme
leurs regards se les disputent et sollicitent leurs caresses! C'est alors qu'une touchante rivalité les anime et les divise, et que la tendresse de l'un tempère
l'austérité de l'autre.

La vieillesse les a-t-elle atteints de son pas tardif?
que de nouvelles scènes d'affections s'offrent à la vue!
c'est à ce triste période de la vie qu'ils mettent en
commun les douleurs et les infirmités, qu'ils repas-
sent dans leur mémoire ces jours de bonheur qu'ils
croyoient éternels et qui ont fui trop vite : mais ils
semblent encore recommencer une nouvelle existence
dans leur postérité, et cessent de regretter ce qu'ils
ont perdu, par l'idée de l'avoir transmise à une génération qui en jouit déjà sous leurs regards.

Si des pensées religieuses viennent envelopper leur
décrépitude, et lui prêtent un voile désirable, la
mort n'a rien d'effrayant pour eux : ils ne voient
plus en elle qu'une séparation nécessaire et momentanée, et qui doit être suivie d'une union délicieuse
que le temps ne pourra plus altérer ni limiter. Tel
devroit être toujours le sublime résultat du mariage
établi parmi nous et consacré par nos rits solennels.

Qui pourra contester qu'il ne fût défiguré, corrompu, par la bigamie ? Y trouveroit-on la même sécurité, la même confiance dans la jeunesse des époux, les mêmes épanchemens dans la maturité de l'âge, et la même réciprocité de soins dans la vieillesse?

Si nous envisageons le mariage sous le point de vue politique, nous serons encore bien plus convaincus que la pluralité des femmes est contraire à l'ordre social. Pour un homme auquel sa fortune, ses désirs et ses facultés permettent de pourvoir à la subsistance de plusieurs épouses et des enfans qui en naîtront, combien en est-il qui ne peuvent, malgré la plus stricte économie et un travail sans relâche, fournir à l'entretien d'une seule compagne, et se condamnent, peu d'années après leur mariage, à la stérilité, pour ne pas succomber sous un fardeau trop pesant? Si une loi salutaire ne réprimoit les désirs d'un de ces époux indigens et téméraires, on en verroit plus d'un se précipiter dans de nouveaux engagemens et multiplier les malheureuses qu'ils attacheroient à sa destinée.

La nature a mis trop d'égalité dans la naissance des deux sexes pour qu'il soit entré dans ses vues qu'un homme possédât plusieurs femmes. Ce ne seroit donc qu'aux dépens de l'indigent que le riche multiplieroit ses compagnes : s'il ne nuisoit pas à la population par la diversité de ses amours, ses affections, en se partageant inégalement sur tous leurs fruits, en frustreroient plusieurs des soins et de la tendresse paternelle; et lorsqu'il viendroit à mourir, l'état ne verroit d'un côté que des célibataires, et

de l'autre que des orphelins. La perte d'un seul
époux laisseroit après lui une multitude de veuves
habituées au luxe de l'opulence et qui seroient tout-à-
coup frappées de stérilité, parce qu'elles n'inspire-
roient que du dédain aux classes élevées et ne voudroient pas descendre dans celles qui leur étoient inférieures. La nature, la justice et l'intérêt de l'état
s'accordent donc à réclamer la stabilité d'une loi qui
prescrit à l'homme de demeurer exclusivement attaché à la femme qu'il a choisie pour épouse, et flétrit
de la servitude l'infidèle qui ose s'engager dans de
nouveaux nœuds, avant que la mort ait rompu ceux
qui enchaînoient sa personne.

Il est criminel aux yeux de la religion, parce qu'il
a violé ses sermens; il l'est aux yeux de la loi, parce
qu'il a trompé la foi de celle qui s'étoit engagée à
lui demeurer fidèle, et lui a fait le sacrifice de sa liberté sous l'assurance qu'un lien réciproque l'atta-
cheroit à elle exclusivement jusqu'à la mort.

Celui-là qui, par un double parjure, usurpe les
titres et les droits d'un époux, délaisse une légitime
compagne pour en flétrir une qu'il a trompée, ne
mérite nulle pitié; et la justice qui le dépouilleroit
de sa fortune et la partageroit entre les deux victimes
de ses mensonges, ne se montreroit pas encore assez
sévère, puisqu'il lui resteroit à venger la société
offensée dans l'ordre public.

Je l'avoue, je regrette qu'on ait supprimé les peines
qui imprimoient à chaque délit un caractère distinct.
La vue d'un bigame exposé à la risée publique avec

deux quenouilles suspendues à ses côtés, offroit
l'idée de son délit, et le séparoit de la classe des voleurs vulgaires : peut-être auroit-il fallu le condamner à des travaux publics dans la ville même où il
auroit contracté les nœuds qui l'auroient rendu criminel.

C'est ainsi qu'en enlevant aux supplices ce qu'ils
ont d'horrible et de cruel, on les rend plus efficaces;
ils deviennent pour la multitude une leçon vivante
et ne laissent plus d'excuse à l'ignorance.

CHAPITRE XV.

DE L'ADULTÈRE.

Il est des crimes qui n'ont plus d'horrible que le nom, et que les mœurs d'un peuple corrompu ont le soin d'adoucir : aussi celui - là paroîtroit un sauvage qui diroit d'une épouse inconstante et d'une femme infidèle, qu'elle est une adultère. Cette dénomination flétrissante semble n'être plus qu'une réminiscence des livres saints, et ne retentit à nos oreilles que dans les chaires évangéliques ou dans les tribunaux. Elle est le texte ou la base d'un jugement redoutable. C'est bien à un coupable de ce délit qu'il appartient de dire: *Que celui d'entre vous qui en est innocent me jette la première pierre.* Aussi depuis plus d'un siècle, c'est moins la faute que l'imprudence qui a été punie. L'adultère est parmi nous ce que le vol étoit chez les Spartiates; il n'expose que la maladresse au châtiment, et celui qui provoque la sévérité de la loi ne fait souvent qu'attirer sur sa tête la flétrissure d'un ridicule ineffaçable. L'opinion publique se place entre l'accusateur et l'accusée, et à moins que celle-ci ne soit devenue, par une conduite dépravée, la honte de son sexe, l'intérêt public la couvre de son bouclier , et dirige tous ses traits contre son adversaire.

L'époux qui ose réclamer vengeance de l'affront qu'il a reçu, est envisagé comme un perturbateur de l'ordre, qui vient jeter l'alarme dans toutes les familles et révéler leur secret. Pourquoi, semble-t-on lui dire, oses-tu t'offenser de ce qui ne blesse personne? Falloit-il créer pour toi une compagne différente des autres? Quel titre as-tu pour prétendre à une fidélité réelle, tandis que nous nous contentons de celle qui est imaginaire? Devois-tu chercher à voir ce que l'œil de la prudence doit éviter? Lorsque l'erreur est douce, pourquoi lui préférer la vérité? N'étoit-ce pas assez, homme imprudent , d'avoir découvert ce que tu appelles ta honte, sans la révéler à tous les regards? Tu te plains d'être déshonoré, et c'est toi qui te déshonores par tes emportemens et ta plainte; si tu avois gardé le silence sur ton malheur, aucune voix ne l'auroit publié, et tu ne serois pas plus à plaindre que les autres.

Tel est le langage auquel doit s'attendre le mari accusateur de sa femme. Ce n'est pas celui-là que tenoient nos vertueux ancêtres lorsque, en présence de l'assemblée de son canton, l'époux trompé par une femme adultère l'arrachoit de sa maison, à demi-nue , la frappoit, et la ramenoit ignominieusement dans la demeure où elle avoit reçu le jour : mais alors les mœurs étoient bien différentes! la foi conjugale n'étoit pas un vain son ; les mères, jalouses de la vertu de leurs filles et irréprochables par elles-mêmes, ne montroient nulle pitié pour la coupable et applaudissoient à la vengeance de l'époux outragé; elles la regardoient comme une garantie de la fidélité à laquelle leur honneur étoit attaché.

Depuis que la sagesse des hommes leur eût démontré qu'il étoit contraire à l'équité de se faire justice à soi-même et d'exercer sa propre vengeance, les tribunaux ont été seuls investis du pouvoir de punir l'adultère; et loin qu'il fût honteux pour un mari de leur porter sa plainte contre une épouse infidèle, on regardoit cet hommage rendu à la loi comme un signe de respect et d'honneur.

Il faut en convenir, ce qui parut d'abord un crime impardonnable est devenu, par l'influence des maximes et des mœurs, une faute presque excusable. Et en effet, quelle comparaison peut-on établir entre une fille élevée dans l'innocence des campagnes, sous le toit paternel; qui n'avoit lu que des livres sacrés; qui n'avoit entendu que le chant des cantiques; qui n'avoit reçu d'autre instruction que celle d'un pasteur, d'autres leçons que celles de sa mère; qui n'avoit vu d'autres spectacles que celui de la nature; près de laquelle nul homme n'approchoit que sous les dehors du respect ou d'une amitié pure et naïve; dont l'esprit ingénu soupçonnoit à peine les mystères du mariage: et la demoiselle née dans une cité opulente, à qui on prescrit pour première loi celle de se rendre aimable et de plaire à tous les yeux; devant laquelle l'amitié familière ne s'interdit ni les gestes les plus expressifs, ni les discours les plus licencieux;

qui sait à peine lire, que l'on met dans ses mains des
romans où l'amour brille de tous ses feux, et allume
tous ses sens, éveille toutes les passions ; qu'une mère
imprudente se hâte de mener à nos comédies, dans
nos bals, pour jouir de sa surprise et partager sa joie ;
à laquelle enfin on fait contracter l'habitude de la
louange et des dehors de la galanterie ; devant qui
on ne parle que des avantages de la beauté et de la
grâce ; à laquelle on ne fait ambitionner d'autres
succès que celui d'un mariage éclatant par la richesse ou les dignités ; devant laquelle on prononce
à peine les mots de vertu, sans jamais les définir ; qui
voit tous les hommages enlevés ou surpris par la co-
quetterie ; qui n'entend jamais l'expression de la
louange pour la sagesse et la retenue ? La différence
sera encore bien plus à son désavantage, si on la
suit dans le sein du mariage, qui, loin de lui être
offert comme un lien, lui est présenté comme un
état d'indépendance.

La première avoit vu dans l'époux qui lui avoit été
donné un chef auquel elle devoit soumission et respect, qu'il falloit soulager des soins domestiques,
dont elle devoit prévenir les désirs et conserver toutes
les affections par un air enjoué et un amour attentif.

La seconde, au contraire, considère son mari
comme un esclave timide qu'elle élève à sa condition,
qui n'aura de titre à ses faveurs qu'autant qu'il s'en
montrera digne par ses complaisances pour ses goûts,
par sa docilité pour ses caprices ; qui ne la contraindra ni dans ses inclinations ni dans ses projets, et

qui fera même le sacrifice de la raison aux écarts de
la folie; qui s'interdira toute observation grave et se
permettra encore moins le plus léger murmure. C'est
à ces seules conditions qu'on daignera lui paroître
fidèle; mais s'il osoit donner le moindre signe d'inconstance, c'est alors qu'on lui feroit craindre une
prompte vengeance, et qu'on se rappelleroit si peu
ses sermens qu'on ne se croiroit pas même parjure
en les violant.

Je le demande, deux femmes qui ont reçu une
éducation si différente, qui ont été imbues de préceptes si opposés et frappées d'exemples si contraires,
sont-elles également coupables lorsqu'elles s'écartent
de la fidélité conjugale? L'une d'elles n'est-elle pas
autorisée à dire à ses juges, au moment où ils sont
près de la condamner : « Avant de me punir, mon-
» trez-vous sévères à l'égard de la société, qui est ma
» complice: c'est elle qui m'a incitée à un crime dont
» le nom n'a jamais été prononcé devant moi. Par
» quelle fatalité suis-je ici la seule accusée? Vous
» allez me punir pour avoir cédé à la séduction, et
» la plupart de tous ceux qui me contemplent ont
» été des séducteurs! L'homme qui m'a dénoncée à
» la vengeance des lois, s'est mille fois paré à mes
» yeux de ses triomphes sur mes compagnes: il sem-
» bloit, à l'entendre, que je fusse la seule qui ne cédât
» qu'au devoir ce que toutes les autres accordoient
» à l'amour. Voulez-vous faire de moi un exemple?
» Peut-être rendra-t-il les femmes plus prévoyantes,
» plus mystérieuses; mais elles n'en seront ni plus

» sages ni plus fidèles. Si votre projet est de purifier
» les mœurs, commencez par fermer ces spectacles
» où la fidélité conjugale est un sujet continuel de
» dérision. Condamnez au feu tous ces romans, les
» seuls livres qu'on nous invite à lire, et où l'on
» prête tant de charmes aux outrages faits à l'hymen.
» Bannissez des bals ces danses lascives qui nous en-
» lacent dans les bras d'une jeunesse ardente, nous
» livrent tout entières à ses regards brûlans, et
» nous font succomber sous des pas rapides et des
» mouvemens précipités. Ayez l'austérité de ces lé-
» gislateurs anciens qui forcèrent Timothée à briser
» une des cordes de sa lyre, et ne souffrez pas que
» des chants voluptueux nous attirent, comme ceux
» d'une sirène, vers des écueils où la vertu va se
» briser. Je ne prétends point être innocente : mais
» si mon crime est celui de mes institutrices, de mes
» pères, des cercles où ma jeunesse a été corrompue,
» d'un époux téméraire qui se glorifioit de mes succès
» en me lançant au sein des séductions et des plai-
» sirs; pourquoi n'auriez-vous pas pitié de ma foi-
» blesse et me verrois-je retranchée de l'honneur et
» de la liberté dont tant d'autres plus coupables
» que moi jouissent encore? Puisque la contagion
» des villes m'a été si funeste, qu'il me soit permis
» de m'en éloigner et d'aller porter mon repentir
» dans les campagnes : là je vivrai solitaire. Si le
» fruit de mes criminels amours m'est abandonné, je
» verserai des larmes sur lui; il mangera avec moi le
» pain de la douleur; il ne partagera point l'héritage

» de ses frères; il tirera un jour toute sa subsistance
» du travail de ses mains et des sueurs qui couleront
» de son front; il supportera la peine réservée aux
» enfans de la première créature rebelle à la loi
» qui lui fut imposée. Si un jour il apprend la cause
» de sa triste destinée, il plaindra sa mère et ne la
» maudira pas. »

J'ignore quel effet produiroit sur des juges sensibles un pareil discours; mais il me semble qu'il
pourroit les émouvoir et les conduire à l'indulgence.

La peine prononcée contre l'adultère étoit autrefois la réclusion, et le retranchement d'une parure
dont les femmes font de nos jours le sacrifice volontaire à une modestie étrange. On diroit, en les voyant
offrir une tête dépouillée de l'ornement naturel dont
la beauté tiroit un si grand avantage, qu'elles ont,
ainsi que les hommes, compâti à l'humiliation des
coupables que la justice avoit flétris d'une honteuse
nudité, et qu'elles ont voulu leur en sauver l'ignominie en paroissant la partager.

La conclusion que l'on doit tirer de tout ce qui
vient d'être dit dans ce chapitre, c'est que si l'adultère est toujours un grand crime, notre existence civile et morale le multiplie à un tel point, qu'il est à
désirer qu'il demeure couvert d'un voile et que la
main téméraire de l'offensé ne l'offre jamais au regard de la justice. S'il ne s'en est jamais rendu complice, s'il ne l'a point provoqué, qu'il gémisse en silence de son sort, et se garde d'ajouter à son malheur
la pitié ironique d'une société frivole et dépravée.

CHAPITRE XVI.

DES ATTEINTES AUX MOEURS ET A LA PUDEUR.

Jusqu'a ce qu'un peuple soit arrivé au dernier
excès de débauche et de dépravation, l'image de la
pudeur ne sera point encore entièrement effacée et
les hommes respecteront ses traits. Elle auroit dû
être à jamais la divinité des femmes, puisqu'elle leur
prête tant d'empire et ajoute un si grand prix à leurs
charmes : c'est elle qui embellit tous leurs mouvemens, qui donne de la grâce à leurs discours, qui
colore leur front et leurs joues d'un incarnat que
l'art ne saura jamais imiter; par elle le son timide
de leur voix arrête et fait trembler l'homme le plus
audacieux; son silence et son hésitation sont souvent
plus éloquens que l'assurance et le savoir; et il lui
suffit quelquefois de baisser ses regards ou de les détourner, pour déconcerter l'insolence et appeler le
respect devant elle. C'étoit elle qu'il falloit peindre
avec un bouclier et sous les attributs que l'on donne
à Minerve; c'étoit à elle plutôt qu'à la beauté qu'il
falloit accorder la pomme d'or dont trois déesses se
montrèrent si jalouses : mais il auroit fallu lui laisser
tous ses voiles en disputant le prix à ses deux rivales.
Ce seroit donc avec raison que l'on diroit que la
                                                    fable

fable a gâté la vérité. Mais nous appartient-il d'être plus sévère que la mythologie des anciens, nous qui n'admirons la Vénus pudique que parce que sa nudité fait gémir la pudeur, et que notre œil avide poursuit tous les attraits que ses mains incertaines paroissent vouloir dérober?

Jamais peut-être on n'a prononcé plus souvent des peines contre les atteintes à la pudeur que depuis les institutions des tribunaux correctionnels, et c'est dans les années qui ont précédé et suivi leur création que toute pudeur a paru bannie de nos assemblées et même de nos temples. Tandis que nos lois semblent vouloir protéger la délicatesse d'un sexe foible et le mettre à l'abri d'une curiosité criminelle, il devance les désirs et offre volontairement à la vue et au toucher ce que ces deux sens auroient à peine osé espérer des prières les plus ardentes et des soins les plus attentifs. On ne peut pas se défendre d'un rire de pitié lorsque, en jetant les yeux sur la première loi de notre monarchie, on voit une amende prononcée contre l'homme qui se permettra de serrer la main d'une femme libre, une double contre celui qui lui pressera le bras, et une triple contre celui qui se sera oublié jusqu'à élever sa main sur son sein. Quelle source de richesses pour le fisc, si des amendes étoient perçues dans la même proportion pour de semblables témérités !

C'est bien là le cas de dire, *autres temps, autres mœurs*, et par conséquent il faut ajouter, *autres lois*. Oui, sans doute, les lois, et surtout les lois

7

pénales, doivent s'adapter aux mœurs et aux habitudes, d'un peuple, accroître ou diminuer de sévérité en raison de ses richesses et de ses opinions et même de ses préjugés. C'est surtout à l'égard d'un délit qui a pour objet le respect pour les mœurs, qu'un législateur doit les consulter et voir ce qui les offense véritablement : les nôtres sont blessées lorsqu'un homme, se ravalant jusques dans la classe des animaux, ose, sous les yeux du public, accomplir l'acte dont se glorifioit le cinique *Diogène;* il n'est pas moins coupable si, sans respect pour tous ceux qui peuvent le voir, il s'offre à eux sans vêtemens, ou paroît se complaire à dévoiler ce que la pudeur prescrit de dérober à tous les yeux. La sévérité de la loi doit le poursuivre et l'atteindre, s'il sollicite et provoque ouvertement, dans des lieux fréquentés, des jouissances qui ne peuvent être trop enveloppées des ombres du mystère. Comment donc, au mépris de cette vérité, souffre-t-on dans la capitale et dans plusieurs villes principales de l'Empire, que des femmes, la honte de leur sexe, fassent elles-mêmes des avances et préviennent des désirs qu'il seroit de la prudence d'étouffer, au lieu de les faire naître ?

On se récrie beaucoup, et sans doute avec raison, contre la mendicité. En est-il une dans la société plus révoltante et plus funeste que celle de ces femmes perdues de débauche qui vont mendiant des approches qu'elles empoisonnent de leurs contagieux embrassemens, et flétrissent à sa naissance la virilité qui se confie à leur odieuse luxure? Ah! du moins, si la dépravation ne s'attaquoit qu'à la débauche ; si les dangers de cette dégoûtante association ne tomboient que sur elle, on n'auroit point à regretter qu'une peine plus prompte que celle de la loi eût déjà frappé les coupables : mais trop souvent la candeur tombe dans les piéges que le vice lui tend, et passe d'une ignorance absolue à une découverte homicide.

C'est sur cette classe perverse que l'œil d'une police attentive devroit sans cesse s'arrêter ; il devroit la suivre jusques dans ses asiles les plus ténébreux, pour la réduire à l'impuissance de perpétuer ses calamités. On ne peut trop se hâter de l'extirper d'un monde qu'elle ne cesse de corrompre, et en garantir, par des exemples effrayans, la génération future. Si la déportation dans des contrées jusqu'à présent inhabitées est le seul remède efficace, il ne faut pas tarder à l'employer. Qu'on accorde, si l'on veut, à ces corruptrices de l'humanité tous les secours que la misère et l'indigence peuvent attendre ; qu'on adoucisse leur bannissement par des sacrifices dont elles sont si peu dignes, j'y consens : mais qu'on mette entre la jeunesse et elles l'intervalle des mers ; que toutes celles qui seroient tentées de les imiter aient présens à la pensée cet exil éternel et cette association honteuse. Oui, tant qu'on laissera errer dans les villes ou dans les campagnes, ou à la suite de nos armées, ces fléaux de l'espèce humaine, il ne faudra s'occuper ni d'amélioration dans nos mœurs, ni d'accroissement de population, ni d'accord entre la

7.

législation et la tolérance civile. Qu'on ne parle plus
de la nécessité de favoriser dans les grandes villes
l'existence de quelques maisons de débauche, pour
préserver les familles honnêtes de l'impétuosité des
désirs naturels. Ils ne sont pas plus impérieux que
ceux de la faim; et si une sage police sait nous garantir des violences de l'une, elle saura à plus forte
raison nous mettre à l'abri des rares fureurs de l'autre. C'est avec sagesse qu'on place au rang des atteintes
aux mœurs l'exposition des images lascives et des
livres où les voluptés les plus grossières sont retra-
cées par des génies malfaisans. N'étoit-ce donc pas
assez des inspirations de la nature et des feux de
l'imagination pour allumer les sens de l'homme et
réveiller ses passions? Falloit-il encore qu'un art
pernicieux vînt corrompre ses désirs, le troubler dans
sa solitude, le distraire dans ses travaux, le poursuivre dans ses songes et l'égarer dans ses méditations
en dégradant toutes ses pensées? Ils sont bien coupables les hommes de génie qui ont appliqué leurs
talens et attaché leur renommée à des compositions
que la pudeur réprouve: leurs plumes furent autant
de sources d'un poison qui circulera long-temps et
desséchera de jeunes plantes qui sans eux auroient
porté long-temps les fruits de la sagesse et de la
raison.

Ils en ont été bien punis par leurs remords, les
poëtes qui ne purent réprimer les écarts d'une verve
licencieuse et cédèrent trop docilement aux inspirations d'une muse dépravée! Que n'auroient pas donné

l'auteur de la *Métromanie* et le *Pindare françois* pour purifier leurs œuvres de l'ode et des épigrammes dont ils ont rougi jusqu'à la mort !

Le chantre du *Grand Henri* n'a jamais cessé de désavouer les descriptions avilissantes qui déshonorent un de ses poëmes. Je me le rappelle, et je crois le voir encore celui qui eut le malheur de donner le jour à une production monstrueuse que je n'oscrois nommer, et qui, par une fatalité inexplicable, tombe trop souvent dans les mains de la jeunesse : il avoit l'air sombre et taciturne, il sembloit vouloir éviter tous les regards et se soustraire à son ignominieuse renommée; il n'étoit plus de plaisir et de volupté pour celui qui en avoit accumulé tant d'horribles par ses hideuses peintures; il auroit préféré le silence du cloître, où il avoit choisi ses principaux personnages, au murmure qui sembloit le poursuivre dans les promenades et dans les lieux publics où il se montroit solitaire et délaissé.

Puisqu'il n'est pas au pouvoir de la justice d'empêcher que ces funestes productions n'aient reçu le jour, il ne lui reste qu'à faire tous ses efforts pour les plonger dans les ténèbres, en sévissant contre les imprimeurs et les distributeurs. Mais c'est par des mesures modérées qu'un gouvernement sage arrête les écarts des compositions trop licencieuses ; c'est en se fortifiant de l'opinion publique qu'il versera sur elles la honte et le mépris, et parviendra à éteindre cette flamme criminelle qui consume et détruit sans éclairer.

Une justice prudente jette un voile sur les turpitudes de l'humanité et se garde bien d'accroître le
scandale en donnant de la publicité à ce qui doit demeurer ignoré; elle ne cherche point à voir ce qu'elle
voudroit dérober à tous les yeux. Si quelquefois elle
est forcée de descendre dans l'antre du vice, elle
préfère de l'y étouffer au danger de l'en tirer et
d'exposer l'innocence à respirer son souffle empoisonné. La pudeur est une vertu si délicate et si craintive qu'on court risque de l'alarmer en montrant
trop de zèle pour sa défense.

CHAPITRE XVII.

DE LA DIFFAMATION.

Malheur à celui qui croit que rien ne lui manque
parce qu'il possède de grandes richesses, ou parce
qu'il occupe des emplois importans! Il est un bien
plus précieux que l'or ou le pouvoir : c'est l'estime
publique, c'est la considération dont la vertu privée
est enveloppée comme d'un manteau qui forme sa
plus belle parure. Il est. sans doute des hommes
d'une assez haute sagesse, et qui se complaisent tellement dans une conscience irréprochable, qu'ils n'attachent aucune importance à l'opinion des autres.
Les traits de la calomnie s'émoussent contre leur
noble indépendance; et pourvu qu'ils soient satisfaits
d'eux-mêmes, peu leur importe le jugement de la
multitude. Il faut l'avouer, ces hommes supérieurs
sont bien rares, et nous éprouvons presque tous le
besoin d'être estimé de nos semblables; celui même
qui paroît n'attacher aucune importance à l'opinion
publique se sent déjà condamné par elle, ou incapable de la conquérir. Mais il ne s'agit pas toujours
d'être honoré ou estimé de ses concitoyens, il n'appartient pas à tous les individus d'une grande société d'attacher sur eux les regards des humains; la
plupart d'entre eux traversent la vie sans être à peine

remarqués : pourvu que nulle voix ne s'élève contre
leur honneur et leur probité , ils passent de l'obscurité dans un éternel oubli. Néanmoins quelque
imperceptible que soit leur existence , ils ont des
proches, des alliés, des voisins, qui forment autour
d'eux le cercle étroit de leurs relations. Si la calomnie les y atteint , si elle les y noircit de ses impostures, elle leur porte le même dommage qu'à celui
qu'elle attaque dans une sphère plus étendue. Le
premier est étouffé dans une chaumière, l'autre est
suffoqué dans un palais par une vapeur également
empoisonnée. Plus un homme est jaloux de l'estime
de ceux au milieu desquels il vit, plus il se complaît
dans cette noble propriété ; plus aussi celui qui
cherche à la lui ravir est criminel. Il est malheureusement bien des moyens de faire éprouver ce
dommage souvent irréparable. On a long-temps considéré les auteurs des libelles comme les plus dangereux diffamateurs; il est cependant une diffamation sourde et ténébreuse qui est encore plus nuisible que tous les écrits, que tous les couplets que la
malignité peut produire : il est possible de réfuter
un libelle, de pulvériser son auteur ; mais comment
se justifier d'une accusation sourde et déposée sous
le voile du mystère, revêtue des couleurs d'un zèle
simulé , d'un attachement hypocrite? Oui, le calomniateur qui vous attaque ouvertement dans votre
honneur, dans vos talens, dans vos principes, est
moins redoutable que l'obscur délateur qui, d'une
voix basse et timide, s'insinue dans la confiance des

autres, s'en empare pour vous y peindre sous des traits difformes. C'est un ennemi qui mine le sol sur lequel vous êtes assis, et vous fait tomber dans un abîme que sa perfidie a fait tout-à-coup entr'ouvrir.

Voilà pourtant l'espèce de calomniateurs contre lesquels la loi ne pourra jamais sévir. Le trait mortel a frappé, et la main qui l'a lancé reste invisible ; elle viendroit même à être reconnue, que la blessure n'en seroit souvent pas moins incurable : tant on est porté à croire que la calomnie a toujours un autre fondement que le dessein de nuire ! comme si on pouvoit douter qu'il existât dans l'espèce humaine des êtres malfaisans par instinct , et qui trouvent autant de plaisir à produire le mal, que d'autres , d'une nature différente, en éprouvent à faire le bien.

La calomnie est alimentée par l'intérêt qu'on lui montre , et par l'accueil qu'elle reçoit de la foiblesse humaine : il sembleroit que celui qui n'a que du bien à dire des autres a le dessein d'humilier ceux qui l'entendent, tant on écoute ses éloges avec froideur et dégoût ! Toute l'attention , tous les regards s'arrêtent satisfaits sur celui qui hérisse ses entretiens d'épigrammes et en fait jaillir les soupçons et la malignité ; ses ménagemens rendent ses traits plus aigus et ses morsures plus venimeuses. On est disposé à croire qu'il n'a dit qu'une partie de ce qu'il sait, lors même qu'il a tout inventé.

Il est une diffamation qui est bien moins funeste en raison de son énormité ou de son invraisemblance. Aussi les hommes qui mettent quelque adresse dans

l'intention de nuire, se gardent-ils de l'employer.
Ils ne diront pas d'une femme irréprochable dans
ses mœurs, qu'elle s'abandonne à des passions honteuses; d'une bonne mère de famille, qu'elle détruit la fortune de ses enfans, qu'elle leur donne de
pernicieux exemples; d'un magistrat reconnu pour
intègre, qu'il s'est laissé corrompre par les dons de
l'opulence ou par de mystérieuses faveurs; d'un général qui a fait preuve de valeur et d'intelligence,
qu'il est lâche ou inhabile: de semblables impostures souleveroient tous les esprits contre eux, et ils
n'en recueilleroient que la haine publique. Mais ils
attaqueront, les uns dans un principe de morale,
les autres dans leurs opinions politiques ou religieuses; ils rendront les vertus suspectes, et suppo-
seront des intentions coupables aux démarches les
plus franches et les plus loyales.

Je dirai donc que la diffamation la plus nuisible
est presque toujours la moins punie, parce qu'elle
porte sur des délations secrètes, ou sur des confidences qui ne laissent de traces que dans les esprits.
Il y a souvent plus de danger à poursuivre le diffamateur qu'à lui abandonner son funeste triomphe.
Si vous l'attaquez dans les tribunaux, si vous voulez
donner de l'éclat à votre vengeance, vous faites ressortir le mensonge: ce qui n'étoit qu'une vapeur
passagère acquiert de la consistance et prend un
corps qu'il n'est pas même au pouvoir de la justice
de détruire. C'est ce silence de la sagesse et de la
prévoyance qui enhardit la calomnie et lui donne
tant d'avantages sur la vertu modeste.

La simple médisance n'est pas moins un crime aux yeux de la loi, quoiqu'elle ait la vérité pour base, parce qu'il n'est pas permis d'exposer au grand jour des vices ensevelis dans l'ombre du mystère ; et tant que l'homme ne se diffame pas lui-même par sa conduite et ses principes, nul n'a le droit de soulever le voile qui cache des actions privées et des opinions secrètes. Si nous n'étions pas retenus par la crainte de nous perdre dans des chimères, nous invoquerions le rétablissement d'un tribunal de l'honneur, non pour y citer ceux qui auroient contracté des engagemens qui n'intéressent que la fortune, mais pour y traduire ceux qui nous auroient blessés dans le point le plus sensible de notre existence. Je voudrois que les femmes fussent autorisées à y faire comparoître leurs diffamateurs. Les juges de ce tribunal ne seroient pas, comme autrefois, la réunion imposante de plusieurs généraux, mais une assemblée de notables choisis dans les villes principales, et constitués juges de la renommée et censeurs des mœurs. A un jour fixe de chaque mois ils tiendroient une audience solennelle, où tout individu offensé dans son honneur citeroit son adversaire, feroit comparoître ses témoins, ou produiroit les titres de sa diffamation. L'homme de lettres outragé dans un libelle ou dans une feuille publique obtiendroit une réparation prompte de l'offense qu'il auroit reçue, non dans son talent, mais dans sa personne; le vieillard contraint de dévorer dans son impuissance l'affront fait à sa dignité trouveroit un vengeur : des juges protecteurs de la foiblesse et de la vertu puniroient l'insolence qui ne respecte que ce qu'elle craint.

Pour rendre cette nouvelle autorité plus vénérable, il faudroit imprimer à ces jugemens un caractère bien distinct de celui des autres : ainsi elle ne prononce-roit point de peine afflictive. Une simple amende au profit des pauvres, l'injonction de désavouer publi-quement un propos injurieux, la défense de se pré-senter dans les promenades publiques, l'ordre de découvrir sa tête à l'approche de l'offensé, l'invita-tion à tous les hommes d'honneur de s'abstenir de toute relation, de tout entretien avec le calomnia-teur pendant un temps limité : telles seroient les peines qu'il lui seroit permis d'infliger. Il en seroit une plus grande encore, ce seroit celle d'être re-tranché du ressort du tribunal de l'honneur. L'affiche de ces jugemens ne seroit ordonnée que dans des cir-constances graves et après des injonctions superflues et des récidives.

J'ai encore trop bonne opinion des hommes de mon siècle pour ne pas présumer qu'une semblable institution mettroit un frein à la malignité, et que si elle ne corrigeoit pas les méchans, elle les rendroit au moins plus discrets.

FIN DE LA PREMIÈRE PARTIE.

SECONDE PARTIE.

CHAPITRE PREMIER.

IDÉES PRÉLIMINAIRES.

DES VOLS PUBLICS ET PRIVÉS.

De combien de crimes la soif des richesses est
l'unique source! Que de coupables de moins, que de
supplices abrogés, si les hommes savoient se contenter de ce qu'ils possèdent légitimement ou de ce qu'ils
gagnent par un travail assidu et honorable! C'est
souvent parce qu'ils ont honte d'une indigence dont
ils ne devroient point rougir, qu'ils s'efforcent de
parvenir par des moyens condamnables à une opulence bien plus honteuse que la pauvreté. C'est bien
aussi la faute du riche s'il est tant de fois en but
aux spéculations de la fraude et du larcin. S'il n'af-
fectoit pas tant de dédain pour tout ce qui ne brille

pas des dehors de la fortune; s'il savoit montrer de
l'estime à la vertu modeste, s'il l'accueilloit, s'il
l'attiroit avec la distinction qui lui est due, on verroit moins de gens s'agiter, se tourmenter pour conquérir des richesses, qui, loin d'accroître leur considération, les exposent à perdre celle dont ils jouissent.
L'opulent voudroit n'être environné que de gens
probes, laborieux, qui ne portassent point envie à
ses possessions, à sa magnificence; et il fait tout ce
qu'il faut pour décourager la probité et la détourner
du travail. N'importe par quel enchaînement d'infidélités un étranger est parvenu à posséder de vastes
domaines, à s'élever à de grands emplois : il suffit
qu'il en puisse jouir, pour qu'il soit accablé de pré-
venances et de distinctions, et qu'on humilie, par des
préférences qu'on lui accorde, l'homme qui a cons-
tamment marché dans la route de l'équité et préféré
ne jamais briller aux yeux de ses semblables, au
malheur de rougir aux siens.

Je suis bien loin de toute exagération; je n'exige
point de ceux qui ont des tables somptueuses, qu'ils
y fassent asseoir le mercenaire et l'artisan, qu'ils rapprochent des contrastes trop choquans pour ne pas
blesser les yeux : je sais faire la part à la vanité et à
toutes les foiblesses humaines; et, malgré toute mon
estime pour un bon chef de famille qui cultive la
terre de ses mains ou bâtit nos demeures, je ne con-
damnerai pas le grand propriétaire qui les emploie
à vivre avec eux dans une familiarité habituelle. Je
prétends encore moins que, de quelque probité que

l'ignorance grossière pût se glorifier, elle doive être admise dans les cercles où brillent la politesse, les grâces d'une éducation recherchée. Il existe dans le cœur de tous les hommes un sentiment intérieur qui les éclaire sur ce qu'ils peuvent obtenir. L'ouvrier laborieux sera toujours loin d'exiger d'un homme constitué en dignité qu'il le reçoive comme son égal et l'invite à ses festins; peut-être même lui reproche-roit-il de descendre à une familiarité ignoble, s'il ne se tenoit pas à son égard à une distance convenable. Un salut affectueux, un regard de bonté, une ques-tion amicale, une légère marque d'intérêt pour ses affaires domestiques, une curiosité touchante; voilà tout ce qu'il demande à celui qui peut disposer de ses bras et ne lui fait jamais attendre son salaire. Des citoyens d'un ordre plus relevé ne se montrent pas moins modestes dans leurs prétentions et paroissent plus jaloux de l'estime que de l'intimité des person-nages qu'ils ont l'habitude d'honorer.

N'en doutons pas, si un sentiment d'arrogance ne rangeoit pas dans les mêmes classes tout ce qui est condamné à vivre d'un travail journalier; si l'on sa-voit relever et distinguer l'artisan et le débitant qui impriment à leur profession un caractère de bonne foi, à leur vie privée celui des bonnes mœurs, à leurs discours celui de la décence: bientôt on verroit dans les classes inférieures de la société une émulation de probité et de retenue qui finiroit par les purifier et en bannir le larcin. Mais tant qu'on mesurera les apparences de l'estime et les dehors de l'amitié sur l'extérieur de la richesse, chacun voudra paroître riche et s'empressera de sortir, à quelque prix que ce soit, de la classe indigente. On verra alors les faussaires, les faux monnoyeurs se multiplier parmi ceux qui ont reçu quelques élémens d'instruction ; les banqueroutes frauduleuses déshonoreront la banque et le commerce ; les infidélités enrichiront les fournisseurs, des spéculations téméraires ruineront les accapareurs ; les vols domestiques tripleront les gages des commis et des serviteurs et les exposeront à l'infamie ; le fermier volera son propriétaire, et son exemple sera suivi par le valet qui est à ses gages. C'est ainsi que tout se déprave et que les vols se multiplient à un tel point que les coupables sur lesquels tombe la sévérité de la loi ont plus à se plaindre de la fatalité que de la justice de leur sort. Aussi plusieurs d'entre eux s'écrient avec raison : « De tous ceux qui nous con- » templent, qui assistent à notre condamnation et à » notre supplice, pourquoi sommes-nous les seuls » qui soyons choisis pour prouver que le crime n'est » pas toujours impuni ? »

Après avoir jeté un coup d'œil rapide sur la tige monstrueuse de l'arbre maudit que la cupidité a fait croître parmi les hommes, examinons-en toutes les branches, et s'il nous est impossible de les détruire, efforçons-nous au moins de les élaguer.

CHAPITRE

CHAPITRE II.

DES FAUSSAIRES.

Nous plaçons le faux à la tête des vols, parce qu'il est le plus dangereux de tous par ses conséquences, et celui dont il est le plus difficile de se garantir. Ses attaques sourdes et ténébreuses mettent notre fortune, notre honneur, notre existence en péril. L'artifice de ses opérations égare la justice et porte atteinte à ce qu'il y a de plus sacré dans les conventions et dans les contrats. Le faussaire transforme à son gré le débiteur en créancier, dénature la volonté du testateur et dispose de ses biens ; il introduit dans les familles des individus qui leur sont étrangers, en bannit ceux qui leur appartiénnent : s'érigeant quelquefois en juge suprême, il dicte des sentences de mort ou d'absolution ; il se rend le dispensateur des propriétés et accorde, en simulant des ventes ou des donations, d'immenses domaines ; il investit l'ignorance et l'abjection de titres auxquels elle ne devoit pas prétendre.

Plus le crime de faux est effrayant et punissable, plus il est essentiel de le circonscrire dans ses limites. Il existe une grande différence entre celui qui dit ou écrit une chose fausse, et celui qui se rend coupable

8

d'un faux. Le premier est un menteur, un parjure, sans devoir être pour cela considéré comme un faussaire. On ne peut appliquer cette odieuse qualification qu'à l'homme qui, dans un acte public ou privé, parle au nom d'un autre, substitue sa propre volonté et sa signature à celles d'un étranger qu'il fait parler et agir à son insu. Quoique ce délit paroisse ne devoir être punissable qu'en raison du préjudice qu'il porte à un tiers, c'est avec raison qu'on inflige une peine à l'accusé qui l'a commis même sans avoir eu l'intention de nuire à qui que ce soit : ainsi, pour ne nous arrêter qu'à un exemple, le voyageur qui se fabrique un passeport n'a voulu que se procurer la faculté de voyager librement et de se transporter d'un lieu dans un autre. En vain diroit-il pour s'excuser : « Mon » action n'a point le caractère de la méchanceté; » elle ne nuit à qui que ce soit, la loi ne doit donc » pas m'atteindre. » On lui répondroit avec raison : Le règlement qui a institué les passeports est un acte de police qui constitue la sécurité publique, qui prévient les désertions, les évasions furtives, qui signale aux yeux de la justice les voyageurs; le faux que vous avez commis rend cette mesure stérile et vous met en opposition avec une loi que vous avez violée. Si votre témérité demeuroit impunie, vous n'auriez bientôt plus que des imitateurs, et les routes seroient infestées de vagabonds qui, en présentant à l'autorité protectrice des feuilles semblables à la vôtre, se soustrairoient au danger d'être arrêtés. J'insiste sur cette circonstance pour prouver que notre code pé-

nal n'a pas assez clairement défini le faux et mo-
tivé la peine qu'il inflige au coupable, en déclarant
qu'il le condamne pour avoir, *méchamment et
dans l'intention du crime*, commis un faux. Quelque
préjudice que porte au commerce le faussaire en
surprenant la bonne foi par des billets qu'il offre
comme souscrits par des négocians solvables ou par
des citoyens opulens, c'est avec raison qu'on inflige
des peines plus graves à ceux qui les commettent
dans des actes qui paroissent émanés d'officiers publics ou d'autorités légales : les premiers n'attaquent
que des fortunes privées; les autres troublent l'ordre
général.

Malheureusement les hommes ne peuvent pas faire
des progrès dans les sciences sans en faire dans le
crime, et c'est par cette raison que le faux s'est élevé
à un degré de perfection vraiment redoutable. A
l'aide de la chimie, on a trouvé le moyen de faire
disparoître l'empreinte des caractères, d'en effacer
toutes les traces, de substituer de nouveaux chiffres
aux anciens, des signatures récentes à celles qu'on
avoit enlevées, et d'approprier à la fraude et le même
papier et les mêmes formules, qui complètent l'illusion en épargnant un travail d'imitation dont le succès paroissoit impossible.

Plus les signatures véritables sont asservies à des
formes habituelles et à des règles invariables, plus le
faussaire habile parvient aisément à s'en rapprocher
et à jeter dans l'incertitude les experts et ceux même
qui sont forcés de les désavouer.

8.

La justice, de quelque sévérité qu'elle s'arme, ne
peut que punir les coupables; mais il n'est pas en son
pouvoir de prévenir le crime : c'est aux négocians,
aux notaires, aux magistrats, aux officiers publics,
qu'on ne peut pas trop recommander de redoubler
de prudence et d'attention pour mettre la fraude en
défaut, en lui opposant des obstacles insurmontables.
Ils ne doivent pas placer toute leur sécurité, ni dans
dans un papier distinct, ni dans un timbre particulier, ni dans des caractères d'imprimerie, ni dans des
signatures étudiées. Quelque sages que soient toutes
ces précautions, elles ne déconcerteront pas la dex-
térité des faussaires : lorsqu'on les a vus se jouer de
toutes ces difficultés, on ne peut trop se tenir en
garde contre leur perfide adresse.

La gravure se rend souvent complice du faussaire,
et en lui prêtant son funeste secours, le crédit public
est tout à coup ébranlé par la multiplicité des billets
qu'elle a trop habilement imités. Si le crime de faux est
plus grave lorsque son auteur l'a voilé par les formes et
les apparences d'un acte public, le coupable doit attirer sur sa tête une peine plus sévère encore lorsque,
abusant du caractère dont il est revêtu et des fonctions
qui lui sont confiées, il a dégradé son ministère par un
faux; mais plus cette prévarication est condamnable,
plus il faut en approfondir les motifs et les conséquences et se garder de la confondre avec une légère
omission ou une distraction innocente.

Posons donc d'abord pour principe qu'une déclaration mensongère, qu'une énonciation contraire à la

vérité ne constitue pas un faux; qu'on ne doit intenter cette grave accusation que contre celui qui, en imitant ou cherchant à imiter la signature d'un autre, a voulu se procurer un avantage illégitime et occasioner un préjudice réel à l'individu dont il a transcrit le nom, en lui faisant déclarer ce qu'il n'a voulu ni su attester.

En se pénétrant de la vérité de ce principe, on n'effraiera point par l'apparence d'une poursuite rigoureuse l'homme léger, indiscret ou confiant, qui atteste par sa signature ce qu'il n'a point vu ou ce dont il n'a pas la certitude. On se contentera, si c'est un officier public, de le réprimander, de l'interdire, de le destituer; mais on ne lui infligera pas la peine réservée pour le faussaire. On accablera encore moins du même châtiment l'étourdi, le jeune homme inexpérimenté, qu'une confiance aveugle ou une dépendance absolue ont écarté de la vérité dans un écrit qu'on leur a dicté et dans lequel ils n'ont figuré que comme un instrument servile. Pour être jugé coupable de faux, il faut avoir eu l'intention de le commettre et que ce faux soit préjudiciable à quelqu'un : sans cela, des jeux innocens, des plaisanteries sans malignité, pourroient être transformés en crime et rendre le talent d'écrire plus funeste qu'utile à celui qui en est doué.

Nous avons eu plus d'une fois l'occasion de voir qu'en confondant le mensonge avec le faux, on étoit sur le point d'appliquer au premier la sévérité d'une loi dont l'objet n'étoit que d'effrayer le second. Heu-

reux les hommes s'ils avoient toujours pour juges des
magistrats pénétrés de l'esprit de la loi, qui ne vou-
lussent jamais être plus terribles qu'elle ne l'est, et
dont le ministère, semblable à l'autorité paternelle,
s'appliquât à distinguer les foiblesses des fautes et les
fautes des crimes, qui remontassent aux principes des
actions et ne condamnassent que celles qui sont véritablement nuisibles à la société; qui, en ne rejetant
jamais dans son sein les individus pervers, ne la frus-
trassent jamais de ceux qui peuvent la servir, et qui
attacheroient plus d'importance au bonheur d'absoudre qu'à la triste nécessité de condamner!

CHAPITRE III.

DES FAUX MONNOYEURS.

Ox pourroit ranger au nombre des faussaires les hommes pervers qui osent imiter l'effigie du prince, les signes caractéristiques de la monnoie, pour donner une valeur frauduleuse à un métal dont ils altèrent ou dissimulent la nature. C'est encore là un de ces vols publics dont les conséquences peuvent ébranler toutes les fortunes et jeter le plus grand trouble dans l'ordre social. Et en effet que deviendroit la société s'il n'existoit pas dans son sein un signe représentatif de tous les comestibles, de toutes les denrées, de tous les travaux, de tous les genres de service et de la vie même, puisqu'on l'a mise à prix, et que tant d'individus se dévouent à la mort et à la destruction pour quelques pièces d'argent? Il faut l'avouer, c'est ce métal et celui de l'or qui mettent toutes les contrées en harmonie, qui favorisent les échanges, qui animent le courage des soldats, des matelots, qui leur font braver le feu et la tempête, qui désarment les conquérans et mettent un terme aux calamités de la guerre. Le peuple qui se condamneroit à se passer de ces métaux, qui en banniroit la circulation de son sein, s'isoleroit de toutes les nations. En effet il n'auroit pas long-temps, pour s'en rapprocher, la ressource du commerce d'échange. Les habitans de cette contrée n'ayant point parmi eux ce grand stimulant du travail et de l'industrie, se borneroient à faire croître ce qui seroit nécessaire à la consommation de chaque individu. Les arts y seroient ensevelis dans l'ignorance, les hommes s'y endormiroient dans l'inaction ; et si leur vie s'écouloit sans vices, elle ne seroit parée d'aucune vertu.

Puisque c'est dans ce signe apparent de toutes les richesses réelles que les hommes de toutes les nations ont placé leur bonheur et leur confiance, c'est un crime de lèse-humanité que de chercher à l'altérer et de lui enlever son véritable prix. Le coupable jette le découragement et la défiance dans toutes les familles laborieuses ; il inquiète le souverain, qui craint de voir déserter ses étendards et de perdre les moyens de récompenser le zèle et la valeur ; le cultivateur, dont toute la richesse est dans sa récolte, n'ose plus l'échanger contre une monnoie dont la valeur lui est suspecte, et qui sera peut-être rejetée par le fabricant ou par le percepteur de l'impôt.

C'est donc avec raison que les faux monnoyeurs sont en horreur dans tous les états et poursuivis comme des ennemis publics. Nous pouvons encore dire que le progrès des sciences a prêté un funeste secours à ces grands criminels, en analysant les métaux, en simplifiant le procédé de l'alliage et en communiquant les apparences distinctives de l'or et de l'argent à des matières qui leur sont inférieures.

Il est d'un si grand intérêt pour tous les gouvernemens que leurs monnoies ne soient ni altérées ni con-
trefaites, qu'ils ne peuvent pas trop sacrifier leur haine
particulière pour se coaliser contre les faux monnoyeurs, en leur refusant un asile dans leurs états ,
en accordant des récompenses à ceux qui les décou-
vriroient dans leurs retraites ténébreuses: il faut opposer la cupidité à la cupidité, le désir des espèces
légales à la fabrication de celles qui ne le sont pas.
C'est peut-être contre ce délit qu'il est permis de
recourir à l'artifice, et de mettre en œuvre la ruse
contre la fraude pour en prévenir les dangereux effets.
Ce n'est pas assez que de punir le coupable. Lorsque
la justice l'a frappé, il n'est plus; mais les espèces
qu'il a mises en circulation existent encore, et le
crime survit long-temps au criminel : car l'homme
qui a reçu une pièce fausse n'a pas toujours le courage de l'anéantir; il a été trompé, il ne veut pas
être la victime de son erreur, et préfère la honte
de rejeter sur un autre un foible dommage à l'honneur d'un sacrifice que la probité lui prescrit.

La difficulté pour la justice n'est pas de punir les
faux monnoyeurs et ses véritables complices, lorsqu'ils sont bien convaincus d'avoir travaillé sciem-
ment à la fabrication des espèces ou favorisé leur circulation; il ne faut pas un grand discernement pour
les frapper du glaive de la loi : mais ce qui exige
autant de lumières que de justice, c'est de reconnoître les véritables limites de la fraude et de la
mauvaise foi. Les criminels de ce genre emploient

nécessairement beaucoup d'agens auxquels ils se
gardent de confier le secret de leurs opérations et
l'usage qu'ils se proposent de faire des matières qu'ils
achètent et des instrumens qu'ils se procurent. Il
leur arrive souvent d'appeler à leur secours l'ignorance et la candeur, et de tirer de leur ingénuité des
services qui leur deviennent funestes; de graves soupçons s'élèvent contre elles; la justice enveloppe dans
son accusation tous ceux qui ont eu des rapports
directs ou indirects avec les fabricateurs ou distributeurs de fausses espèces : cependant il n'y a de vraiment coupables que ceux qui ont coopéré à leur
création avec la connoissance de leur destination
frauduleuse, ou qui ont favorisé leur circulation
quoiqu'ils connussent leur origine et la valeur in-
trinsèque de leur existence ; tous les autres ne sont
que des agens aveugles, imprudens, et si l'aveuglement ou l'imprudence exposoient à la honte ou au
châtiment du crime, il n'y auroit de sécurité que
dans les déserts et loin de toute relation sociale.
Une fois qu'il sera admis par un sage règlement que
pour être puni comme faux monnoyeur, il faudra avoir fabriqué ou aidé à fabriquer la monnoie
d'un état, soit étranger, soit national, ou de lui
avoir donné cours avec la connoissance de sa nature
illégitime, il sera d'une bonne politique de faire
un sacrifice à l'intérêt individuel, en échangeant
toutes les espèces de monnoie qui seront apportées
par un citoyen qui les aura jugées fausses et indi-
quera, autant qu'il sera en son pouvoir, la main de

laquelle il les aura reçues. Alors nul individu ne sera stimulé par son intérêt à propager la circulation d'une pièce fausse, et elle sera plus rapidement arrêtée dans sa source.

Quoiqu'en général les délations soient envisagées sous un aspect honteux, celle qui auroit pour objet de découvrir le réceptacle des faux monnoyeurs, seroit d'un avantage si universel qu'il faudroit la faire ressortir avec éclat de toutes les autres, en assurant une récompense honorable et pécuniaire à ceux qui auroient prévenu les dommages qui devoient jaillir de ces ateliers du crime; et quand bien même le délateur seroit un des coupables, le courage qu'il auroit de se séparer de ses complices pour diriger l'œil de la justice sur leurs opérations ténébreuses devroit non-seulement opérer l'absolution de son crime, mais lui assurer encore des moyens de subsistance conformes à ses facultés.

Telles sont les idées simples, naturelles, que j'avois à exposer sur ce sujet. Je laisse aux législateurs la triste tâche de désigner les supplices, de graduer les peines à infliger aux coupables. C'est assez pour moi d'avoir considéré ce crime sous son véritable point de vue, d'en avoir mesuré les conséquences, et de m'être efforcé d'en prévenir les effets.

CHAPITRE IV.

DE LA BANQUEROUTE

Pourquoi donc hésiterions-nous à placer au rang des vols la banqueroute frauduleuse ? Seroit - ce parce que dans le moment où nous traitons ce sujet la France est épouvantée de toutes celles qui se succèdent dans nos grandes cités, ébranlent le crédit public et portent la désolation dans tant de familles? Oui, celui-là doit être compté parmi les voleurs, qui, en voilant l'improbité sou les dehors de la candeur et de la bonne foi, multiplie ses emprunts, présente des appâts à la confiance et à l'intérêt, et attire dans ses coffres un argent qui ne retournera plus à sa source, et s'ensevelira pour jamais dans une banqueroute scandaleuse.

Eh! que m'importe sous quelle forme on me dépouille? Celui qui me ravit tout mon bien par la séduction, ou le brigand qui me l'enlève par la violence, ne me réduisent-ils pas au même état de misère, et ne dois-je pas les considérer également comme mes ennemis? Il m'étoit peut-être plus facile de repousser les attaques de l'un que d'échapper aux embûches de l'autre. Le voyageur enveloppé par une troupe de voleurs en est souvent quitte pour le sacrifice de l'or et des bijoux qu'il porte sur lui : lorsque leur cupidité est une fois satisfaite, ils disparoissent. Le banqueroutier, au contraire, après vous avoir enlevé une partie de votre fortune, revient à la charge, ou vous attire de nouveau dans le piége qu'il vous a tendu ; il ne tient point à lui qu'il ne vous ravisse, non-seulement ce que vous avez, mais encore tout ce que vous pourriez obtenir par votre crédit personnel : il n'est ému ni de l'idée de votre ruine, ni de celle de votre déshonneur. S'il apprenoit que le désespoir où il vous a plongé vous a fait porter une main homicide sur vous-même, il insulteroit à votre foiblesse et s'efforceroit d'en calomnier la cause. Ce seroit en vain que votre veuve éplorée, que vos malheureux orphelins tenteroient de l'émouvoir : il se montrera inflexible à leur aspect, et leur demandera quel titre ils ont pour être exceptés d'un malheur commun à tant d'autres. Après s'être montré quelque temps sous l'aspect du malheur et de l'humiliation, il ne tardera pas à reprendre l'attitude de l'opulence, et insultera sans pudeur à la misère du créancier dont il n'aura plus à craindre les poursuites. Ce seroit beaucoup pour lui s'il daignoit s'abaisser jusqu'à se dérober aux regards de ses victimes et paroître éviter leurs murmures.

Telle est pourtant l'espèce d'hommes que nous voyons briller dans nos cercles et accueillis par la foiblesse, qui n'a pas le courage de les repousser. Cependant si la justice des tribunaux est trop souvent inactive à leur égard, celle de la société ne de-

roit pas être aussi indulgente envers eux, et il seroit
au moins à désirer qu'elle les flétrit tellement de son
opinion qu'ils demeurassent isolés et ne pussent
sortir du cercle d'opprobre dont ils seroient environnés. Il faut en convenir, c'est presque toujours
la faute des hommes si tant de crimes nuisibles se
propagent au milieu d'eux : ils accordent si inconsi-
dérément leur estime aux apparences de la richesse,
ils la refusent avec un dédain si absurde aux dehors
de la pauvreté, qu'ils forcent celle-ci à user de tous
les moyens pour sortir de son abaissement et acquérir quelque apparence de considération. Cet écart
de la raison humaine ne rend pas sans doute excusable l'improbité, mais elle explique la cause de ses
progrès parmi nous.

Ce sera toujours un événement funeste et honteux
que celui d'une faillite dans une maison de commerce, lors même qu'elle n'est que l'effet de l'imprudence ou du malheur, parce que celui qui expose
au hasard de ses spéculations la fortune des autres,
a mis au jeu leurs biens et son honneur; et comme
ses créanciers n'étoient point associés dans ses bénéfices, il est coupable envers eux de leur faire partager ses pertes. Mais quel immense intervalle on
doit mettre entre le commerçant téméraire qui s'est
égaré dans ses conjectures, qui ne détourne rien,
qui déclare avec franchise ce qu'il possède, ce qu'il
peut espérer; et le débiteur infidèle qui a eu l'art de
soustraire les sommes qu'il a reçues, qui grossit ses
engagemens, cache ses espérances, présente des re-

gistres altérés, multiplie des pertes imaginaires, et force ses créanciers, par un tableau mensonger et frauduleux, de subir la loi qu'il leur impose! Le premier peut avoir quelques droits à la pitié, et son repentir, s'il est suivi d'efforts laborieux pour réparer le dommage qu'il a porté à ses créanciers, le rapprochera de l'estime générale qui s'est éloignée de lui ; mais le second ne mérite que haine, qu'opprobre, que châtiment : l'œil de la justice doit le suivre dans le dédale de ses fraudes et de ses mensonges, découvrir tout ce qu'il a pu soustraire et dérober à la bonne foi, rechercher ses complices et ne lui laisser que honte et que misère.

Faut-il s'étonner, au surplus, si les banqueroutes sont devenues de nos jours plus fréquentes que jamais? Tous les individus sont tourmentés de la soif des richesses, tous veulent conquérir rapidement ce qui ne s'acquiert que par une constante économie et une activité prudente et laborieuse. Le nombre des commerçans surpasse celui des consommateurs : des hommes sans fortune, sans crédit, sans lumières, se jettent dans les spéculations du commerce, ne cherchent qu'à produire quelque illusion et à éblouir le fabricant et le manufacturier dont ils absorbent les productions. Ils ne se perpétuent dans une profession qui devoit leur être étrangère qu'en multipliant des engagemens téméraires. S'ils paient des sommes légères, ce n'est que pour en attirer de plus fortes, et accroître la confiance qu'ils ont usurpée. Comme le fonds sur lequel ils existent ne leur appar-

tient pas, peu leur importe qu'il se conserve dans
leurs mains : ils dévorent aujourd'hui le bien de l'un,
ils consommeront demain celui d'un autre, et ce ne
sera que lorsque les dupes leur manqueront qu'ils
commenceront à manquer eux-mêmes. Peut-être pré-
viendroit-on beaucoup de faillites si l'on accordoit
moins facilement le droit de faire le commerce, et si
on restreignoit cette faculté à des hommes qui donneroient une caution à la société.

Bien des règlemens que l'on a depuis qualifiés de
barbares, de tyranniques, sont peut-être regrettables,
et je ne sais pas si l'on a plus gagné que perdu à
anéantir ces maîtrises, ces corporations, contre lesquelles s'est élevé le système des économistes. La
liberté de l'industrie présente au premier coup d'œil
un aspect séduisant ; mais elle a aussi ses abus qu'il
est difficile de réprimer, et il faut souvent se défier
de l'industrie qui s'avance dénuée de toute fortune.

Les métiers et les arts qui s'exercent dans la société exigent un apprentissage et des connoissances,
ou des études préliminaires. Aujourd'hui tout individu peut embrasser la profession du commerce et
celle de la banque. Il s'élance dans les entreprises,
dans les fournitures, avec la seule confiance de ses
forces et de ses lumières ; son assurance lui tient lieu
d'instruction et d'expérience, et pour peu qu'il soit parvenu à se procurer quelques avances, il marche hardiment dans la route qui peut le conduire à la fortune
ou au déshonneur : moins il hésite dans ses spéculations, plus les chances se multiplient pour ou contre
lui,

lui, et la sécurité qu'il affecte se communique à tous
ceux qu'il a trouvé le moyen d'unir à ses intérêts.
C'est seulement au moment où il ne peut plus se faire
illusion à lui-même, que le charme cesse pour les
autres, et que l'on frémit du danger où il va les
entraîner.

A un malheur devenu si commun, la sévérité des
lois voudroit en vain opposer sa rigueur ; elle auroit
trop de coupables à punir, elle ne feroit que multiplier le deuil des familles. Il est des périodes de
perversité et de corruption où la justice demeure
consternée ou impuissante. Cependant, comme il ne
faut pas négliger d'opposer quelques digues au torrent
des vices, nous croyons devoir présenter ici les idées
que nous avons déjà exposées sur le même sujet.

« Un négociant, disions-nous, suspend tout à coup
» ses paiemens, annonce à ses débiteurs une perte
» plus ou moins onéreuse : ce manque de foi à ses
» engagemens étend d'abord sur lui, sur sa maison,
» un voile de honte ; mais plusieurs causes supé-
» rieures à l'homme ont pu le réduire à l'état de
» dégradation où il paroît devant ses créanciers. Il
» faut donc, avant de le condamner, examiner d'où
» provient l'altération de ce commerce qui étoit le
» principal gage de ceux qui lui ont confié leurs
» fonds.

» S'il étoit banquier, son état portoit sur un crédit
» établi de lui à des maisons de commerce étrangères,
» par le moyen duquel il facilitoit le transport de
» l'argent d'un pays dans un autre ; ses bénéfices

9

» provenoient de ses droits de remise , des profits
» que lui valoit le change dont il devoit prévoir et
» calculer les variations ; ses gains étoient en raison
» de la quantité d'espèces auxquelles il donnoit le
» mouvement ; ses opérations exigeant le concours
» de divers agens placés à une grande distance de
» lui , l'exact accomplissement de ses ordres dépen-
» doit, non-seulement de sa probité , mais encore
» de celle de ses correspondans : donc, pour ne pas
» risquer tout à la fois sa fortune et son honneur ,
» toute son attention , tous ses soins devoient se
» porter à entretenir une juste balance entre ses ac-
» ceptations et la certitude de ses retours, de manière
» que l'infidélité de ses correspondans ne pût en-
» tamer que ses bénéfices, ou tout au plus ses ca-
» pitaux, mais jamais ceux du public.

» Je conçois la difficulté de conserver toujours ce
» parfait équilibre, que le temps , qu'une confiance
» consolidée par l'expérience, que des procédés dé-
» licats peuvent déranger; mais c'est dans cette at-
» tention surveillante que repose l'honneur du ban-
» quier ; retenu par elle il gagnera moins, et sa for-
» tune sera plus assurée, et il acquerra , au milieu
» de sa simplicité, de sa modestie, une considéra-
» tion plus précieuse que les vaines apparences du
» faste et de la richesse. Sa vie s'écoulera dans un
» travail paisible ; on ne le verra point pâlir à la
» vue d'une lettre qui lui apporte peut-être la nou-
» velle de sa ruine ; il n'aura pas besoin de faire
» jouer des ressorts secrets pour soutenir son crédit

» vacillant. Mais si, au lieu de se tenir dans ce cercle
» que la prudence lui avoit tracé, le désir d'arriver
» promptement à la fortune le porte à excéder ses
» facultés réelles, à se confier aveuglément à des ri-
» chesses factices, bientôt il n'existera plus que par
» une hardiesse téméraire : ne pouvant réparer l'état
» de ses finances minées de toutes parts que par des
» bénéfices immenses, il dédaignera ceux qui naissent
» naturellement de sa profession, pour courir après
» les hasards. Ne suivant plus qu'une carrière pé-
» rilleuse, il marchera comme un insensé de dangers
» en dangers : pressé entre le désir de prolonger
» son existence et la crainte de révéler ses torts, il
» les accumulera de jour en jour ; il avoit com-
» mencé par être imprudent, il finira par être fripon.
» C'est à l'ambition d'une fortune rapide, et au
» peu d'économie dans les dépenses journalières,
» qu'il faut attribuer presque toutes les banque-
» routes des négocians. Il en est bien peu qui puissent
» offrir pour excuse une calamité, un coup du sort
» que la prudence humaine ne pouvoit parer. Ce
» commerçant qui consomme tous ses bénéfices par
» sa table, par son luxe, par ses plaisirs, succom-
» bera nécessairement sous le premier malheur qui
» surviendra dans ses affaires. Peut-être pourroit-il
» encore réparer le mal dont il est affecté, avec de
» l'ordre, avec des sacrifices, mais il tient à ses ha-
» bitudes, à sa représentation ; il craint d'ailleurs
» que la réforme subite qu'il affichera ne découvre
» le secret de ses affaires, ne nuise à son crédit, et

9.

» il périt victime de ses passions et de sa vanité. Que
» ne suivoit-il l'exemple de ce négociant paisible qui
» met tout son orgueil à être exact dans ses paiemens ;
» qui, prudent dans ses envois, modéré dans ses
» entreprises , grossit son fonds de ses épargnes ,
» profite du besoin momentané de ses rivaux, et se
» trouve, en se rendant compte à lui-même, plus
» riche au milieu de sa simplicité, que le citoyen
» fastueux qui l'éclipsoit de son luxe !

   » Les commerçans qui s'établissent avec une grande
» fortune ne sont pas ceux qui se garantissent le
» plus de cette fin malheureuse où mènent l'impru-
» dence et l'inconduite. Remplis d'une dangereuse
» confiance dans un fonds opulent, ils en consom-
» ment hardiment le produit. Des goûts chers, des
» fantaisies ruineuses, une tendresse aussi aveugle
» que vaine pour leurs femmes, pour leurs enfans,
» détruisent insensiblement cette masse de richesses
» que leur avoit transmise un père économe. Bientôt
» on est forcé d'avoir recours à des emprunts oné-
» reux, à des ventes précipitées ; il faut se déterminer
» à recevoir la loi du fabricant. Honteux de l'em-
» barras qu'on éprouve, on cherche à le couvrir sous
» l'air de la sérénité, sous les dehors de l'aisance ;
» les dettes grossissent, s'amoncèlent et sont prêtes
» à écraser l'insensé qui fait des efforts, souvent cri-
» minels, pour retarder l'instant de la chute sous
» laquelle il va être anéanti.

   » La prudence et l'économie sont surtout néces-
» saires à celui qui embrasse la profession du com-

» merce sans autre faculté que son crédit : les inté-
» rêts qu'il a à payer ; les dépenses nécessaires au
» soutien de sa maison ; les pertes qui suivent les
» changemens de modes ; les interruptions subites
» dans le cours de la vente, doivent être présentes
» à sa pensée. Ce n'est qu'autant qu'il fera de ses
» bénéfices l'emploi le plus productif, qu'il parvien-
» dra à diminuer ses engagemens, à éteindre les in-
» térêts qui pompent le suc de son industrie, et de-
» viendra enfin véritablement propriétaire de ce fonds
» dont il n'étoit que le fermier. Qu'il se garde
» surtout de se croire opulent et d'imaginer pouvoir
» subvenir à de fortes dépenses, parce que la na-
» ture de son commerce fait passer sous ses yeux
» des sommes considérables : cette erreur le condui-
» roit à acquitter l'intérêt avec le fonds qui lui a été
» confié, et à ne pouvoir plus présenter à ses créan-
» ciers ni l'un ni l'autre.

» J'ai fait voir la cause presque générale des ban-
» queroutes, il me reste maintenant à indiquer ce
» qui leur donne le caractère de la fraude.

» Une déclaration du 13 juin 1716 exigeoit que
» *tout négociant qui menaceroit ses créanciers d'une*
» *faillite, commençât par déposer au greffe de la*
» *juridiction consulaire, ou s'il n'en existoit pas*
» *dans le lieu de son domicile, au greffe de l'hôtel*
» *de ville, un état exact, détaillé et certifié véri-*
» *table, de tous ses effets mobiliers et immobiliers,*
» *et de ses dettes ; qu'il déposât également ses*
» *livres, registres, cotés et paraphés ; et que, faute*

» *de ce , il ne pût être reçu à passer avec ses*
» *créanciers aucun contrat d'atermoiement , au-*
» *cune transaction, et qu'il fût poursuivi extraor-*
» *dinairement comme* BANQUEROUTIER FRAUDULEUX.

» Cette disposition , en assurant les droits du
» créancier, fournissoit au débiteur, s'il n'étoit pas
» criminel, un moyen de se justifier aux yeux de
» ceux qui ressentent les influences de son infortune;
» ils pouvoient en reconnoître les causes, les progrès
» et le terme : mais pour que cette justification fût
» évidente et que cette connoissance ne fût obscur-
» cie d'aucune incertitude, il auroit fallu que les
» banquiers, les négocians ne se fussent pas permis
» d'enfreindre ce qui leur étoit prescrit par une
» autre disposition de la même ordonnance, qui porte
» *que tous les livres des négocians , marchands ,*
» *tant en gros qu'en détail, seront signés sur le*
» *premier et le dernier feuillet, par l'un des consuls,*
» *ou par un échevin dans les villes où il n'y a point*
» *de consul, sans frais ni droits , et que les feuillets*
» *seront cotés et paraphés par l'un des commis*
» *préposés.*

» Si quelque chose pouvoit dégoûter nos législa-
» teurs de créer de bonnes lois, ce seroit la négligence
» que l'on met à les faire observer. En effet, y
» a-t-il rien de plus sage, de plus prudent que cette
» disposition que nous venons de transcrire? Sans
» être onéreuse au commerce elle éclaire la fraude,
» l'empêche de substituer à ses véritables registres
» d'autres registres fabriqués à la hâte, d'intercaler ou

» de supprimer des feuillets à son gré. Cependant,
» quoiqu'elle ne fût pas ancienne, elle étoit déjà
» tombée en désuétude il y a plusieurs années; il
» n'y avoit pas un banquier, pas un négociant
» qui s'y conformât, et qui craignît le reproche de
» s'en être écarté. Il est pourtant bien vrai qu'en ne
» tenant pas la main à l'exécution de ces règlemens,
» on a donné aux débiteurs les plus frauduleux
» la facilité de se ranger hardiment dans la classe
» des négocians qu'il falloit plaindre et qu'on ne
» pouvoit pas punir. Ce n'est que d'après un tableau
» bien fidèle des recettes et de leur date, des pertes
» et de leur époque, des bénéfices et des charges,
» que l'on peut juger si un négociant qui est en fail-
» lite est malheureux, imprudent, ou de mauvaise
» foi. Si l'on ne peut ajouter de confiance à ses re-
» gistres, comment sera-t-on assuré qu'il ne couvre
» pas ses dols par des créances concertées, par des
» dettes factices, par des pertes imaginaires? A quoi
» reconnoîtra-t-on qu'il est sans probité ou victime
» du malheur, lorsqu'il tiendra ce langage à ses
» créanciers assemblés : *La confiance est l'âme du*
» *commerce; c'est parce que vous m'avez cru digne*
» *de la vôtre que je suis votre débiteur; et si au-*
» *jourd'hui je me trouve hors d'état de vous rendre*
» *ce que vous m'avez avancé, c'est par l'effet*
» *d'une égale confiance de ma part envers des*
» *hommes qui m'ont trompé : je n'ai plus le droit*
» *d'exiger que vous ajoutiez foi à mes paroles;*
» *mais examinez mes registres, et vous y recon-*

» *noîtrez la véritable cause de mon infortune.* Je
» le répète, tant que les négocians enfreindront im-
» punément ce règlement, qui pouvoit seul donner
» des entraves à la fraude, elle échappera toujours
» à la sévérité de la justice, et se réfugiera dans un
» labyrinthe inextricable. En attendant qu'une lu-
» mière aussi nécessaire se répande sur ses opérations,
» voici les signes auxquels on peut la reconnoître :
» des livres évidemment substitués aux anciens, ou
» chargés de calculs altérés, des omissions dans la
» recette, des emprunts ou des achats forcés à l'ap-
» proche de la banqueroute, des ventes dissimulées,
» un vide considérable sans causes apparentes, de
» fausses créances mises en concurrence avec les vé-
» ritables.

» Autant le négociant qui, après plusieurs années
» de ses travaux, se trouve, malgré sa prudence,
» réduit à la dure nécessité de demander grâce à ses
» créanciers, mérite d'exciter leur pitié et d'en ob-
» tenir des secours, autant celui qui a calculé le vol
» de sang froid, a préparé de loin une faillite qui
» l'enrichit et le met hors des atteintes de ses créan-
» ciers, est indigne de toute commisération. La gêne,
» l'indigence, l'infamie n'ont rien de trop rigoureux
» pour lui. Au moment où le négociant s'aperçoit
» qu'il lui sera impossible de remplir ses engage-
» gemens, et a devant les yeux la douloureuse pers-
» pective d'une faillite, il doit se regarder comme un
» étranger dans ses magasins, au milieu de ses
» meubles, et être bien convaincu que tout ce qu'il

» altère, tout ce dont il dispose au préjudice de ses
» créanciers, est un larcin punissable.

» Malheureusement le défaut de nuances et de
» gradations qui rend nos lois imparfaites, rend aussi
» nos opinions trop confuses. Un banquier qui fai-
» soit éprouver à ses créanciers une perte de vingt
» pour cent, étoit tout autant déshonoré dans l'opi-
» nion publique que celui qui leur en faisoit essuyer
» une de cinquante ou de soixante; d'où il est résulté
» qu'il ne déclaroit sa faillite qu'à la dernière extré-
» mité : souvent même il attachoit une sorte de vanité
» à n'en pas faire une qui fût de peu d'importance;
» il sembloit que le vol fût ennobli par les millions
» qu'il entraînoit.

» Je voudrois qu'on pût récompenser le négociant
» qui auroit eu le courage d'assembler ses créanciers
» à l'instant où il auroit reconnu que sa fortune per-
» sonnelle étoit consommée, et qui leur auroit dit:
» Je n'ai plus rien à moi, je me croirai trop heureux
» si ce que mon malheur n'a point encore absorbé
» suffit pour vous satisfaire; assurez-vous bien que
» je n'ai rien détourné, reprenez tout, et laissez-
» moi du moins l'honneur avec la misère.

» Par une conséquence naturelle, il seroit juste
» que celui qui, sans une espérance raisonnable de
» revenir au point dont il se seroit écarté, auroit
» continué d'accumuler ses dettes, de détériorer ses
» affaires pour ne déclarer sa faillite qu'au moment
» où il lui auroit été physiquement impossible de la
» différer davantage, fût puni sévèrement.

» Pour prévenir ces retards inexcusables je ne vois
» d'autre moyen que de faire un règlement par lequel
» le négociant qui , sans fraude, mais sans pouvoir
» constater des malheurs réels et imprévus, auroit
» fait perdre à ses créanciers dix pour cent , seroit
» inscrit sur un tableau exposé dans toutes les cham-
» bres de commerce de son département, avec une
» note qui indiqueroit son nom, le lieu de son do-
» micile, le genre de son commerce, et qui por-
» teroit ces mots : *négociant ou marchand infidèle,*
» *demeuré débiteur de dix pour cent.*

» Cette note ne pourroit être détachée du tableau
» que par un jugement rendu sur la déclaration de
» ses créanciers envers lesquels il se seroit acquitté
» tant en principaux qu'en intérêts.

» Celui dont la faillite auroit occasioné une perte
» de vingt pour cent par l'effet d'une trop forte dé-
» pense ou d'une vente imprudente, seroit de plus
» condamné en une amende envers les pauvres, en
» trois jours de prison et à venir entendre à la cham-
» bre de commerce le jugement qui flétriroit son
» nom.

» Le commerçant dont la faillite excéderoit trente
» pour cent par le seul effet de son luxe ou de son
» inconduite, seroit dégradé du titre de négociant;
» sa patente seroit déchirée, et il seroit en outre con-
» damné en trois mois de prison, à moins que ses
» créanciers ne consentissent unanimement à abréger
» sa captivité.

» Celui qui auroit dérangé ses affaires au point de

» faire perdre, par les mêmes causes, depuis qua-
» rante jusqu'à cinquante pour cent, sans fraude,
» éprouveroit la même dégradation et seroit con-
» damné à une détention de six mois, qui ne pour-
» roit également être abrégée que du consentement
» unanime de ses créanciers.

» Enfin, celui dont la faillite auroit été de plus de
» cinquante pour cent de perte, toujours sans fraude,
» encourroit, outre la flétrissure ci-dessus énoncée,
» la honte de voir son nom inscrit sur le tableau des
» négocians infidèles dans toutes les chambres de
» commerce de la République.

Il y a une si grande distance entre le négociant
auquel on n'a à reprocher que du désordre dans sa
dépense, que de la témérité dans ses entreprises, et
celui qui est convaincu de fraude, qu'il doit aussi y
avoir un grand intervalle entre la rigueur de leurs
jugemens. La peine du pilori, si humiliante par le
genre du supplice auquel elle assujétissoit le patient,
devoit être maintenue.

L'article 30 de la deuxième section du titre II de
notre Code pénal a substitué une peine nouvelle à
ce supplice d'ignominie et caractéristique de la fraude.
Cet article est conçu en ces termes : *Toute banqueroute faite frauduleusement et à dessein de tromper
les créanciers légitimes, sera punie de la peine de
six années de fers.*

Le laconisme de cette loi frappe trop indistinctement des délits plus ou moins graves, et qui, par
cette raison, ne devroient pas encourir le même

genre et la même durée de punition. Il est peut-être
plus nécessaire que jamais de comprimer la fraude
par la terreur de la captivité, de la dégradation et
d'une flétrissure ignominieuse, à une époque où la
nation semble s'être convertie en une longue chaîne
d'agioteurs qui s'égarent et se heurtent dans des spéculations criminelles, et dont la cupidité se joue in-
solemment de ces règlemens qui semblent s'évanouir
avec les circonstances qui les ont fait naître.

Si l'honneur et une grande réputation de probité
faisoient le lustre des familles; si la délicatesse pré-
sidoit au choix de leurs alliances, le commerce ne
seroit pas souillé de tant de faillites, et la justice
des tribunaux en auroit moins à punir.

CHAPITRE V.

DU VOL SIMPLE.

A voir le penchant qu'ont toutes les créatures vivantes à s'emparer de ce qui ne leur appartient pas, on seroit tenté de croire que le vol est moins la faute des hommes que celle de la nature. Tout ce qui est dans l'état sauvage ou d'enfance croit avoir le droit de dérober ce qui tente ses sens ; il n'a nulle idée de la propriété; *le tien* et *le mien* sont deux mots vagues que ne saisit pas son intelligence. La force et la puissance de l'éducation peuvent seules réprimer cet instinct qui nous porte à prendre ce qui nous plaît lorsqu'il s'offre à nos regards ; mais aussi le premier pas vers la civilisation nous conduit à connoître une propriété exclusive, et la plus foible famille de sauvages n'a pas plutôt construit une cabane et soumis quelques animaux domestiques à sa domination, qu'elle s'en regarde comme propriétaire et défend sa richesse, conquise par le travail et l'industrie, contre l'étranger qui veut s'en emparer. A mesure que la société s'accroît, la distinction du *tien* et du *mien* s'établit dans tous les esprits, et l'attentat à la propriété d'un autre paroît une injustice que la force réprime avec violence.

L'enfant s'habitue à ne prendre que ce que l'on veut bien accorder à ses désirs. Le châtiment est la première leçon de morale; les animaux même les plus voraces sont contenus par la crainte et s'abstiennent de dérober ce que leur appétit convoite avec le plus d'ardeur.

Oui, sans doute, le vol est un délit, puisqu'il suppose une propriété légitime et une violation de cette propriété. Peu importe sa valeur, personne n'a le droit de juger si ce que l'on dérobe est d'un grand prix : il suffit qu'il appartienne à un autre pour que sa possession doive être respectée. Ce qui n'est rien aux yeux de l'opulence est souvent d'une grande importance pour le malheureux qui le possède. Un seul fruit arraché des mains d'un enfant le transporte de fureur, on lui fait répandre un torrent de larmes; et si cette violence n'est pas inspirée par la raison, elle est répréhensible, parce qu'elle bouleverse dans un jugement naissant les idées d'équité et de propriété.

Puisque le vol, si naturel à l'enfance, ne peut être réprimé que par une éducation attentive, faut-il s'étonner qu'il soit si commun parmi cette classe d'hommes ignorans et grossiers, qu'on n'a jamais détournés du larcin par des principes de justice et de raison? Aussi devons-nous applaudir aux lois nouvelles, qui ont modéré la peine infligée au vol simple, et substitué un emprisonnement limité à un châtiment trop sévère. Mais c'est un grand malheur pour un peuple lorsqu'il faut que les tribunaux se montrent ses premiers instituteurs et donnent à la jeunesse les

leçons qu'elle auroit dû recevoir de l'autorité paternelle. Ce n'est pas à punir les fautes, même avec
équité, qu'un gouvernement sage porte tous ses soins;
c'est à les prévenir, à les étouffer, qu'il met son étude
et sa gloire.

Commençons donc, si nous voulons extirper le vol
du sein de notre population, par soumettre la jeunesse de toutes les classes à une éducation publique,
où le vice le plus opposé à l'ordre social soit présenté
sous les couleurs les plus hideuses, et où l'enfance
contracte l'habitude de respecter les propriétés.

Combien de fois cette importante leçon peut-elle
être répétée sans fatiguer les esprits d'une morale
austère et monotone! Un instituteur mène une troupe
d'enfans dans une promenade; il les fait reposer près
d'un verger où pendent des fruits qui touchent à leur
maturité : tous ses jeunes disciples sont bien tentés
de cueillir ces cerises dont le rubis éclate à leurs regards, et ces poires pendantes qui paroissent s'abaisser pour être plus facilement saisies; l'un d'eux ha-
sarde d'en détacher une, le maître l'aperçoit et lui
demande de quel droit il s'empare de ce fruit qu'il
vient de saisir. Ces arbres sont-ils à vous? Pensez-vous
qu'ils n'appartiennent à personne, et êtes-vous bien
sûr que le propriétaire n'ait point d'animaux auxquels les fruits que le vent auroit détachés doivent
servir de pâture? A ces questions, l'enfant hésite, se
trouble et balbutie. Si son naturel est bon et docile,
il préviendra l'ordre du maître et rejetera la poire
qu'il avoit déjà glissée furtivement dans sa poche.

Une autre fois il les a menés dans une plaine où il leur a permis de se diviser en deux bandes pour se livrer à l'exercice de la course et multiplier des prisonniers dont la délivrance sera le prix de la légèreté : tout à coup quelques-uns d'entre eux aperçoivent un quadrupède qui court pour regagner le souterrain dont il est trop éloigné ; tous alors abandonnent leurs jeux et décrivent un cercle pour saisir l'animal qui veut les éviter ; ils ont eu le bonheur de le saisir, déjà ils le regardent comme la juste proie de leur adresse ; l'instituteur intervient et leur dit : Il est dommage que la plaine sur laquelle il vous est libre de prendre un exercice innocent ne fasse pas partie de vos domaines, le gibier qui la parcourroit seroit encore une de vos propriétés ; mais vous n'avez pas plus de droit sur l'animal qui est tombé sous vos mains que sur les fruits du champ voisin. S'il suffisoit de surprendre l'animal par la légèreté et l'adresse pour rendre sa possession légitime, celui qui tend des filets ou des piéges sur une terre qui ne lui appartient pas, cesseroit d'être coupable aux yeux de la justice : si donc vous ne voulez pas le devenir comme lui, abandonnez cet animal au propriétaire du champ qui l'a nourri. Cette leçon n'est pas plutôt écoutée qu'elle est suivie, le quadrupède en profite et bientôt il échappe à l'œil, qui le suit avec regret. Un autre jour, cet instituteur, bon et attentif, est surpris dans une promenade avec ses disciples par une pluie violente ; il se hâte de gagner un abri dans une ferme voisine : il veut payer l'hospitalité qu'il reçoit ;

çoit; il se fait apporter de grandes jattes de lait et le pain bis dont les habitans se nourrissent. Les écoliers, transportés de joie à la vue du mets rustique qui leur est présenté, se disputent le plaisir de plonger les premiers leur pain dans la liqueur qui leur est offerte : c'est à qui d'entre eux sera le plus actif et montrera le plus d'appétit. Le repas achevé, on les laisse errer dans les cours, dans le jardin, dans les chambres modestement meublées. Un petit flageolet abandonné sur une table tente la curiosité d'un de ces écoliers qui le porte d'abord innocemment à sa bouche et en tire quelques sons qui frappent son oreille : il le considère, examine si quelqu'un l'observe, et croyant n'être aperçu de personne, il le cache et l'emporte avec lui. Ce petit larcin ne tarde pas à se découvrir : un jeune fils du fermier s'est aperçu de la disparition de l'instrument qui charmoit ses loisirs; il a couru après la troupe d'écoliers, a porté ses plaintes à l'instituteur, qui lui a promis justice et dédommagement, s'il vouloit venir le trouver le lendemain à la ville. Ses disciples ne sont pas plutôt arrivés à la maison qu'il les rassemble autour de lui. Mes enfans, leur dit-il, il y en a un parmi vous qui s'est rendu indigne à jamais de mon affection et de mon estime, s'il n'avoue pas sur-le champ sa faute et s'il ne se hâte pas de la réparer : vous savez avec quelle confiance on nous a donné l'hospitalité dans cette ferme où nous avons été si heureux de trouver un refuge contre l'orage et la pluie: eh bien ! nous sommes tous déshonorés aux yeux des habitans de cette maison hospitalière. On vous y considère, non pas comme une troupe d'écoliers, mais comme une bande de voleurs dont je suis le chef. A ces mots prononcés d'un ton grave, les auditeurs frémissent d'indignation, le rouge de la colère enflamme leurs joues. Oui, reprend l'instituteur après un moment de silence, l'un de nous a commis un larcin bien honteux et bien punissable, et je ne vois pas encore le signe de la douleur et du repentir se graver sur son front. Est-ce le remords de sa faute qui suspend son aveu? ou seroit-il assez lâche pour tenir à l'objet qu'il a dérobé? A cette question, un air confus et humilié désigne le coupable et il a déjà fait quelques pas vers le maître pour se débarrasser d'un fardeau qui pèse sur son cœur. Quoi! c'est vous, malheureux! s'écrie l'instituteur, qui vous êtes ainsi avili et qui m'avez également dégradé! voilà donc le fruit de mes leçons! toute la récompense de mes soins est d'avoir donné à la société un fripon de plus! Quelle opinion va-t-on avoir de mes préceptes et de mes élèves? De ce moment vous n'avez plus de camarades; nous ne pouvons plus vivre et habiter ensemble, puisque nous serions obligés de nous tenir tous sur nos gardes, dans la crainte que nos effets ne devinssent la proie de vos mains. A ces paroles, l'enfant ne peut plus se soutenir; il va tomber, si une main charitable n'a pitié de sa défaillance et de son désespoir: ses camarades commencent à s'attendrir en faveur du coupable; mais pas un d'eux n'ose encore demander grâce pour lui. L'instituteur le conduit dans une chambre éloignée, affecté d'en faire enlever tous les objets qui peuvent être facilement dérobés. Le soir, il fait porter au prisonnier un repas très-frugal et on lui présente un couvert du plus vil métal. Il faudra que la faim le tourmente beaucoup s'il touche à quelque aliment; et, quelque longue que soit la nuit, le sommeil aura peine à absorber ses pensées. Le lendemain on lui portera, au lieu de ses livres de classe, un ouvrage sur la pénitence; à l'heure du dîner, une scène plus terrible lui est réservée. C'est le fils du fermier que le maître lui présente. Mon ami, lui dit-il, observez bien ce jeune homme, remarquez bien tous ses traits pour ne pas le confondre avec mes autres disciples : c'est lui, c'est lui seul qui vous a volé le flageolet que vous aviez abandonné avec confiance à la probité de ceux qui visitent votre demeure; nul autre de nous n'étoit capable de commettre une action aussi indigne.

Pendant ce discours, le pauvre enfant laisse échapper malgré lui un torrent de larmes : le petit fermier en est attendri et balbutie à peine ce peu de mots : Ah! monsieur, il ne m'a pas fait un grand tort, je lui abandonne de grand cœur ce qu'il m'a pris; daignez lui pardonner sa faute. J'espère, reprend le maître, que si je pouvois la lui pardonner, il ne se la pardonneroit pas. Mais, avant de la réparer envers vous, vous allez venir prendre sa place à table et dîner avec ses camarades, qui ne rougiront pas de vous adopter pour le leur. Quoique cette entrevue n'ait pas mis le petit fermier en appétit, il se laisse mener à la place qui lui est destinée, et est pressé de manger

par ceux qui n'ont point oublié qu'ils ont reçu de ses
parens une honnête hospitalité.

Après le dîner, l'instituteur lui remet son flageolet,
une paire de boucles d'argent, et le renvoie satisfait.
Cependant on vient apprendre au sévère instituteur
que le jeune captif ne prend point de nourriture et
que sa désolation est extrême : il permet à un de ses
disciples d'aller rompre sa solitude et de lui faire
entrevoir quelque idée de pardon. Une heure s'est à
peine écoulée qu'il reparoît dans la classe et on lui
prononce à haute voix sa sentence : elle le condamne
à ne point aller à la promenade au dehors pendant
un mois entier et à ne porter que des boucles de fer.
Après ce jugement prononcé, deux de ses camarades
le mènent au réfectoire et n'ont pas de peine à obtenir qu'il répare ses forces épuisées par la fatigue et
le besoin. Je laisse à juger de la différence de principes qui existera entre des enfans de l'ame desquels
on a extirpé avec ce soin le germe de larcin que la
nature y avoit jeté, et ceux que de mauvais exemples
ou de pernicieuses leçons enhardissent à l'improbité.
Loin donc de m'étonner que l'on rencontre dans la
classe ignorante du peuple tant de maraudeurs,
tant de braconniers, tant de filoux obscurs, je rends
grâces aux lois protectrices de la propriété d'avoir
pu mettre un frein à cette passion qui irrite sans
cesse les désirs de l'homme, et le porte à s'emparer
de tout ce qu'il pourroit impunément saisir.

Il est sans doute dans toutes les ames belles et gé-
néreuses une force morale capable de faire braver

la faim et toutes les privations inséparables de l'indigence, plutôt que de se dégrader par un larcin,
quand bien même il devroit rester à jamais ignoré :
mais il faut l'avouer, cette vertu est si rare que l'humanité peut à peine s'en glorifier; elle ressemble à
ce beau idéal dont quelques stoïciens ont paré leurs
maximes, et que l'on est plus tenté d'admirer que
d'imiter. Le besoin, qui est trop souvent le fruit de
la paresse, n'est jamais une excuse pour le vol ;
mais l'homme assez dur pour être insensible au cri de
la faim, se rend complice du crime auquel il pousse
le désespoir. L'opulent peut sans doute user et
même abuser de ses richesses; mais s'il ne veut jamais seconder la loi qui protège sa propriété, et ne
jamais prévenir le larcin en l'écartant d'une main
bienfaisante, n'aura-t-il point à se reprocher d'avoir
mis la misère à de trop rudes épreuves? Que de
malheureux auroient échappé à la honte et à la peine
du vol, si une charité éclairée, en leur donnant les
premières leçons de la vertu, leur avoit fourni les
instrumens du travail !

CHAPITRE VI.

DU VOL DOMESTIQUE.

C'EST avec raison, et d'après des principes de justice, que les législateurs ont placé dans l'échelle des crimes le vol domestique au-dessus du vol simple. Le serviteur admis dans la maison où il reçoit des gages et la nourriture en échange des services qu'il rend, fait partie de la famille qui l'adopte ; et comme il participe aux propriétés communes, il doit en être le gardien et le protecteur. Mais, si loin de les accroître par son travail et par son zèle, il en détourne une partie à son profit, il se rend coupable d'ingratitude ; il trompe la confiance qui l'initie dans tous ses secrets, et convertit son adoption en un moyen de spoliation bien odieux et bien punissable : plus ses larcins sont faciles, plus ils sont criminels. Ce vol n'a pas même pour excuse le besoin, et ne doit avoir qu'un effet funeste à son auteur, qu'il expose à une expulsion honteuse et à être rejeté entre le châtiment et la misère.

Lorsque la domesticité étoit unie à l'esclavage, le maître avoit le droit de punir son esclave infidèle ; mais depuis qu'il n'existe entre l'un et l'autre qu'un engagement réciproque soumis à leur volonté, la

justice les protège également de son pouvoir, et la
loi seule s'est réservé le droit de punir le coupable.
Sa sévérité fut d'abord plus terrible que juste en
prononçant indistinctement la peine de mort contre
tous les vols domestiques. Il y a une si grande différence entre le serviteur qui dérobe un effet de peu
de valeur que la confiance abandonne journellement
à ses mains, et celui qui, à l'aide d'effraction, s'empare d'une somme importante ou de bijoux précieux, que l'équité devoit réclamer une distinction
dans les peines à infliger aux coupables. Ceux-ci
devoient être bien plus rigoureusement punis si,
pour satisfaire leur cupidité, ils avoient brisé les obstacles que la prudence leur avoit opposés. C'est cette
gradation de peines qui seule prévient les excès du
crime; il n'en est point de plus fréquent que le vol
domestique, il n'en est pas qui soit plus impuni.
L'adresse des serviteurs et la funeste sensibilité des
maîtres concourent également à cette impunité. Des
règlemens salutaires pourroient peut-être prévenir
ces infidélités fréquentes dont la société souffre, et
dont la punition est onéreuse à l'état. La classe des
hommes ou des femmes qui se consacrent à la
domesticité pourroit être assujétie, dans son origine, à une police particulière. Pourquoi cette profession, toute volontaire qu'elle soit, ne seroit-elle
pas limitée à des individus qui auroient préalable-
ment le consentement de leur père ou tuteur, qui se
seroient fait inscrire sur les registres de leur munici-
palité, qui ne pourroient changer de demeure et

porter leurs services d'une maison dans une autre,
sans présenter à des officiers publics préposés pour
cet objet un certificat de fidélité et de bonnes
mœurs? Si l'injustice ou le ressentiment d'un maître le
leur refusoit, la notoriété publique qu'ils pourroient
invoquer leur en tiendroit lieu, et seroit consignée
sur le registre des inspecteurs. En vain objectera-t-on
qu'il doit être permis à tous les individus de vendre
ou d'échanger leurs services, et que c'est à celui qui
les paie à s'assurer de la fidélité du serviteur qu'il
prend à ses gages : il n'en est pas moins vrai que la
domesticité tient trop à l'ordre public pour que la
police de l'état ne doive pas s'occuper de la purifier.

Depuis que l'esclavage est aboli, la domesticité n'a
plus rien de honteux; elle peut même offrir une ressource à des familles malheureuses. N'a-t-on pas vu
plusieurs fois des noms illustres se revêtir de la livrée
des princes, et se relever par des emplois domestiques à des titres d'écuyers qui leur ont rendu leur
premier état? C'est en avilissant les professions qu'on
rend vils les hommes qui les exercent. Il y a souvent
moins de distance entre le maître et le valet qui le
sert, qu'il n'en existoit entre le prince et le page,
ou l'écuyer qui étoit à ses gages. Pourquoi donc le
serviteur ne rencontreroit-il chez le premier que
dédain, que mépris, tandis que les autres trouvent
chez le second égards et distinction? Les fonctions,
dira-t-on, sont différentes : mais qu'importe, puisque
la nécessité et la nature les prescrivent? Dans l'état
patriarcal, les mères n'avoient-elles pas leurs filles,

pour servantes, et celles qui apprêtoient les mets ne venoient-elles pas se placer à la table de ceux qui les mangeoient? Le frère dédaignoit-il sa sœur parce qu'elle rendoit dans l'intérieur de la maison des services conformes à la foiblesse de son sexe ; et lorsqu'une famille opulente appeloit dans son sein une jeune étrangère, et se l'agrégeoit sous le modeste titre de servante, n'étoit-elle pas plutôt envisagée comme une compagne que comme une esclave? Convenons donc que c'est parce que nous avons commencé par dégrader la domesticité, que nous en avons banni toutes les vertus que nous voudrions y retrouver, et qu'il n'y a tant de mauvais domestiques que parce qu'il y a si peu de bons maîtres. Nous exigeons que les premiers n'aient point de vices, et nous les rendons témoins et confidens des nôtres! Que de maîtres ont eu à se reprocher d'avoir jeté les premiers germes de corruption et de perversité dans l'ame de leurs serviteurs, et ont passé d'une familiarité indécente à la censure la plus injuste! Tant qu'il n'y aura que dédain ou indifférence attachés au service domestique, l'intérêt et l'infidélité en seront inséparables. Le maître et le serviteur seront toujours en état de guerre. La ruse et le mensonge deviendront les armes du plus foible. Les combattans changeront, mais le combat sera toujours le même.

Je ne dois pas terminer ce chapitre sans recommander aux maîtres de prendre en pitié la foiblesse humaine, et de la préserver, autant qu'il dépend d'eux, de ces tentations sous lesquelles elle succombe.

Plus d'un homme riche a fait naître l'idée du larcin
en étalant aux yeux d'un pauvre serviteur des sommes
d'argent qui ont excité son envie. D'autres les ont im-
prudemment chargés de recettes importantes qu'ils
auroient pu faire eux-mêmes. Plusieurs leur abandonnent journellement une administration qui ne
devroit être confiée qu'à une sobriété bien éprouvée.
Il est des maîtres aussi injustes que sordides, qui
ont livré à la sévérité des lois des coupables qui ne
le furent envers eux que parce qu'ils leur avoient
donné le précepte et l'exemple de l'improbité.

  Nous devons encore recommander aux magistrats
de se défier des apparences quelquefois si trompeuses, de se tenir en garde contre la perversité qui
accabla plus d'une fois le foible sous le poids de la
calomnie. L'exercice d'une magistrature sévère nous
a appris qu'une femme jalouse pouvoit, dans l'égarement de sa passion, accuser l'innocence de larcin
pour écarter des regards de son mari l'objet qu'elle
redoutoit ; que des serviteurs infidèles avoient eu
l'atrocité de mêler une partie des effets qu'ils avoient
dérobés parmi les hardes d'une jeune servante, pour
détourner de dessus eux les soupçons et la vengeance
de leurs maîtres. Parmi ceux-ci il s'en est trouvé de
plus criminels encore, et qui, dans l'intention de
ressaisir des effets qu'ils avoient accordés pour soumettre à leurs désirs l'innocence qui leur résistoit,
ont sacrifié l'humanité à l'avarice, en exposant à la
honte ou à la mort celle qu'ils avoient abusée par
une générosité aussi perfide que funeste.

Tout rares que soient ces excès de perversité, ils doivent toujours être présens à la pensée d'un juge, qui n'est pas moins la terreur des serviteurs infidèles que le protecteur des victimes de la calomnie.

C'est sans doute une étude bien pénible que celle des excès où peut conduire la perversité humaine; mais; quelle que affligeante qu'elle soit cette étude, elle est d'une nécessité absolue pour un juge, dont la tâche est de démêler la vérité d'avec l'imposture, et d'interposer son inflexible équité entre l'audace d'un calomniateur et l'embarras d'un accusé qui se voit tout à coup accablé sous le poids de la calomnie. C'est souvent en ne suivant que les inspirations de son cœur, que l'on se refuse à penser que la haine et la vengeance puissent accumuler sur l'innocence une accusation dont elle a peine à se défendre.

CHAPITRE VII.

DU VOL AVEC EFFRACTION ET PAR VIOLENCE.

Si l'on vouloit considérer le vol sous tous ses aspects, il faudroit consacrer un volume entier à ce triste sujet. Il est la source de tant de crimes, de tant de condamnations, qu'on ne peut trop s'attacher à l'extirper de la société ! Il naît tantôt du besoin, souvent de la paresse, plus souvent encore de la débauche. On a vu des hommes voler par instinct ; c'est chez ceux-ci un vice d'organisation plutôt qu'une dépravation de l'ame; mais la justice, qui n'admet pas cette distinction, le punit avec la même sévérité, parce qu'il occasione le même dommage. Le vol qui ne mérite ni indulgence ni pitié, c'est celui qui se commet avec effraction, ou qui est accompagné de violences. C'est une sorte de guerre ouverte déclarée par le brigandage aux propriétés et aux personnes. Celui qui le commet paroît avoir embrassé une profession horrible, du milieu de laquelle il brave l'opulence et la loi; il exerce son métier infame, tantôt avec ruse, tantôt avec audace, suivant qu'il est doué de l'une ou de l'autre. Mais comme il y va de sa liberté ou de sa vie s'il est arrêté dans ses entreprises, il est déterminé à devenir homicide lorsqu'il n'a pas d'autre moyen d'échapper aux mains de la justice prêtes à le saisir. Aussi peut-on considérer le voleur de profession sous l'aspect hideux d'un assassin commencé; s'il n'est point souillé du sang humain, c'est parce qu'il ne s'est point encore trouvé dans la terrible alternative de devenir la proie d'une force menaçante, ou d'immoler à sa sûreté la victime qu'il avoit dépouillée.

Voilà pourtant l'espèce d'hommes qui n'est que trop multipliée parmi nous, et qui le seroit bien plus encore, si une police active et surveillante ne l'empêchoit de se propager en l'environnant de dangers. Il lui paroîtroit si doux de recueillir, au sein de l'oisiveté, tous les fruits du travail; d'attirer, au milieu de ses débauches, toutes les épargnes de la sagesse et de l'économie; de s'approprier le patrimoine du riche, quoique né dans la pauvreté!

Il ne faut pas se le dissimuler, la puissance de la morale est trop foible sur la multitude qui n'a été dirigée dans sa jeunesse ni par de bons principes, ni par l'autorité paternelle, pour extirper à elle seule un vice si naturel à l'homme. Ce n'est donc que par une surveillance bien éclairée, bien attentive, que l'on peut garantir les propriétés et les personnes de l'agression du vol. Un gouvernement éclairé préférera toujours les moyens de prévenir le crime à la dure nécessité de le punir. Toutes les fois qu'une profession présente à celui qui veut s'y dévouer, plus d'inconvéniens que d'avantages, le nombre de ceux qui seroient tentés de l'embrasser doit nécessairement

diminuer. D'après les divisions graduées et multi-
pliées que la France a reçues, il n'est plus difficile
de connoître les moyens d'existence de chaque individu dans les villes et dans les campagnes, d'avoir
des notes certaines sur leurs habitudes, leurs penchans, et d'assujétir au travail tous ceux qui ne
peuvent pas vivre dans l'oisiveté ; de leur interdire
une vie errante et vagabonde; de ne leur accorder la
faculté de passer d'un lieu dans un autre que sous
la condition d'y chercher de l'ouvrage et un honnête emploi de leur industrie.

Il existe beaucoup de projets d'embellissement
sur les routes; mais ce n'est pas assez de procurer au voyageur un chemin large et spacieux qui
lui fournisse de l'ombrage contre l'ardeur du soleil,
des repos de distance en distance, des lieux de refuge contre les orages: il faut aussi le mettre à l'abri
de l'attaque du brigand. Pourquoi ne construiroit-
on pas à l'approche des forêts, ou dans la profondeur
des vallons, de petites casernes qui serviroient à la
fois de retraite à de vieux guerriers dont la probité
auroit subi une longue épreuve, et qui auroient conservé assez de vigueur pour protéger le foible et parcourir un espace de terrain confié à leur surveillance?
Ce ne seroit que lorsqu'ils auroient atteint l'âge de
la décrépitude et de l'impuissance qu'ils seroient ras-
semblés dans des hospices où une vie consacrée à la
gloire et à l'utilité finiroit de s'éteindre.

Je n'ai jamais compris comment on avoit laissé sub-
sister si long-temps le danger attaché à des routes

que devoit nécessairement . traverser le voyageur, tandis que l'établissement de douze soldats invalides auroit suffi pour en bannir le vol et l'assassinat. Quelle que soit la vigilance et l'activité de la gendarmerie, elle ne peut suffire à fixer une sécurité constante sur les grands chemins. Ses visites , ses marches, ses retours sont épiés, sont calculés par les brigands, et ils ne connoissent que trop l'heure et le lieu où ils peuvent commettre impunément leurs attentats.

Les dépenses qui ont pour objet de prévenir la spoliation et le meurtre ne sont jamais regrettables, et les hommes assez vils et assez imprévoyans pour refuser d'y contribuer méritent d'être victimes de leur avarice.

C'est peut-être à l'approche d'une paix générale et qui rendra plus d'hommes à l'oisiveté qu'au travail, qu'il est important de purifier les routes des vagabonds , et de rendre la profession de brigand si périlleuse que nul ne soit tenté de s'y livrer.

Nous avons eu plus d'une fois l'occasion de remarquer que le vol avec effraction prend sa source dans la classe des ouvriers habitués à reconnoître la puissance du lévier , et familiarisés avec des instrumens qui surmontent tous les obstacles que la prudence oppose au larcin. L'accès qu'on est forcé de leur donner dans l'intérieur des maisons pour un travail journalier, leur en facilite l'entrée dans des momens favorables à leurs desseins pervers. Ce n'est pas encore seulement par la gravité des châtimens qu'on réussira à rendre à la probité ces artisans du crime, et qui n'adoptent une profession utile que pour y trouver les moyens d'en exercer une aussi nuisible que honteuse. Il vaudroit mieux revenir à d'anciens règlemens qui limitoient le nombre des maîtres, et assujétissoient les compagnons à une police journalière. C'est en rendant toutes les professions libres qu'on y a laissé pénétrer la licence et la fraude ; en voulant donner plus d'essor à l'industrie, on a multiplié les mauvais ouvriers ; et lorsque l'ouvrage a diminué, le vol est devenu l'unique ressource de la débauche et de l'oisiveté. L'honneur qui étoit attaché aux diverses classes d'artisans s'est perdu dans la multitude des concurrens, et on a cessé de rougir d'une tache qui s'étendoit sur tant d'individus étrangers les uns aux autres, dont on ne pouvoit plus garantir la probité.

On paroît s'étonner que les crimes se soient multipliés, que le nombre des condamnations se soit accru ; on s'agite, on se tourmente pour en chercher la cause : je la trouve dans l'abolition de plusieurs lois répressives que l'expérience avoit successivement établies, et je n'en suis pas plus surpris que je ne le serois d'un débordement qui suivroit la destruction des digues qui arrêtent ou dirigent le cours d'un fleuve. C'est à cette même cause qu'il faut attribuer tant de suicides produits par la crainte des châtimens où l'aliénation du désespoir.

CHAPITRE

CHAPITRE VIII.

DU VOL AVEC HOMICIDE.

PARMI toutes les créatures vivantes, y a-t-il rien de plus odieux et de plus épouvantable qu'un être revêtu des formes humaines, qui a fondé son existence sur le meurtre et la destruction de ses semblables, qui s'est dit à lui-même : « Pour vivre, je
» tuerai mon semblable, je plongerai un poignard
» dans le sein d'une femme; je ne me nourrirai pas
» de leur chair, mais je m'enrichirai de leurs dé-
» pouilles. Tout ce qui aura l'apparence de la
» richesse deviendra à mes yeux une proie sur
» laquelle je m'élancerai avec fureur; si elle ne
» s'offre point à moi sur les routes et dans les carre-
» fours, j'irai la chercher dans sa demeure, où je
» m'introduirai par ruse ou de vive force; je la sur-
» prendrai dans les ténèbres, dans le repos du som-
» meil, et elle périra sous mes coups. Si je crains
» de ne pas triompher par mes seules facultés, je
» m'associerai à d'autres aussi féroces que moi, et
» nous vivrons dans un état d'abondance tant que la
» justice de nous aura pas saisis et n'aura pas appe-
» santi sur nous son bras vengeur. »

Un être assez atroce pour s'adresser un pareil lan-

11

gage sans avoir horreur de lui-même, paroît, au premier coup-d'œil, si étranger à la nature, qu'on a
besoin de le voir et de l'entendre pour croire qu'il
existe; mais comment révoquer en doute sa réalité,
lorsque les annales de la justice nous en offrent un
aussi grand nombre que la hache de la loi extermine
journellement? Je l'avoue, j'ai eu besoin de m'en
approcher et d'entendre sortir de leur bouche l'aveu
de leur férocité, pour être bien convaincu que l'humanité n'étoit point calomniée lorsque l'on comptoit
de pareils monstres dans son sein. Ceux d'entre eux
qui m'ont paru les plus épouvantables, car il y a
des nuances jusque dans l'excès de la cruauté, ce
sont les brigands que le siècle où nous vivons a vus
naître en grand nombre, et auxquels on a donné la
dénomination de *chauffeurs* : et en effet, qu'y a-t-il
de comparable à une troupe de scélérats qui, pour
arracher à une famille la révélation de son trésor,
l'exposent aux plus vives douleurs, appellent le feu
au secours de leur cupidité, et font lutter l'attachement naturel de l'homme pour le fruit de ses travaux,
contre l'effroi et le tourment d'un supplice supérieur aux forces humaines? Je me le rappelle encore,
le spectacle révoltant qu'un sévère ministère me força
de soutenir plusieurs heures de suite. C'étoit la vue
de six de ces brigands qui s'étoient rendus la terreur
de plusieurs départemens où ils circuloient à des
époques différentes : deux d'entre eux qui s'étoient
flattés, en ne dissimulant rien de leur atrocité, d'é-
chapper à la mort, révélèrent leurs crimes et ceux

de leurs complices qui siégeoient sur la même ligne.
De quelle indignation l'ame n'étoit-elle pas soulevée
en entendant les premiers raconter d'un ton simple
et presque ingénu sous quel signe ils se rallioient,
l'heure qu'ils choisissoient pour s'introduire dans les
habitations isolées, l'art avec lequel ils se multi-
plioient pour redoubler l'épouvante et anéantir tout
espoir de se défendre ; les entraves dans lesquelles
ils plaçoient leurs victimes avant de les exposer aux
tourmens qu'ils leur préparoient ; leurs essais barbares sur le sexe le plus foible pour en arracher
l'aveu qu'ils s'efforçoient d'obtenir ; la débauche à
laquelle ils se livroient ; les jouissances abominables
auxquelles ils s'abandonnoient, et qui n'étoient pas
le moindre supplice qu'ils faisoient éprouver à l'innocence, et dont le chef de famille étoit forcé de
demeurer témoin ! Lié, garotté, cet infortuné se
voyoit contraint de dévorer son opprobre, sa ruine,
et les insupportables douleurs auxquelles le sang-
froid de la férocité le livroit sans pitié.

Accablés sous ces révélations trop franches et trop
réelles, les quatre brigands qui se retranchoient dans
le mensonge essayoient en vain de se défendre, mur-
muroient les mots d'impostures : toutes les circonstances, les témoignages de leurs victimes mutilées,
se réunissoient contre eux, et jamais la conviction de
leur férocité ne pouvoit être plus complète ; aussi
une condamnation trop douce sans doute pour tant
de forfaits en a purgé la terre. Heureuse l'humanité,
si cette race horrible avoit pu s'éteindre dans leur

11.

sang et disparoître pour jamais! Elle semble, depuis quelques années, s'être enfoncée plus avant dans les ténèbres : la destruction de ses principaux chefs, la crainte de quelques nouvelles révélations, l'activité d'une police surveillante a sans doute dispersé ses membres; mais ils ne tarderoient pas à se réunir et à redevenir l'effroi des campagnes, si l'œil de la justice se fermoit un instant et leur rendoit la confiance qu'ils ont perdue.

Une des sources les plus abondantes de ces assassins, on ne peut pas trop le dire, c'est la liberté accordée sans prévoyance aux voleurs qui ont achevé dans les fers le temps de servitude limité par la loi. Ces misérables, endurcis et fortifiés dans le crime par l'air contagieux et la morale perverse de leurs compagnons, rentrent dans la société avec des projets de haine et de vengeance. Sans ressources, sans espoir d'être admis dans les ateliers pour y vivre d'un salaire légitime, le vol est devenu pour eux d'une nécessité presque absolue. La faim les met en guerre ouverte avec tout ce qui peut l'apaiser et satisfaire leurs besoins : ils n'ont pas plutôt répandu une fois le sang humain que, semblables aux animaux qui s'en sont abreuvés, le meurtre n'a plus rien de révoltant pour eux, et ils finissent par s'en glorifier; ils qualifient de lâche, de pusillanime, celui d'entre eux qui hésite à frapper de mort le voyageur ou l'habitant paisible. Les apparences de la misère ne les désarment pas, et ils ne mettent plus en balance la vie d'un homme, d'un enfant, avec la

dépouille de l'indigence : c'est ainsi qu'ils deviennent tout à la fois les fléaux du riche et du pauvre.
Mais, dira-t-on, voulez-vous être plus sévère que la
loi, et condamner indistinctement les voleurs à traîner toute leur vie la chaîne du galérien ? A dieu ne
plaise que cette injustice entre dans mon esprit, mais
je veux concilier l'équité avec la sûreté publique ;
j'insiste donc pour ne laisser rentrer le galérien dans
la société qu'autant qu'il pourroit lui donner une
caution, soit par sa famille, soit par les moyens
d'une subsistance assurée, et de l'assujétir jusqu'alors,
sous un vêtement moins ignoble, à un travail salarié,
sous peine d'être ramené dans la classe des forçats.
La mendicité même doit lui être interdite : lorsque
ses forces épuisées ne lui permettent aucune espèce
de travail, c'est de la charité seule du gouvernement qu'il doit alors obtenir l'aliment que l'humanité réclame pour lui.

Il m'en coûte de le dire: les congés trop légèrement accordés à des hommes habitués au carnage
et qui se sont fait un jeu de toutes les horreurs de la
guerre, peuvent aussi être comptés comme une des
sources du crime que nous nous efforçons d'anéantir.
Oui, c'est presque toujours à la fin de longues guerres
et lorsque la paix devroit rendre aux campagnes les
cultivateurs dont elles ont besoin, que les assassinats
se sont le plus multipliés. La débauche et la soif du
butin ont corrompu tant de cœurs, ont étouffé tant
de sentimens justes et paisibles, et tellement fami-
liarisé l'homme avec le meurtre, qu'il est porté à

considérer encore comme ennemi celui même pour
lequel il a combattu. C'est à la sagesse du gouvernement qu'il appartient de donner à ces redoutables
instrumens de sa puissance la direction la moins nuisible , lorsqu'il ne doit plus les employer dans ses
projets de conservation ou de conquête. De grands
exemples de sévérité; des adoucissemens accordés aux
coupables qui révèlent leurs complices; une surveillance plus active à l'approche de l'hiver et des nuits
prolongées; des travaux donnés à l'indigence et qui
ne lui laissent aucune excuse : voilà les plus sûrs
moyens de prévenir les assassinats dont l'espèce humaine a plus encore à rougir qu'à se défendre, puisqu'ils sont encore plus sa honte que son malheur.

CHAPITRE IX.

D'UNE AUTRE ESPÈCE DE VOLEURS HOMICIDES.

QUE de forfaits la soif de l'or fait naître! quelle destruction subite n'éprouveroit pas la société si tous les vœux homicides étoient exaucés! Des chefs de famille dont l'héritage est attendu avec impatience disparoîtroient bientôt, et seroient frappés de mort pour prix de leur tendre prévoyance et de leur économie; des maîtres qui ont fait entrevoir l'espérance de récompenser de longs services par un legs généreux, seroient précipités dans la tombe; des créanciers qui ont confié leur fortune ou délaissé un domaine en se réservant un usufruit attaché au fil de leurs jours, ne tarderoient pas à être retranchés de la vie. La plupart ne doivent la durée de leur existence qu'à la crainte d'une justice surveillante, ou à la foiblesse qui n'ose exécuter ce qu'elle voudroit obtenir d'une main étrangère. Il est heureux. pour l'ami des hommes de ne pouvoir pas pénétrer dans leurs secrettes pensées. Que d'illusions douces seroient alors dissipées! Que de réputations de modestie et de candeur seroient obscurcies! Mais ne rendons pas l'humanité plus criminelle qu'elle ne le paroît, et ne nous exposons pas au reproche de

la calomnier. C'est bien assez pour nous de nous
appesantir sur les crimes qu'elle commet , sans nous
attrister encore par l'idée de ceux que sa pensée conçoit
sans les réaliser. N'hésitons pas à présenter comme
plus coupables que les audacieux assassins ceux qui,
sous le voile de l'amitié, du respect filial, de l'union
conjugale ou de la domesticité, attentent, dans l'intérieur de nos foyers, aux jours d'un individu pour s'enrichir de sa dépouille. Ces homicides sont les plus
criminels de tous, parce que le titre dont ils abusent
est une horrible trahison qu'ils ajoutent à leurs forfaits.
Le meurtre qu'ils ont commis jette la terreur et la
défiance dans toutes les familles.

Le riche épouvanté ne sait plus qui il doit voir ,
qui il doit fuir; sa demeure n'est plus pour lui un
asile assuré : le récit dont son imagination est troublée ne lui présente plus que des assassins autour
de lui; il voit la nuit et le jour des poignards levés
sur son sein, des breuvages empoisonnés que l'intérêt lui présente. A peine ose-t-il s'abandonner aux
émotions de la nature : il tremble de voir croître les
destructeurs de ses jours parmi les objets de ses premières affections. Abstenons-nous de tracer toutes
les conséquences pénibles et sombres d'un délit qu'il
faudroit étouffer dans le silence avec les coupables,
s'il n'étoit pas à craindre de leur donner l'apparence
de l'impunité.

Peu de mois sont encore écoulés depuis que nous
avons vu une famille atroce se couvrir du sang d'un
misérable rentier dont l'existence étoit à charge à ses

débiteurs. Une femme avide, semblable à une des
furies de l'enfer, souffle dans l'ame de son mari la
pensée d'exterminer leur créancier; il repousse d'a-
bord son inspiration, il s'en indigne : mais elle revient
à la charge, fait valoir l'intérêt de leurs enfans, la
gêne où les réduisent des demandes renaissantes qu'il
faut satisfaire; elle finit par triompher d'une résistance
qui s'affoiblit de jour en jour. Elle attire par les
caresses de l'amitié sa victime dans une maison isolée où des assassins l'attendent : à peine celle-ci y
a-t-elle pénétré qu'elle est atteinte de plusieurs coups
sous lesquels elle succombe en poussant les cris d'une
douleur expirante. Le cadavre est enlevé, et d'abord
caché dans l'habitation des coupables; bientôt il est
jeté au loin dans un bois écarté. Le meurtre étoit
certain, mais les criminels n'étoient environnés que
de soupçons; tous s'obstinoient à nier qu'ils eussent
la moindre part à la destruction dont ils étoient
accusés. Cependant, agité par le remords, et tourmenté par la crainte de voir ses enfans enveloppés
dans une condamnation qu'il jugeoit inévitable, le
père se détermine enfin à révéler son crime, et presse
lui-même sa femme de confirmer par un aveu volontaire la confession pénible qu'un sentiment paternel vient de lui arracher. Accablée d'une révélation aussi inattendue, cette femme endurcie demeure
long-temps dans le silence de la stupeur : mais bientôt
reprenant toutes ses forces et son odieux courage, elle
accuse son mari de démence, et persiste à soutenir
qu'elle est innocente; ce n'est qu'au moment où tous

les témoignages confondent son imposture et où tout
espoir l'abandonne, qu'elle rend hommage à la vérité et fait un aveu dont la justice n'avoit plus besoin
pour prononcer le jugement qui fit tomber quatre
têtes criminelles.

Ce n'est pas seulement l'intérêt qui donne naissance à ces assassinats domestiques et dont l'humanité frémit. Une autre passion a plus d'une fois mis
un fer homicide dans les mains d'un mari jaloux,
d'un amant contrarié dans ses désirs; elle a même
armé un sexe foible, étranger aux combats, et l'a
rendu l'auteur et le complice d'un meurtre long-
temps médité ou exécuté dans le silence de la nuit.
Si l'on pouvoit dénombrer les homicides et remonter
à leur origine, peut-être trouveroit-on que ce délire
des sens que l'on ne doit point nommer amour, mais
qui en a les emportemens, a fait verser plus de sang
et créé plus d'assassins que la soif de l'or. Mais sous
quelque couleur que se montre celui qui de sang-
froid a attenté à la vie de son semblable, il n'en est
pas moins horrible aux yeux d'une justice impartiale;
elle doit toujours l'envisager comme un des fléaux
de la société, comme un ennemi de l'espèce humaine,
puisqu'il a pu mettre en balance ses désirs ou ses
jouissances avec le devoir le plus sacré, celui du respect pour l'existence d'un être vivant et protégé par
la même loi.

Je l'avouerai, je ne suis pas éloigné de placer sur
la ligne des assassins celui qui, d'après les mêmes
passions, appelle ou provoque en duel l'adversaire

qu'il sait lui être bien inférieur dans ce genre d'escrime, et lui donne une mort presque certaine. En vain se pare-t-il aux yeux de la multitude des dehors d'un combat généreux : si la supériorité étoit bien connue, s'il en avoit bien la confiance, si le seul motif de sa provocation est son intérêt personnel, je ne vois en lui qu'un meurtrier qui n'avoit besoin d'appeler à son secours ni la trahison, ni les ténèbres, ni des complices, pour assurer le succès de son dessein criminel.

Elles sont donc impuissantes contre le meurtre, la voix de la religion et celle de la nature, puisque dès l'origine du monde elles n'arrêtèrent point le bras d'un frère homicide. Ce ne fut ni le désir de s'enrichir de sa dépouille, ni la fureur d'un amour insensé, qui souillèrent pour la première fois la terre du sang de l'innocence. Ce ne fut pas même l'injuste préférence accordée par une tendresse aveugle. Il ne fallut, pour donner naissance à ce premier crime, que ce germe de férocité trop naturelle à l'homme sauvage qui n'est point habitué à réprimer la violence de ses passions. Aussi avons-nous eu souvent lieu de le remarquer : c'est presque toujours de la classe grossière et ignorante que sortent les assassins. Toutes les déclamations contre le savoir et l'étude de la philosophie ne nous détourneront pas de penser, qu'une éducation soignée et des préceptes d'une morale saine produisent une aversion salutaire pour le meurtre et l'homicide. Et en effet, de mille condamnations prononcées contre des coupables sau-

guinaires, dix ne tombent pas sur la tête d'hommes
éclairés et nourris de la lecture des livres classiques.
L'expérience m'a convaincu que ces grands scélérats
qui se jouent de la vie de leurs semblables, et sont
toujours prêts à les immoler à leurs désirs ou à leurs
emportemens, savent à peine signer leur nom et
n'ont jamais recueilli les fruits d'une éducation libérale.

Grâces soient donc à jamais rendues à la sagesse
du législateur qui a recréé l'instruction publique,
et s'occupe de faire propager les lumières de la morale dans toutes les cités et même dans les campagnes, où elle est devenue si nécessaire. C'est peut-
être là surtout qu'il est important d'inspirer à l'enfance de l'horreur pour le larcin, de l'habituer à
calmer ses emportemens, à user du langage de la
raison pour faire prévaloir ses droits légitimes, à
préférer les voies de la justice aux actes de la violence, à ne point placer sa confiance dans sa force,
mais à la mettre dans la protection des lois, et à
savoir souffrir un léger dommage plutôt que de s'exposer au danger de reconquérir ce que la fraude a
usurpé avec l'illégitime puissance de ses armes. Je
voudrois aussi qu'on plaçât au nombre des livres classiques le Code des lois pénales, afin d'inspirer à la
jeunesse une crainte salutaire, et pour qu'elle apprît
de bonne heure ce qu'elle auroit un jour à redouter
si elle s'écartoit des voies de la probité et de l'honneur. Alors on la verra résister avec plus d'énergie
à des conseils pervers et à de funestes exemples.

CHAPITRE X.

DES HOMICIDES INVOLONTAIRES.

Ils sont bien imprévoyans ou bien téméraires, ceux qui voudroient retrancher du Code pénal ce que le législateur appelle *la question intentionnelle*. Eh! quel homme, de quelque esprit de douceur et de modération que la nature l'ait doué, peut assurer qu'il ne sera jamais l'auteur d'un homicide involontaire? Combien de circonstances imprévues et de cas fortuits peuvent nous rendre la cause innocente de la mort d'un autre, et nous plonger tout à coup dans la douleur et le désespoir! Ce n'est pas souvent alors celui qui a perdu la vie qu'il faut plaindre, c'est l'infortuné qui arrose de ses larmes et s'efforce en vain de rendre à la lumière le cadavre inanimé.

Je ne parlerai pas des accidens multipliés qui résultent de l'imprudence de ceux qui jouent avec des armes à feu, ou que l'ardeur de la chasse égare lorsqu'ils dirigent leurs coups. Je veux moins encore parler des luttes périlleuses qui sont suivies d'horribles catastrophes, qui transforment tout à coup en deuil et en cris lamentables l'ivresse du plaisir et

l'éclat de la joie. Je ne me propose que de rappeler
à la pensée de ces juges trop inflexibles les mouvemens subits d'une juste colère , ou d'une terreur
qui nous trouble au moment d'une provocation inattendue ou d'une menace effrayante , lors même
qu'elle n'est qu'imaginaire. Est-il beaucoup d'hommes
qui , dans le cours d'une longue vie et après avoir
habité une cité populeuse, n'aient pas été un seul jour,
un seul instant exposés à repousser par la violence une
attaque brutale , une injure grossière , et qui n'aient
été placés entre la honte d'être accusés de lâcheté,
ou la nécessité de se laver d'un affront fait à leur
honneur ? Que ceux-là seuls poussent donc la sévérité jusqu'à punir de mort ou à flétrir des fers tous
les homicides sans distinction ; mais je doute qu'il y
ait en Europe un tribunal composé d'individus aussi
privilégiés. Je ne veux citer ici qu'un exemple du
malheur qui peut faire paroître aux yeux de la
justice un innocent sous les hideuses couleurs d'un
grand criminel.

Il n'y a pas encore beaucoup d'années, j'entrai
le matin chez un ancien camarade de collège avec
lequel j'avois conservé la familiarité d'une liaison
d'enfance ; il étoit habituellement gai, et lorsqu'il me
voyoit ses démonstrations étoient vives et amica-
les. Depuis environ six mois il avoit uni sa destinée
à celle d'une jeune personne qu'il aimoit tendre-
ment ; leurs cœurs n'avoient pas encore éprouvé cette
satiété de plaisirs qui trop souvent divise le lit conjugal. Une nuit , pendant que l'épouse étoit ensevelie

dans le plus profond sommeil, le mari, agité d'un rêve horrible, imagine qu'il est assailli par des voleurs qui veulent le garotter ; il se débat, il saisit à la gorge sa femme calme et tranquille, et lui fait éprouver une pression si forte qu'elle se réveille : à peine peut-elle pousser quelques cris étouffés; le danger la presse, elle fait des efforts pour se débarrasser, se précipite hors de son lit et entraîne avec elle son innocent ennemi, qu'une chute douloureuse tire de son sommeil. Contraint d'abandonner sa proie, il entend une voix qui lui dit : « Que me voulez-vous ? que vous ai-je donc » fait? » Le malheureux, revenu à lui, répond : « Quoi! c'est vous, il n'y a que vous ici? O misé- » rable! qu'allois-je faire? rêve épouvantable, à » quel malheur tu m'as exposé! Épouse chérie! » c'est la dernière fois que je dormirai près de vous. » Il replace son épouse dans son lit, s'habille et passe le reste de la nuit dans une promenade sombre et solitaire. Le jour arrive, il n'ose se regarder, il se fait horreur à lui-même. Il étoit déjà depuis quelques heures dans un état de confusion et de stupeur lorsque j'arrivai. Ce ne fut qu'avec bien de la peine et après bien des exclamations vagues et les gestes du délire, que je parvins à le calmer et à découvrir la cause de son effroi qui ébranloit tous ses nerfs. Je le demande à ceux qui réfléchiront sur ce récit, n'auroit-ce pas été un grand malheur pour la justice de condamner à une mort ignominieuse cet être aliéné, si sa compagne eût expiré sous la fureur de son délire?

De quelle pénétration n'auroit-il pas fallu que des
magistrats ou des jurés fussent doués pour démêler à
travers la douleur profonde de l'accusé, s'il étoit
agité par les regrets d'un attachement sincère ou
par les remords du crime? Que de recherches n'auroit-il pas fallu faire dans sa conduite précédente,
dans sa vie privée, dans l'intérêt qu'il pouvoit avoir
à conserver ou à perdre celle qu'il avoit choisie pour
son épouse! Si les arbitres de sa destinée se fussent
obstinés à rejeter l'intention et à ne considérer que le
fait, l'innocence eût subi la peine réservée pour le
seul coupable, et il n'auroit été purifié que par le
juge suprême qui lit au fond des cœurs, et auquel il
appartient seul, dans les causes douteuses, d'absoudre
ou de condamner.

J'ai rapporté, dans l'ouvrage que j'ai publié en
1787, plusieurs erreurs de la justice. J'en pourrois
citer bien d'autres; mais le nombre des têtes innocentes qui tomberoient sous le glaive de la loi seroit
effrayant, si l'on punissoit indistinctement de mort
ceux qui ont eu le malheur de la donner sans en
avoir eu la pensée.

La sévérité des tribunaux, loin d'être la protectrice de la société, en est le trouble et le fléau lorsqu'elle n'est pas précédée de cette équité lumineuse
qui discerne les causes et les effets avec sagesse. C'est
toujours l'ignorance présomptueuse et la malheureuse
habitude de condamner, qui accélèrent ces jugemens
dont les funestes conséquences deviennent irrépa-
rables; et l'on a souvent remarqué que les hommes
les

les plus indulgens pour leurs propres fautes sont les plus inexorables envers les accusés, et trop disposés à soupçonner de foiblesse celui qui hésite à les condamner.

Si le doute, si l'hésitation furent jamais respectables, c'est cependant lorsqu'il s'agit de plonger dans l'opprobre ou le néant un accusé qui proteste de son innocence, et dont le crime n'offre pas cette évidence que la sagesse des premiers législateurs a toujours impérieusement exigée.

CHAPITRE XI.

DES PRINCIPALES CAUSES DU VOL ET DE L'HOMICIDE.

C'est bien peu faire pour l'humanité et même pour la législation que de décrire les délits, de les présenter sous tous leurs aspects, que d'indiquer des peines proportionnées à leur gravité : celui-là se rendroit bien plus utile qui, remontant à leurs causes, en étoufferoit le germe, en détruiroit les racines. Si dans l'état sauvage où chaque individu ne possède rien, et cependant est propriétaire de tout, le vol est naturel à l'homme, parce qu'il est dans la nature de vouloir s'approprier ce qui excite le désir et l'envie : de quelle puissance n'a-t-il pas fallu que la loi fût armée pour la réprimer dans un état de choses où le petit nombre nage dans l'abondance, jouit du superflu, et où la multitude manque souvent du nécessaire ? Aussi, loin de m'étonner qu'il y ait dans la société tant de gens adonnés au larcin, je suis surpris qu'un si grand nombre de riches étalent avec tant de sécurité le luxe de l'opulence, et en soient quittes pour quelques larcins privés ou domestiques dont ils ne daignent pas s'apercevoir.

Mahomet, ce grand législateur d'un peuple immense, après s'être convaincu que le vin dont ses fidèles croyans s'enivroient, portoit dans leur cerveau le délire de la colère et les poussoit à des actes de fureur, leur interdit cette liqueur enivrante, sous peine d'être privés des délices qui devoient être leur éternelle récompense. Un semblable précepte, s'il eût été adopté parmi nous, auroit épargné bien des crimes à l'humanité : il faut en convenir, à la honte du peuple, c'est pour avoir bu beaucoup de vin, ou parce qu'il se complait dans l'espérance d'en absorber une grande quantité, qu'il se précipite dans les injustices et les violences dont il ne tarde pas à supporter la peine. Rien n'est plus rare que de voir un homme sobre et qui ait contracté l'habitude d'étancher sa soif avec la liqueur que la nature donne libéralement à tout ce qui respire, se dégrader par le vol, ou souiller ses mains par l'homicide; rien au contraire n'est plus fréquent que de voir sortir le vol et l'assassinat de ce goût immodéré pour les liqueurs fortes. On entend souvent les accusés présenter à la justice comme une excuse salutaire le trouble où les a jetés cet odieux penchant. Si, dans la classe des artisans et des journaliers, il se commet dix larcins ou dix homicides, on peut parier à coup sûr que ces délits ont eu pour cause la funeste habitude de s'enivrer.

Ce seroit donc ce vice inhérent à la multitude grossière et indigente qu'il faudroit qu'une législation sage s'efforçât d'extirper par tous les moyens que

12.

peuvent fournir la morale publique et une police
attentive ; mais si d'un côté ce penchant irrésistible
pour le vin est la cause de bien des crimes, je ne me
dissimule pas qu'il est le moteur presque général du
travail et de l'industrie. Et en effet, combien de peines,
de dégoûts, de contradictions et de dangers le mercenaire n'endure-t-il pas et ne surmonte-t-il pas même
avec plaisir, parce qu'il est animé par l'espoir de le
faire pleinement ? Le voiturier brave sur les routes
la rigueur de la saison, excite ses chevaux au milieu
des orages ou des frimas, et marche avec ardeur
pour arriver plus tôt au misérable bouchon dont il a
mesuré la distance : déjà il semble goûter d'avance
le mauvais vin qui doit lui être offert. L'eau de vie
a un si puissant attrait pour une certaine classe d'ouvriers, qu'elle semble se complaire dans une profession hideuse et révoltante pour les sens , parce
que le salaire qui lui est attaché doit fournir à ceux
qui l'exercent une dose plus abondante de ce pernicieux breuvage. Combien de fois l'ardeur du soldat
n'a-t-elle pas été exaltée par la puissance d'un agent
si actif! Que d'êtres misérables il console de leur infortune ! C'est lui seul souvent qui nous attache à la
vie, et plus d'un mortel ne s'en est séparé que parce
qu'il avoit perdu l'espérance de goûter encore le
seul plaisir qui lui paroissoit pouvoir donner du prix
à son existence.

Voilà les inconvéniens et les avantages qu'un sage
législateur doit mettre dans la balance avant de publier un règlement qui limiteroit l'usage d'une boisson

salutaire, mais que son excès rend si funeste à la multitude.

Parmi les autres causes du vol il faut placer l'aversion pour le travail. C'est dans l'oisiveté que fermentent toutes les passions, que l'envie conçoit et nourrit des projets de rapine et de spoliation. C'est pour s'affranchir de toutes occupations longues et pénibles qu'elle médite d'envahir la propriété conquise par le travail et l'économie. Elle dédaigne des salaires légitimes; elle préfère l'indigence et même la honte de la mendicité à une médiocrité active et laborieuse. Ambitieuse dans ses désirs, elle couvoite des trésors pour satisfaire sa paresse et ses plaisirs ; elle recueille tous les conseils qui peuvent favoriser ses vœux ; elle entre sans examen dans toutes les spéculations, dans tous les complots qu'on lui présente, s'ils n'exigent qu'une activité momentanée et font luire l'espoir de retomber dans une langueur durable. Telle est la maladie morale et contagieuse qu'il est bien essentiel à un gouvernement de prévenir. Elle dégrade toute une nation, paralyse tous ses membres, frappe de stérilité ses terres, éteint l'industrie, donne à ses cités l'aspect d'une langueur mortelle, et offre le hideux contraste de quelques superbes palais avec un nombre immense de chaumières et de cabanes peuplées par la misère et le vice insolent.

Rien ne doit être oublié pour préserver les états de ce fléau destructeur. Un des moyens d'y parvenir seroit de ne tolérer la mendicité dans les villes et dans les campagnes qu'en faveur de ceux qui sont dans une impuissance évidente de travailler, de flétrir du mépris tout individu errant et vagabond qui ne rendroit aucun service à la société, et s'adonneroit au plaisir ou au repos dans les jours consacrés au travail.

Un des malheurs inséparables des empires florissans, c'est cet esprit qui agite tant d'individus et les pousse vers des emplois qu'ils se disputent et qu'ils ne peuvent obtenir. Après avoir épuisé leurs moyens et leurs facultés dans de vaines tentatives et des sollicitations importunes, ils tombent dans la misère et le découragement, et plutôt que de descendre de leurs prétentions insensées à des professions obscures où ils trouveroient une subsistance assurée, ils se livrent à l'infâme métier d'escroc ou de voleur. Que d'hommes sont devenus les artisans de leur malheur, parce qu'ils n'ont voulu qu'être des artistes ou d'importans commis! tandis que nos campagnes demandent des mains laborieuses, nos cités regorgent de filoux qui n'existent que par une pernicieuse adresse, et ne tardent pas à voir leur éclat passager se ternir dans la fange des prisons. Mais comment, sans exercer une inquisition tyrannique, aller fouiller dans le sein de toutes les familles pour s'enquérir de leurs facultés, de leurs occupations journalières, de leur fortune, de leurs dépenses, pour les contraindre à rentrer dans les limites de la probité et de l'économie? Ne risqueroit-on pas d'étouffer beaucoup de talens, de contrarier beaucoup d'es-

pérances légitimes en bannissant des cités tous ceux
qui ont le courage d'y endurer des privations jusqu'à
l'heureuse époque où leur mérite trouvera son utilité
et sa récompense ? C'est en balançant ces motifs de
crainte et de prudence qu'un sage législateur voit des
écueils de toutes parts, et marche avec circonspec-
tion pour éviter de se briser contre des mesures trop
sévères.

Hésiterions-nous à mettre au nombre des causes du
larcin, de la fabrication des faux, et même du meurtre,
cette passion effrénée du jeu qui entraîne tant d'individus dans ces embûches publiques qu'une inhumaine cupidité tend à la foiblesse et au malheur.
Que n'a-t-on pas à craindre d'un insensé qui a perdu
dans une heure ce qui pouvoit le faire vivre une année,
et qui se voit tout à coup dépouillé de son or, de ses
bijoux, de ses vêtemens? Aujourd'hui il a risqué de
perdre ce qu'il possédoit, demain il s'exposera au
danger de perdre l'argent qu'il a reçu pour un autre.
Dépositaire infidèle, il ne verra plus pour lui que la
honte et la misère; il se débattra comme un furieux
entre la crainte de s'expatrier, ou la résolution de
se donner la mort. Que dans cet état de perplexité
un compagnon d'infortune lui fasse luire l'espoir de
sortir du malheur qui leur est commun, aura-t-il la
force de repousser tous les moyens qu'on lui pré-
sentera, parce qu'ils sont contraires à la probité? Le
malheureux hésitera un instant, il se laissera aveuglément entraîner dans l'abîme du crime qui sera
sous ses pas. Si ce sont des faux qu'on exige de son

délire, sa main docile les tracera; si on lui propose
d'entrer dans un complot de spoliateurs qu'on dé-
corera d'un nom moins infâme, il en grossira le
nombre, et bientôt il ne tardera pas à devenir meurtrier pour échapper à la mort dont il se croira menacé : mais la justice le saisira dans sa course ignominieuse, le remords tardif oppressera son cœur; et
il adressera, avant d'expirer, une stérile leçon à la
jeunesse qui se portera en foule sur le lieu de son
supplice.

Telle a été l'origine de plus d'une condamnation
prononcée sous mes yeux, et qui m'ont fait maudire
ces antres où le démon du jeu appelle et dévore tant
de victimes.

Il faut encore compter parmi les sources du vol
et des crimes ces syrènes qui attirent la jeunesse, non
par leurs chants, mais par la prostitution de leurs
charmes. Peu importe à ces créatures qui sont la
honte de leur sexe, l'origine de l'argent qu'elles con-
voitent, et qui est le prix de leurs pernicieuses faveurs : lorsqu'elles ont une fois allumé les sens de
leur lâche adorateur, il devient dans leurs mains l'instrument de toutes leurs passions, et l'abreuvent d'une
censure amère s'il balance à satisfaire leurs désirs par
tous les moyens qu'elles lui suggèrent. Elles le démo-
ralisent par des exemples qu'elles mettent sous ses
yeux, et ne paroissent lui accorder leur honteuse estime qu'autant qu'il se détache de tous les principes
de l'honneur. Ont-elles une vengeance à exercer,
elles transforment leur amant en assassin ? Con-

voitent-elles une riche parure? elles exigent qu'il en
fasse la conquête, et le métamorphosent en brigand
s'il n'est pas un filou subtil : il n'est point de crimes
auquel elles ne le provoquent. A-t-il des parens
riches et dont l'existence prolongée fasse trop attendre l'héritage? elles familiariseront son âme avec le
plus épouvantable des forfaits, et lui fourniront, s'il
consent à le recevoir, le poison qui comblera des
vœux parricides.

C'est principalement dans les grandes villes que
ce danger existe pour la jeunesse : aussi les pères
doivent-ils mettre tous leurs soins à en garantir leurs
fils; et le gouvernement ne peut trop s'appliquer à
tarir ces sources d'une corruption générale, en condamnant à une réclusion illimitée et au travail ces
dangereuses créatures dont la débauche et l'oisiveté
sont les élémens, et dont la funeste existence est un
fléau pour la population et les mœurs. Quelques
hommes ont osé soutenir qu'elles étoient utiles dans
les grandes villes, et garantissoient l'innocence et la
pudeur des attaques du vice. C'est avec de semblables maximes qu'on protège tous les abus, qu'on
tolère tous les excès, et que ce qu'il y a de plus
monstrueux dans la société trouve des défenseurs.
Autant vaudroit-il soutenir qu'il faut laisser circuler
dans le commerce des liqueurs empoisonnées, pour
préserver celles qui sont pures du danger de devenir
la proie d'une soif injuste et dévorante.

Je n'ai d'autre pouvoir que celui d'indiquer le
mal et d'en montrer la cause: c'est à ceux qui sont

investis d'une plus grande puissance et d'une autorité plus imposante, à détruire jusques dans leurs racines ces arbres maudits qui ne produisent que des
fruits venimeux, et répandent au loin une ombre homicide.

Je hasarderai néanmoins de présenter, dans un
autre chapitre, à l'autorité souveraine, quelques idées
que le temps et des circonstances plus heureuses pourront faire fructifier.

CHAPITRE XII.

DU PÉCULAT ET DES VOLS PUBLICS.

Il est des crimes qui, en s'agrandissant, semblent avoir des priviléges et une destinée différente. Plus d'une fois on a vu des chefs de parti donner dans un état le spectacle scandaleux de la rebellion contre l'autorité légitime, et se rendre assez formidables pour obtenir, même en succombant, une capitulation qui les maintenoit dans leurs dignités, dans leurs titres, et accroissoit leur fortune, tandis que des séditieux vulgaires étoient arrêtés dès leurs premières clameurs, et subissoient un horrible supplice pour une démarche téméraire. Il en est ainsi de plus d'un administrateur infidèle, de plus d'un trésorier spéculateur, qui se jouent de la fortune publique et accumulent des trésors en attirant à eux seuls les sommes grossies par l'injustice et la cupidité. Bientôt, loin de dissimuler leurs larcins criminels, ils s'enhardissent par l'impunité, et dévoilent leur fraude par un luxe scandaleux, par des acquisitions importantes qui trahissent leur infidélité. Plus la masse de leurs richesses s'étend et s'accroît, plus elle semble devenir un fort inexpugnable dans lequel ils se retranchent et bravent le murmure général. Les amis qu'ils ont

conquis, les protégés qu'ils se sont créés , forment
autour d'eux une milice imposante qui étouffe la médisance et leur concilie une sorte de respect. Si dans
quelques circonstances pénibles ils savent se parer
d'un beau zèle et vendre adroitement leurs services , ils deviennent des personnages importans, et
ils ne tardent pas à jouir d'une considération que la
probité modeste n'obtiendra jamais.

Combien d'hommes sortis de l'obscurité se sont
élevés à l'existence la plus opulente, parce qu'ils ont
eu le bonheur de voiler leur premier larcin dans
de petits emplois d'où ils se sont élevés à de grandes
entreprises et à des spéculations criminelles que le
hasard a favorisées ! Si l'œil de la justice les eût
aperçus dès leur premier pas dans la route obscure
de la fraude, c'en étoit fait de leur destinée, et ces
mains qui répandent aujourd'hui l'or à profusion
seroient depuis long-temps chargées des fers de la servitude. Il est sans doute des emplois si lucratifs , des
commissions auxquelles sont attachés des gains si immenses, des bénéfices si multipliés, qu'il est possible
à la probité prévoyante d'accumuler de grandes richesses sans que la justice la plus rigoureuse puisse
en être offensée. Mais pour une de ces fortunes
irréprochables, combien n'en voyons-nous pas qui
ne pourroient pas subir l'examen de leurs progrès
rapides! Laissons en paix ces injustes possesseurs ;
ils sont arrivés au terme de leurs désirs par une route
si périlleuse et qui doit laisser tant de remords après
elle, qu'il vaut mieux les abandonner à leurs jouis-

sances luxurieuses que de jeter le trouble dans quelques familles honnêtes par des recherches trop sévères.

Il est des royaumes et des empires qui fleuriroient
dans une heureuse abondance si les impôts et les revenus qui doivent les vivifier n'étoient pas sans cesse
altérés par les hommes chargés d'en diriger le cours
vers le trésor public; mais c'est à qui mettra le plus
d'adresse et d'ardeur pour puiser dans ce fleuve qui
devroit être sacré et circuler intact dans tous les ca-
naux qui lui sont ouverts. Le péculat n'est pas seulement le crime de ceux qui, chargés de recevoir les
deniers publics, les détournent à leur profit; ils s'en
rendent également coupables les hommes qui réclament de l'état ce qui ne leur est pas dû, qui enflent
leurs prétentions par des mémoires frauduleusement
fabriqués, qui savent créer des pertes qu'ils n'ont
point éprouvées, ou les grossissent d'un dommage
apparent.

Si tous ceux qui ont juré de remplir avec fidélité
leur emploi voyoient tout à coup leurs mystérieuses
opérations mises à découvert, de quel frémissement
ne seroient-ils pas saisis, et de quelle indulgence
n'auroient-ils pas besoin pour échapper à la sévérité
de la loi! Les uns surchargent leurs états de dépenses
de commis qu'ils n'ont point employés, d'appointemens qu'ils n'ont pas payés, de gratifications imaginaires. Les autres réclament des fournitures qu'ils
n'ont jamais faites, et se présentent hardiment comme
créanciers lorsqu'ils sont débiteurs. Cette mauvaise

foi est devenue si générale , que ceux mêmes qui en sont exempts ont peine à s'affranchir du soupçon qui plane sur tous , et ce n'est pas là un des moindres inconvéniens de l'aveugle jugement de la multitude. Et en effet bien des gens en voyant qu'ils n'échappent point par une conduite scrupuleuse à l'injustice de l'opinion publique, finissent par mériter d'y être enveloppés. Il en seroit peut-être autrement si on accordoit plus d'estime à la simplicité des mœurs, à la sobriété, et si on refusoit toute considération pour l'apparence du luxe et de la richesse. C'est parce que nous dédaignons l'honnête médiocrité, que tant de gens s'efforcent d'en sortir et s'exposent à la honte d'être renvoyés du poste où l'autorité souveraine les a placés.

Je le sais, des exemples puisés dans l'antiquité ne font plus d'impression sur des peuples qui en sont aussi loin par leurs mœurs que par les siècles qui les en séparent. J'oserai cependant le dire, si ceux que nous nommons fonctionnaires publics avoient une parcelle des vertus d'*Epaminondas*, qui ne dédaigna pas d'accepter l'emploi subalterne, et sous lequel l'envie essaya de ternir ses qualités brillantes, au lieu de s'agiter pour parvenir à des places supérieures, ils rempliroient leur devoir avec un zèle si actif et une probité si austère, que bientôt le suffrage public les envelopperoit de tant d'estime et de reconnoissance qu'ils se trouveroient riches dans la pauvreté et grands dans l'abaissement. Ce n'est pas en paroissant rougir de la médiocrité de son emploi et en le remplissant

avec dédain ou négligence, qu'on se montre digne
d'être porté à celui qui le domine.

Il ne faut pas nous le dissimuler, c'est d'abord la
crainte de paroître pauvre qui conduit tant d'employés à l'infidélité : bientôt l'ambition de se montrer
opulent élargit la voie du crime, et loin de rougir
de ses premières fautes, on se reproche d'avoir hé-
sité d'en commettre de plus grandes.

Lorsque les employés sont parvenus à cet état de
perversité générale, il n'y a plus qu'un vœu à faire,
c'est que la passion du luxe pénètre dans toutes leurs
ames et les aveugle assez pour les forcer de restituer
au public l'argent que leur cupidité a détourné. Ce
qui pourroit arriver de pire pour la nation victime
de tant de rapines, seroit que l'avarice se joignît à
la fraude et ensevelît ses larcins.

Les grands exemples de sévérité peuvent sans doute
comprimer le péculat ; mais le plus sûr moyen de
le déraciner seroit de mettre plus de choix dans les
emplois inférieurs, d'y attacher un salaire suffisant
pour la subsistance de l'individu chargé de les exercer,
et d'élever progressivement à des grades supérieurs
ceux qui auroient donné des preuves d'une capacité
et d'une fidélité bien reconnues. Les sacrifices que
l'état feroit pour assurer une retraite honorable à
ses fidèles fonctionnaires ne seroient point perdus ;
l'espérance de la mériter seroit un encouragement
pour la probité, et enleveroit une excuse à la foiblesse.

S'il est de la justice d'un gouvernement de punir

la fraude, il est encore plus de son intérêt de la prévenir en l'étouffant à sa naissance.

L'attachement à la patrie est une des plus fortes
sauvegardes contre le péculat ; mais comment parler
de la patrie dans un moment où le titre de citoyen
a perdu tout son lustre, parce que tant d'individus
qui lui étoient étrangers ont osé s'en parer, et l'ont
souillé par le crime et la débauche? Cependant il
faudra bien un jour s'efforcer de lui rendre son antique éclat, et rétablir au nombre des plus grandes
peines la honte d'en être dépouillé.

Attendons, si l'on veut, pour cette époque salutaire le moment où le souvenir de nos erreurs sera
totalement effacé, et où toutes les nations, subju-
guées ou protégées par la puissance de nos armes,
ne verront rien de plus grand dans les combats et
de plus généreux dans la victoire, que ce même peuple
qui a été pendant quelques années l'objet de la haine
et de la terreur de l'Europe, et où chacun de nous
pourra dire de lui avec fierté, comme sous les belles
années du règne de Louis XIV : *J'ai l'honneur d'être*
Français.

CHAPITRE

CHAPITRE XIII.

CONCLUSION.

Si nous n'étions pas pressés de sortir de cette fange de crimes dans laquelle le sujet que nous traitons a plongé notre esprit et nos méditations, nous aurions encore beaucoup de choses à dire sur des larcins qui ont un caractère particulier, tels que ceux qui se commettent dans des maisons hospitalières, dans des temples, dans les établissemens publics, dans les propriétés impériales, ou qui s'étendent sur des objets confiés à la foi publique et doivent avoir pour sauvegarde l'honneur national. Il est certain que plus les lieux sont accessibles à la multitude, plus les objets qui en constituent la richesse sont faciles à dérober; et c'est par cette raison qu'il est nécessaire de leur imprimer un respect particulier. Si le voyageur qui est heureux de trouver sur sa route une hôtellerie où il puisse se reposer de ses fatigues et reprendre de nouvelles forces, abuse de l'hospitalité qu'il reçoit, quoiqu'elle ne soit pas comparable à celle que nos aïeux s'empressoient d'exercer envers l'étranger, et qu'elle ait un motif bien différent; il se rend bien coupable, puisqu'il est admis sans examen, et qu'il peut user librement de tout ce que possède l'hôte qui le reçoit. L'infidélité qu'il

13

commet jette le soupçon et la défiance dans un lieu
où doivent régner la franchise et l'affabilité; elle
altère, elle corrompt le sentiment distinctif de l'humanité, et expose le voyageur loyal à des recherches
et à des affronts, ou au moins à des mesures de
prudence qui l'offensent. C'est donc avec raison que
la loi prononce des peines plus graves contre les
coupables de ce délit, et les assujétit à une captivité dont elle a reculé les limites.

L'équité réclamoit la même sévérité contre tous
ceux qui abusent de l'exercice des cultes ou de la
grandeur royale pour s'introduire dans des édifices
où l'on suppose à tous ceux qui s'y introduisent des
sentimens purs et religieux. Elle a dû également
prendre sous une protection particulière les objets
qui, par leur nature, ne sont pas susceptibles d'être
renfermés dans la demeure du propriétaire.

Ce sont ces distinctions qui donnent à un peuple
les signes caractéristiques de la civilisation, et prou-
vent qu'à la différence des peuples sauvages, tous les
objets capables de tenter la cupidité de l'homme
n'appartiennent point aux premiers qui s'en empa-
rent, et qu'il existe une autre propriété bien plus
sacrée que celle de la force ou de l'adresse.

Il résulte de tout ce que nous avons dit dans les
chapitres précédens, que si le vol paroît d'abord être
dans la nature grossière de l'homme, il peut être
réprimé par l'éducation; qu'ainsi ce vice se rencontre
plus fréquemment dans la classe malheureuse où l'on
a négligé de répandre les semences de l'instruction

et de la morale, que l'on n'a jamais échauffée par
les sentimens de l'honneur, et dont on a livré l'enfance à la contagion des mauvais principes et des
funestes effets de l'exemple. Il en faut aussi conclure
que s'il se commet plus de larcins dans les grandes
villes que dans les petites cités, c'est parce que les
grandes populations offrent plus d'oisifs et de causes
de perversité; mais la conséquence la plus importante à en tirer, c'est que, quelque répressibles,
quelque sévères que soient les lois, elles lutteront
bien moins contre le penchant naturel de la multitude à s'approprier ce qu'elle désire, que l'influence
d'une bonne morale, d'une instruction salutaire,
d'une autorité qui, secondant le pouvoir paternel,
arrachera la jeunesse à l'oisiveté, et la contraindra
d'embrasser une profession utile et lucrative.

FIN DE LA SECONDE PARTIE.

13.

TROISIÈME PARTIE.

CHAPITRE PREMIER.

IDÉES GÉNÉRALES SUR QUELQUES DÉLITS MORAUX.

AVANT de passer à l'examen des formes qui doivent précéder les condamnations, qu'il me soit permis de m'arrêter sur un sujet qui n'est point étranger à celui que j'ai traité dans les chapitres précédens, quoique les criminalistes ne s'en soient jamais occupés.

Il existe sur la terre deux justices bien distinctes, celle des tribunaux et celle de l'opinion publique ; chacune d'elles a son attribution, son ressort, son code pénal. La première, armée d'un glaive, emprisonne, condamne à la servitude et frappe de mort ; l'autre, moins terrible, improuve, blâme et flétrit. Les hommes délicats redoutent celle-ci ; les hommes dépravés la bravent et ne craignent que les regards et la puissance de l'autre : ces deux justices sont éga-

lement sujettes à l'erreur et n'ont point une jurisprudence constante.

Il est des époques où la justice de l'opinion publique modifie ses arrêts, absout celui qu'elle auroit
condamné, ou condamne celui qu'elle auroit trouvé
irréprochable dans un temps plus reculé. Les mœurs
générales ont une grande influence sur ses décisions,
et une rigide équité ne les dicte pas toujours. L'homme
frappé d'un arrêt injuste peut appeler de ce tribunal
à celui de sa conscience, et lorsqu'il y est acquitté
il peut marcher avec assurance, lever un front auguste et opposer le calme de la vertu aux murmures
de la prévention ; mais pour une victime de cette
erreur et qui peut se flatter de trouver en elle ce noble
refuge, mille autres n'ont plus qu'à baisser humblement la tête et à passer sous le joug de la censure.

On pourroit encore diviser les délits qui sont du
ressort de cette justice en délits publics et en délits
privés. On placeroit à la tête celui de lèse-humanité,
qui se montre sous tant d'aspects différens. Celui-là
s'en rend coupable sans doute qui de la hauteur
d'une opulence fastueuse insulte à la misère de ses
semblables, dédaigne de les reconnoître pour tels,
ne leur tend jamais une main secourable dans leur
indigence, ferme son cœur à tout sentiment de commisération, et calomnie le pauvre pour se dispenser
de le soulager. Il seroit encore bien plus criminel si,
spéculant sur l'impérieux besoin de l'humanité, il
abusoit de sa détresse pour diminuer le salaire des
journaliers et mettre à une contribution tyrannique

les forces et les facultés de l'artisan; si son avarice
exhaussoit par des calculs homicides le prix des denrées
de première nécessité. La haine et l'indignation générale qui le poursuivroient jusque dans son palais ne
seroient qu'un foible châtiment de son odieuse cupidité ; une opulence grossie par des moyens si cruels
et si dénaturés seroit la honte du propriétaire et de
sa postérité. Un autre délit qui offense aussi l'humanité seroit celui d'un riche célibataire qui, se sé-
parant de la chaîne des pères de famille, alimente
ses désirs par des séductions toujours nouvelles, et
en rejette les fruits dans la misère et dans l'obscurité;
l'or qu'il distribue est un poison corrupteur de l'innocence et qui ne produit que des germes de déshonneur. Plus il donne d'éclat à sa débauche et à ses
triomphes, plus l'opinion publique doit le ravaler
et le couvrir d'ignominie. Les êtres qu'il a créés lui
doivent une existence si misérable qu'ils ont souvent
à regretter le néant d'où il les a tirés. Les gémissemens qu'ils poussent, les besoins qu'ils éprouvent,
sont autant de cris accusateurs contre son ame dé-
naturée.

Pourquoi ne rangerions-nous pas dans la même
classe celui qui se fait un jeu d'isoler le malheureux
en lui enlevant sa force et son espérance; en lui retirant l'idée consolante d'un avenir plus heureux?
Dans sa foiblesse, au milieu des douleurs qu'il endure, il se flattoit d'avoir un témoin de sa patience
et de sa résignation; il se disoit : « Mes souffrances
sont comptées, mes prières sont entendues; si j'existe

misérable, si je suis pour les autres un objet de
mépris ou de pitié, un jour viendra où mon sort sera
changé, et ceux qui me dédaignoient s'estimeroient
heureux de le partager. » En supposant même que
cette douce confiance ne fût qu'une illusion, ce que
nous sommes loin d'admettre, ne seroit-ce pas un
acte de cruauté que de s'efforcer de la dissiper par
un système pervers et des maximes décourageantes?
C'est donc avec raison que l'opinion publique blâme
et flétrit le matérialisme déhonté et le professeur
d'athéisme.

Nous avons dit qu'il étoit des délits moraux que
l'on pouvoit considérer comme publics. Nous envisageons sous cet aspect l'atteinte portée à l'amour et
au respect d'un gouvernement protecteur ; elle affoiblit et mine sourdement les relations du sujet avec le
souverain, finit par les rendre étrangers l'un à l'autre,
et amène cette terrible catastrophe qui est une source
de calamités pour tous les peuples, soit qu'ils triom-
phent, soit qu'ils succombent dans leur insurrection
téméraire.

Ce délit, qui est sans doute du ressort des tribunaux lorsqu'il se montre au grand jour, se couvre
souvent du masque du patriotisme et d'une affection
populaire. Semblable à celui de l'incendiaire, il
voile sous les apparences d'une lueur salutaire la
flamme qui doit produire le funeste embrasement
qu'il a projeté ; et ce n'est que lorsque tout est en
feu, et que chacun est occupé de garantir son habitation de l'incendie général, que le coupable ose se

montrer à la tête des spoliateurs et se glorifier de son succès; mais le moment arrive où se montre un génie réparateur qui met un terme au ravage des méchans et aux fureurs des insensés; il calme tous les esprits, fait succéder la sécurité à la terreur. Comparable à l'ange de lumière dans les mains duquel la puissance céleste a remis une épée flamboyante, il glace d'épouvante tous les agitateurs, et trace à la sédition des limites qu'elle n'ose plus franchir.

Si une amnistie générale a préservé les coupables de la sévérité des tribunaux, la justice de l'opinion publique ne les inscrit pas moins sur son livre, apprécie leurs forfaits et imprime sur leur front le sceau d'une ignominie qu'une longue vie ne peut plus effacer.

Il est aussi des délits privés qui sont également du ressort de l'opinion publique et dont elle seule peut faire justice. C'est dans le sein des familles qu'il faudroit les aller chercher; c'est là qu'ils affligent l'œil de l'étranger qui les observe. La cupidité, la jalousie, la débauche, la paresse et l'égoïsme en sont les sources intarissables. Eh! qu'y a-t-il de plus commun que de voir des fils dénaturés laisser languir les auteurs de leurs jours sans consolation, sans assistance, et ajouter au chagrin de la vieillesse et des infirmités le regret de n'avoir produit que des ingrats! Peut-il se flatter d'échapper à la censure publique celui qui, après avoir, sous des promesses flatteuses, engagé une jeune personne à unir sa destinée à la sienne, à mettre ses affections sous la sauvegarde de son honneur et de sa loyauté, sacrifie les intérêts de sa compagne à ses infidélités, et fait d'une dot qui devoit fructifier sous ses mains un instrument de débauche et de corruption?

Et vous qui avez quelquefois employé la séduction et vous êtes paré des dehors de l'innocence et de la vertu pour attirer sous votre empire le possesseur d'un riche héritage, qui lui avez fait espérer, pour prix de sa générosité, amour et fidélité, croyez-vous que l'opinion publique ne vous arrêtera pas dans votre course légère, et se laissera séduire par vos charmes, en faisant grâce à votre parjure et à l'oubli de tous vos devoirs d'épouse et de mère?

Plus les conditions sont obscures, plus les délits moraux qui s'y rencontrent ont un aspect triste et hideux. Il faut en convenir, l'opulence et les dignités répandent presque toujours un vernis brillant sur leurs vices; mais ceux du peuple sont si révoltans et se montrent tellement à découvert qu'on ne peut en soutenir la vue.

CHAPITRE II.

DE CE QUI DOIT PRÉCÉDER LES CONDAMNATIONS.

DEUX sentimens doivent partager l'ame des ministres de la justice : la crainte de rendre le crime impuni,
et une terreur plus grande encore, celle de faire tomber
le châtiment sur la tête d'un innocent. C'est sans doute
un malheur de laisser errer un coupable dans la carrière du crime, d'enhardir, par l'exemple de l'impunité, des hommes pervers à marcher dans la même
route : cette dangereuse inertie multiplie les vols, fait
croître le brigandage et laisse circuler dans le corps
social un poison qui le corrompt et finiroit par le détruire. Mais une aveugle sévérité qui, sur un simple
soupçon ou sur une délation imprudente, frapperoit
indistinctement tous les accusés, seroit plus funeste
encore à la société. Eh! quel homme, quelque pures que
soient ses mœurs, peut se flatter d'échapper, pendant
le cours de sa vie, à une accusation téméraire, à des
apparences trompeuses? Dans quelle anxiété le juste
existeroit-il si, lorsque sa conscience ne lui fait point
de reproches, il avoit à craindre d'être, pour un évènement qui lui est étranger, traduit devant un tribunal,
et condamné à subir une peine qu'il est si loin d'avoir
méritée! Autant l'activité de la justice jette le trouble

parmi les méchans et réprime leur audace, autant
elle doit répandre la sécurité parmi les bons : c'est de
la confiance publique dans ses lumières et dans son
intégrité que résulte le calme de la vertu. Il faut que
chacun puisse se dire en passant devant un tribunal :
« Là, siège l'équité; si j'avois le malheur d'y être
» amené, d'y soutenir une lutte contre la calomnie,
» je triompherois de ses efforts, je serois écouté avec
» indulgence et sagesse, la prévention n'approcheroit
» point de l'esprit de mes juges, et ils éprouveroient
» plus de plaisir à m'absoudre, que je n'aurois res-
» senti d'effroi en paroissant devant eux. » Lorsqu'un
tribunal criminel est envisagé sous cet aspect, loin
d'avoir rien de redoutable pour les habitans des villes
et des campagnes, il les rassure, il leur imprime un
sentiment de respect et de reconnoissance. Ses arrêts
semblent être autant d'émanations d'une autorité tu-
télaire; tout ce qu'il y a de probe et de vertueux dans
un état est disposé à lui servir de rempart et à former
une redoutable enceinte pour ses membres.

C'est une tâche bien triste, bien pénible, qu'on s'impose en se dévouant à la continuelle recherche du
crime et à son impitoyable condamnation. Avant d'embrasser une profession qui exige tant de lumières et
tant de fermeté, il faudroit mesurer ses forces et savoir apprécier ses facultés physiques et morales, se
bien pénétrer de la hauteur et de l'importance de ses
fonctions, être capable de leur sacrifier ses plaisirs,
ses affections, son intérêt personnel, ne vouloir conserver que l'estime de soi-même et conquérir celle des
autres par une intégrité inaltérable.

Je me plais à croire que le plus grand nombre de ceux qui ont été élevés à cet auguste ministère en sentent toute l'importance, en connoissent tous les devoirs, sont capables de tous les grands sacrifices qu'il exige, sont bien éloignés de l'avoir sollicité par d'autres vues que celles du bien public; mais s'il en étoit parmi eux qui l'eussent considéré comme un état lucratif, qui en reçussent les indemnités comme un salaire, qui, pour le conserver, fussent capables de fléchir devant des considérations honteuses, qui envisageassent dans leur ministère plus l'avantage de dominer que l'honneur de se faire estimer; combien il seroit à souhaiter que de pareils hommes fussent entraînés par la fortune dans des emplois plus rapprochés de leur passion et de leurs sentimens vulgaires.

Lorsque les apparences d'un délit viennent de frapper l'œil de la justice, deux choses doivent d'abord l'occuper : la première de s'assurer que le délit existe, la seconde d'en découvrir les auteurs. Ainsi, pour nous rendre plus intelligible, un homme vient d'être frappé de mort; son corps sanglant languit sur une route ou à l'entrée d'une forêt : voilà bien la présomption d'un assassinat qui doit s'élever dans tous les esprits; mais avant de jeter l'effroi dans le voisinage par une information rigoureuse, le juge auquel cet évènement est dénoncé fera examiner si l'individu qui a cessé d'être ne seroit pas lui-même l'auteur de sa destruction, si, près de lui, on ne découvriroit pas l'arme qui lui a donné la mort, si quelques papiers n'indiqueroient pas la cause de son homicide, si de l'argent ou des effets trouvés sur lui portent à croire que la vengeance et la haine ont guidé le bras d'un assassin : c'est d'après plusieurs observations préliminaires que la saine équité se déterminera à penser qu'il existe véritablement un assassinat , asseoira ses conjectures et dirigera ses recherches.

Une grange isolée et qui renfermoit la principale richesse d'un cultivateur est devenue la proie des flammes. La méchanceté ou un accident fortuit a-t-il produit ce malheur? La famille qui en est la victime fait retentir le hameau de ses gémissemens; dans sa douleur, dans son désespoir, elle ne montre qu'égarement ; elle ne sait sur qui elle doit faire porter son accusation ; elle veut trouver un coupable , elle le cherche : mais quel est-il ? La justice qu'elle invoque se transporte sur le lieu, qui n'offre plus qu'un monceau de cendres : elle gémit du désastre qui afflige ses regards ; mais plus d'une cause innocente a pu opérer la destruction qui réclame son autorité surveillante. Un serviteur imprudent n'auroit-il pas laissé échapper une étincelle capable d'étendre un aussi funeste incendie? Enfin on parvient à découvrir que quelques enfans ont allumé près de la ferme un feu destiné à cuire de grossiers alimens, et qu'en s'éloignant ils ont négligé de l'étouffer; un vent impétueux qui s'est élevé pendant la nuit a poussé vers la grange des charbons ardens qui l'ont enflammée. Voilà l'idée du crime effacée. La justice a terminé sa tâche , il ne reste plus qu'à l'humanité à remplir le devoir imposé à l'opulence.

Une plainte, une dénonciation ou un procès-verbal, telles sont les bases d'une instruction criminelle ; mais lors même qu'ils constatent un délit, ils n'indiquent pas toujours le vrai coupable, et s'ils le désignent, ils sont loin de fournir encore la preuve qui doit asseoir une condamnation. C'est à cette époque que l'impassible équité du magistrat doit se manifester.

Voilà une accusation, il faut examiner si elle est fondée. Voici un accusé désigné, il faut l'entendre. On fournit des indices, des preuves contre lui ; la justice va les peser, les éclaircir : elle se place avec une rigide équité entre le plaignant et l'accusé ; elle examine l'existence de l'un et celle de l'autre, l'intérêt que le premier peut avoir à charger celui-ci du crime qu'il a dénoncé ; elle ne confond point les doutes avec les certitudes ; si elle est forcée d'isoler l'accusé, de lui interdire toute relation avec ses amis, avec ses proches, elle demeure sa compagne ; il peut l'invoquer à toutes les heures, la rendre dépositaire de toutes ses pensées, lui communiquer toutes les instructions qui peuvent le justifier ; il doit être assuré que tout ce qu'il avance sera vérifié, et que s'il endure injustement une captivité pénible, son innocence ne tardera pas à être connue, tout le poids de l'accusation sous lequel il gémit retombera sur la tête de son accusateur. Mais aussi il doit craindre que ses hésitations, ses mensonges, ses contradictions, ne forment contre lui un faisceau de preuves qu'il ne pourra plus briser, même à l'aide du défenseur le plus éloquent.

Lorsque le juge instructeur n'a plus devant les yeux

le nuage de l'incertitude, et que la conviction du crime
et du coupable a pénétré dans son esprit et s'en est
emparé, il ne doit rien négliger pour affermir l'opinion de ceux qui prononceront le jugement qu'il a
déjà prévu ; car ce n'est pas sur sa pensée que portera
l'arrêt fatal, ce sera sur les preuves dont il fortifiera
l'accusation : il aura donc eu l'attention de faire déposer tous les témoins capables d'ajouter quelques
lumières sur l'affaire confiée à son intégrité; il réunira
tous les indices qui s'élèvent contre l'accusé, et l'en-
vironnera de tant de preuves, que le crime ne
pourra pas trouver d'issue pour échapper au châtiment qui le poursuit et qu'il a mérité.

En voilà assez pour faire sentir combien il est essentiel que cette magistrature nouvellement créée, sur
laquelle repose la sûreté publique, ne soit conférée
qu'à des hommes d'un mérite éminent, et non à ces
praticiens vulgaires qui osent la solliciter et parvien-
nent quelquefois à l'obtenir. Ce magistrat donne le
mouvement et l'activité au directeur du jury, paralyse
son pouvoir, tient sous sa main la liberté et l'honneur
des citoyens; s'il n'a pas la puissance de condamner,
il a celle d'allumer ou d'assoupir les accusations, de
prolonger les emprisonnemens, de les multiplier sous
le prétexte d'éclairer la justice et de réunir les preuves
qu'il recherche. A combien d'abus et de vexations une
pareille autorité n'exposeroit-elle pas le repos des familles, si elle étoit confiée avec légèreté à un homme
susceptible de préventions et de ressentimens ! Mais
ne faisons pas à un magistrat l'injure de le soupçonner

assez inique pour se laisser diriger par des affections
personnelles et encore moins par un intérêt sordide :
craignons seulement qu'il ne soit quelquefois égaré
par le défaut de lumières ou par un zèle immodéré;
il iroit en sens contraire de son institution, s'il donnoit une confiance aveugle à des délations hasardées,
à des plaintes d'une femme jalouse ou irritée, à celles
d'un enfant dirigé par les inspirations de la cupidité,
au rapport d'un garde ignorant ou prévaricateur.

Mais combien il seroit précieux si, déployant une
sévérité active et rigide contre le brigandage, il sa-
voit entrer dans l'esprit de la loi et modérer à propos
sa sévérité, en jetant le voile de l'indulgence sur les
écarts d'une jeunesse inexpérimentée.

Qu'il me soit permis de rappeler ici l'entretien que
j'eus il y a quelque temps avec un magistrat de sûreté,
qui exerce son ministère dans un département éloigné
de la capitale. J'avois eu l'avantage de le rencontrer
dans une maison où il alloit habituellement; il m'avoit
parlé avec beaucoup trop d'éloges de quelques arti-
cles épars dans le Répertoire de jurisprudence ou ensevelis dans la nouvelle Encyclopédie. Un jour que
j'allois lui rendre visite, je le trouvai absorbé dans de
profondes réflexions: Je veux, me dit-il, avoir votre avis
sur un acte de justice privé que j'ai résolu de remplir.
Je tiens depuis dix jours sous un mandat de dépôt trois
jeunes villageois qui ont mérité d'être corrigés, mais
qui seront trop punis si la loi les atteint : l'un est tis-
serand et passe dans son village pour un ouvrier laborieux; l'autre est un charron auquel on n'a jamais eu

de

de reproches à faire ; le troisième, après avoir obtenu
son congé, est revenu cultiver l'héritage de son père,
fait vivre de ses sueurs une veuve et deux jeunes frères.
Ces trois jeunes gens, revenant un soir de la danse,
échauffés par le plaisir et peut-être par le vin, pas-
sèrent près d'une maison isolée et dont ils connoissoient
le propriétaire : ils n'ignoroient pas qu'il nourrissoit
des lapins ; ils formèrent le complot de lui en enlever
deux. Cette malheureuse idée n'eut pas plutôt fer-
menté dans leur tête, qu'ils s'occupèrent de la réaliser. A l'instant, l'un s'applique au mur, le second
s'exhausse sur les épaules de son compagnon, et parvient à descendre dans la cour, pendant que le troisième est aux aguets et observe si ses complices ne
seront pas découverts. Celui qui s'est introduit dans
la maison se hâte de briser quelques barreaux fragiles qui retiennent les animaux captifs, il en tire deux,
les jette à ses camarades qui les reçoivent et l'aident à
se rejoindre à eux. Les trois étourdis s'enfuient bien
joyeux, et vont cacher leur larcin, autour duquel ils
se réunissent le lendemain dans un cabaret qui
n'est pas éloigné. Cependant le propriétaire s'est déjà
aperçu du vol qui lui a été fait, de l'effraction qui l'a
précédé ; il se répand en injures et en menaces contre
ses auteurs, se transporte chez le maire qu'il invite à
venir chez lui pour reconnoître le larcin et en constater
toutes les circonstances : un procès-verbal est dressé
sur la plainte de l'accusateur, et malheureusement
l'indiscrétion des coupables les fait bientôt découvrir ;
ils me sont dénoncés, et je les fais conduire tous les

trois en prison. A peine y sont-ils, que des parc
viennent implorer mon indulgence. Le plaignant, am-
plement dédommagé, unit sa voix à celle des mères
éplorées. Je vérifie tous les faits, je recueille tous les
témoignages qu'on me présente, j'enjoins au geolier
de retenir les trois captifs au secret, de ne leur accorder d'autres alimens que ceux qui sont délivrés à
l'indigence, et je médite en silence sur le parti que je
dois prendre à leur égard.

Voici le raisonnement que je me fais : si je veux
traduire ces malheureux devant la police correctionnelle, on m'objectera que leur faute est accompagnée
de circonstances aggravantes qui rendent ce tribunal
incompétent ; si je rédige contre eux un acte d'accusation, un premier juri, n'osant pas les absoudre, les
envera devant la cour de justice criminelle. Là, on
posera cinq questions principales : *Y a-t-il eu vol?*
Le vol a-t-il été commis la nuit ? A-t-il été accom-
pagné d'effraction ? A-t-il été précédé d'escalade?
A-t-il été commis par plusieurs ? Les jurés ne pourront se dispenser de prononcer sur ces questions d'une
manière affirmative, et les juges seront contraints de
condamner à quatorze années de fers ces trois villageois, dont l'un étoit sur le point de contracter une
alliance avantageuse. Le jour où ils seront exposés sur
l'échafaud, ils se trouveront peut-être placés avec
quatre brigands dont j'ai provoqué la condamnation
pour s'être introduits dans une maison de campagne
qu'ils ont dévastée, en contenant par la terreur de
leurs armes deux domestiques incapables de leur ré-

sister. Ces condamnés iront dans la même charrette
aux galères, seront couverts du même vêtement, traî-
neront la même chaine pendant le même nombre
d'années. Je vous l'avoue, l'idée d'un aussi horrible
rapprochement et pour deux causes si différentes me
fait frémir, et dût on m'accuser de trop de foiblesse,
je suis déterminé à étouffer ce délit dans le silence et
à renvoyer mes trois étourdis à leurs travaux, après
les avoir pénétrés d'effroi sur les conséquences qui
devoient résulter de leur larcin.

Pendant ce discours, j'étois plus ému que celui qui
me l'adressoit, et pour toute réponse, je le serrai dans
mes bras et ne lui répondis que ce peu de mots.
» Homme estimable, continuez d'honorer par vos
» vertus et par vos lumières la place que vous occupez;
» n'en ambitionnez pas d'autre, vous ferez plus de
» bien avec votre discernement que tout un tribunal
» avec son équité. »

CHAPITRE III.

CONTINUATION DU MÊME SUJET.

Par quelle fatalité depuis que les François ont paru sentir tout le prix de la liberté et ont fait tant de sacrifices à son image trompeuse, les emprisonnemens sont-ils devenus plus fréquens que jamais? Je ne veux point parler de ceux que la prudence conseille à la naissance d'un gouvernement qui fait des ingrats ou des mécontens. Il n'est ici question que de ces détentions judiciaires qu'une institution nouvelle commande au nom de la loi.

Une ordonnance, dictée par la sagesse et l'humanité, avoit établi une échelle de décrets qui éloignoit de la captivité et sembloit n'offrir l'horreur de la prison qu'à l'opprobre du vice ou à la certitude du crime.

Un décret *d'assigné pour être ouï* étoit déjà une tache pour un citoyen; celui *d'ajournement personnel* suspendoit un officier public de ses fonctions et séparoit le prêtre de l'autel, dont il ne pouvoit plus approcher. Lorsque le décret *de prise de corps* atteignoit un domicilié, un chef de famille, un grand propriétaire, le voile du soupçon sembloit s'étendre sur sa personne, et déjà ses parens, ses

proches, redoutoient pour lui une condamnation déplorable.

Il en est bien autrement aujourd'hui : la plainte
la plus indiscrète, l'accusation la plus téméraire, la
dénonciation la plus calomnieuse, mettent, sans distinction d'âge, de fortune, de profession, tous ceux
qui en sont l'objet en danger de perdre la liberté
et d'être confondus parmi ce qu'il y a de plus vil et
de plus criminel.

Un mandat d'amener lancé pour la forme, lorsqu'il n'est pas précédé d'un mandat de dépôt, est
presque toujours suivi d'un mandat d'arrêt. On ne
manquera pas de m'objecter que la loi est venue au
secours du captif et veut qu'après son interrogatoire
il soit mis en liberté en donnant caution; mais,
d'abord, n'est-ce rien pour un honnête domicilié
que d'être enlevé à ses foyers, d'être arraché du
sein de sa famille pour être traîné ignominieusement
en prison, y demeurer enseveli pendant quatre ou
cinq jours, jusqu'à ce qu'il soit admis à présenter
cette caution et à la faire recevoir? Cette faveur est-
elle générale pour tous ceux qui peuvent offrir la
sûreté qu'exige la loi? Ne se borne-t-elle pas aux
simples délits qui sont du ressort de la police correctionnelle?

Un ennemi obscur et sans existence, qui ne présente aucune prise à l'indemnité, peut, en vous en-
veloppant dans une accusation grave et mensongère,
non-seulement vous priver de la liberté momentané-
ment, mais encore river vos fers jusqu'à une absolu-

tion définitive, en provoquant contre vous un mandat d'amener pendant votre absence : il a la certitude
de le transformer bientôt en mandat d'arrêt, et armé
de cette pièce redoutable, il vous fera saisir et gar-
rotter jusqu'aux extrémités de l'Empire ; il fera plus
encore, il vous atteindra chez l'étranger et vous y
fera éprouver une captivité honteuse jusqu'au moment où vous pourrez être transféré dans la prison désignée par ses premières hostilités. Ceci n'est
point une exagération. Il n'y a pas encore, au moment où j'écris, plus de deux années qu'un négociant
exposa à la justice qu'il étoit victime d'une fraude
punissable. D'après la plainte qu'il rendit, on lance
contre l'associé qu'il a dénoncé un mandat d'amener ;
l'accusé étoit en Italie et ne put se rendre, par cette
raison, devant le juge au jour indiqué ; tout à coup,
et sans autre examen, un mandat d'arrêt le place sous
la main de la force armée : l'actif accusateur le poursuit dans quelques régions de l'Italie où il éprouve
des refus qui ne le rebutent point ; il apprend que
son associé est allé terminer une affaire à Naples, il
s'y transporte, et à la faveur du mandat qu'il montre,
il invoque l'assistance d'un pouvoir protecteur, et
parvient à faire enchaîner sur une terre hospitalière
le tranquille voyageur. A cette époque, les feux du
Vésuve menaçoient tous les édifices d'un bouleverse-
ment général ; des habitans épouvantés avoient abandonné leurs demeures et erroient dans les plaines :
les prisonniers craignoient d'être écrasés sous les
murs qui arrêtoient leurs pas, et ce ne fut qu'au mo-

ment où une grande perfidie osa se manifester que le
François captif recouvra sa liberté. Cependant son
épouse, qui la sollicitoit en vain depuis quelques
mois, se présente avec une procuration au tribunal
de la cour de justice séant à Versailles; elle y dé-
montre qu'un acte bien solennel et bien authentique
a réglé le compte des deux associés, et que si l'un est
encore débiteur de l'autre, on ne peut exercer contre
lui qu'une action civile : le tribunal est frappé de cette
vérité, il renvoie l'accusation et l'accusé devant les
tribunaux ordinaires.

Je n'ai rapporté ce fait dans toute son étendue que
pour démontrer combien il est essentiel que le magistrat qui reçoit une plainte examine avec attention
si celui qui réclame sa sévérité est autorisé à intenter
une action criminelle. Il en résulte aussi qu'il est
très-important de faire constater, avant de transformer un mandat d'amener en mandat d'arrêt, si l'accusé, en ne déférant point au premier, a été retenu
par une force majeure, ou s'il s'y est refusé par une
rébellion coupable.

Je ne répéterai point ici ce que j'ai dit ailleurs sur
le régime des prisons, sur la nécessité de concilier la
sûreté de ces lieux avec la salubrité de l'air, de permettre à celui qu'on y dépose de s'isoler du crime,
de ne pas lui interdire les moyens de se donner les
soins d'une propreté habituelle, et de se garantir au
moins de l'importunité de ces insectes qui s'attachent
à l'humanité, la dévorent le jour et lui enlèvent jusqu'à la douceur du sommeil.

Je me le rappelle, lorsque je publiai pour la première fois quelques réflexions philosophiques sur le
sujet qui m'occupe aujourd'hui, le vénérable président d'Ormesson me dit d'un air de bonté auquel se
mêloit néanmoins un sourire ironique : « Votre ou-
» vrage sur la civilisation me fait grand plaisir; mais
» si l'on adoptoit toutes vos idées, il faudroit don-
» ner à chaque prisonnier un appartement complet. »
Je ne demande, lui répliquai-je, pour ce misérable,
que la cellule d'un pauvre moine, où il puisse demeurer solitaire et se nourrir de ses tristes pensées.
Hélas! cet estimable magistrat étoit bien loin de prévoir que, sous peu d'années, son fils, les présidens
Molé, Gilbert de Voisins, Rosambo, Malesherbes,
et enfin ce qu'il y avoit de plus vénérable dans la magistrature, seroient réunis, entassés dans la Concier-
gerie, et n'en sortiroient que pour monter dans une
charrette et offrir à une populace nombreuse le spectacle douloureux d'une destruction prochaine.

Rien ne nous éclaire sur l'avenir, l'expérience du
passé est perdue pour nous. A l'indifférence que l'on
remarque chez tous ceux qui errent aujourd'hui en
liberté sur le sort des prisonniers, on seroit tenté de
croire que nul d'entre eux n'a même à craindre le
soupçon qui peut lui faire éprouver les mêmes privations et la même contrainte.

Je ne reviendrai pas non plus sur ce que j'ai dit à
l'égard des témoins, et de ces distinctions plus sub-
tiles que justes qu'on s'est proposé d'établir entre le
témoin légal et celui que l'on qualifioit de *témoin*

nécessaire. La conviction de la justice se compose de tous les élémens qui peuvent produire la vérité. L'ingénuité d'un enfant, la véracité d'un vieillard décrépit, la candeur d'une jeune villageoise, sont souvent d'un plus grand poids que l'assurance d'un beau diseur qui mêle ses conjectures aux faits qu'il raconte, et s'occupe plus de satisfaire l'oreille du juge que d'éclairer son esprit.

Tant de délits se commettent dans l'obscurité de la nuit, dans l'isolement des routes, dans le silence des forêts, qu'il en demeureroit beaucoup d'impunis s'ils ne pouvoient être constatés que par des témoignages vivans, et si l'on s'obstinoit à compter pour rien la déclaration naïve et désintéressée de l'accusateur et les indices qu'il produit. C'est alors que toute l'intelligence, toute la pénétration, que tout le zèle d'un juge sont nécessaires pour faire sortir la lumière, et confondre l'imposture du coupable qui s'enveloppe de dénégations et se retranche dans un *alibi* qu'il imagine pour sa défense.

Il en est parmi eux d'assez réfléchis dans le crime pour prévoir, pour écarter tout ce qui peut les trahir. Mais souvent leur artifice est en défaut, et une circonstance légère qui leur a échappé les décèle et finit par les déconcerter. On se rappelle encore cet effroyable assassinat dont un président du parlement d'Aix épouvanta toute la France dans un temps où elle n'étoit pas familiarisée avec les plus affreux forfaits.

Ce magistrat auquel s'étoit unie une demoiselle

issue d'une des plus illustres maisons de la Provence,
avoit conçu un amour effréné pour une veuve qui
refusoit d'écouter ses vœux en lui opposant les liens
qui l'attachoient à une épouse estimable. Cet homme,
aliéné par la passion dont il éprouvoit les fureurs,
ne vit plus dans l'existence de sa femme qu'un obs-
tacle odieux à ce qu'il nommoit sa félicité, et résolut
de le détruire : mais pour accomplir ce projet exécrable sans compromettre son honneur et sa vie, il
rentre chez lui au milieu de la nuit, attend que son
épouse, dont la chambre étoit près de la sienne, soit
ensevelie dans un profond sommeil ; il s'approche
du lit où elle repose, armé d'un rasoir, et pour que
nulle trace de sang ne souille ses vêtemens, il a eu
l'attention de s'en dépouiller. La victime sur laquelle
il s'est élancé n'a pas le temps de pousser un cri. Le
fer homicide lui a tranché tout à la fois la parole et
la vie. Le crime n'est pas plutôt commis qu'il s'occupe d'en faire tomber le soupçon sur un étranger ;
il entr'ouvre une des croisées de l'appartement de sa
femme, après en avoir brisé le verre. Le malheureux
ferme les portes sur lui, et feint d'aller dormir, comme
si le sommeil pouvoit encore approcher de ses pau-
pières. Lorsque le jour a paru, il a la force d'en
soutenir la clarté, il affecte un air calme devant ses
gens ; les heures se suivent, et il ose demander si
Madame est levée : on lui répond qu'elle n'a point
encore appelé ses femmes ; il se fait conduire au palais
où siége la justice, cette justice qu'il doit tant redouter. A son retour il entend des cris lamentables

retentir dans son hôtel ; tout ce qu'il rencontre ne lui présente que l'image de la désolation : N'avancez pas, Monsieur, lui répètent ses serviteurs abusés , Madame a été horriblement assassinée. Il les écarte d'un air effrayé , et paroît vouloir s'assurer de ce qui n'est pas douteux pour lui ; le monstre semble frémir d'horreur, lui qui devroit en inspirer à tous les autres. Le bruit d'un événement aussi inattendu se répand dans toute la ville, et déjà des soupçons accusateurs s'élèvent dans quelques esprits : la passion du président étoit connue ; on n'ignoroit pas sa froideur pour une épouse digne d'un meilleur sort. Les officiers de justice appelés par la voix publique se transportent sur le lieu du délit , interrogent les domestiques , observent, recherchent les indices ; un magistrat remarque que les fragmens du verre sont hors de l'appartement, il en conclut que la fracture n'a pas été faite à l'extérieur de la chambre. Cette observation fait pâlir le coupable ; il en paroît si troublé que de simples soupçons commencent à se changer en certitude ; un de ses confrères lui dit d'un ton ferme : J'entrevois déjà une affreuse vérité, demain il ne sera plus temps de la nier. Ces paroles sont accompagnées d'un regard sévère ; le magistrat s'éloigne pour aller faire son rapport à la chambre assemblée. Cependant, le criminel si assuré quelques heures auparavant, est agité par les terreurs de l'avenir ; il ne pense plus qu'à sa sûreté, il se hâte de prendre sur lui ce qu'il a d'or et de bijoux précieux, et se dérobe par la fuite à la vengeance des lois. Les chevaux qui l'emportent ne vont pas au gré de ses désirs; ce n'est que lorsqu'il a touché une terre étrangère qu'il commence à respirer, et pour éviter la réclamation qu'il redoute, il va s'ensevelir dans un cloître où il se couvre sous un manteau religieux du cilice de la pénitence.

. La magistrature, indignée qu'un semblable forfait fût sorti de son sein, se hâta de manifester ses sentimens de justice et d'impartialité; ne pouvant saisir la personne du coupable, elle frappe son effigie et la fait exposer à tous les regards dans l'horreur du supplice réservé au plus grand criminel.

. J'ai cité cet exemple pour prouver qu'un examen attentif et le sang-froid de la pénétration conduisent quelquefois plus sûrement un juge éclairé sur les traces du crime et à la découverte du coupable, que tous les témoignages incertains et contradictoires.

Mais pourquoi ne serviroit-il pas aussi à l'instruction des hommes ? que de réflexions ne fait-il pas naître! Voilà un jeune homme qni a reçu le jour dans une famille distinguée, dont l'esprit a été éclairé des préceptes de la sagesse et de la vertu ; son ambition a été satisfaite par la transmission d'une charge honorable, par une alliance qui a flatté son orgueil; la considération dont il est investi, la fortune qui multiplie toutes ses jouissances, semblent lui ôter le mérite d'une vie pure, tant il lui est aisé de marcher dans la route de l'honneur. Une funeste passion dont il n'a pas la force de triompher lui enlève tous ces avantages, transforme en scélérat celui qui doit être la terreur du crime; pour devenir un amant heureux il devient le plus cruel des époux; il étoit la gloire de sa famille, il en est tout à coup la honte; un père généralement estimé, qui croyoit revivre dans son fils, appelle la mort sur sa tête et voudroit s'anéantir avec sa postérité.

Je ne dois pas passer sous silence un trait qui honore le dernier règne, et prouve qu'une idée dont s'est parée l'assemblée constituante avoit devancé sa puissance. Le criminel dont je viens de parler étoit le neveu d'un chef d'escadre; cet officier recommendable ne prenant conseil que de sa délicatesse, se hâta d'envoyer sa démission à son ministre. Le roi lui fit écrire qu'il ne vouloit pas que la marine perdît un de ses meilleurs officiers, et il lui donna le commandement de l'expédition chargée d'aller à la recherche de l'infortuné Lapeyrouse.

C'est en demeurant fidèle à ces grands principes de justice qu'on purifie les familles sans les déshonorer, et que l'on fait peser l'équité la plus sévère sur le crime en maintenant l'innocence dans toute sa dignité.

CHAPITRE IV.

NOUVELLES PREUVES DE CE QUI A ÉTÉ DIT DANS LE CHAPITRE PRÉCÉDENT.

IL est bien différent pour l'individu que l'on qualifie de prévenu parce qu'il n'existe encore contre lui qu'une simple prévention, d'être envoyé devant un tribunal de police correctionnelle, d'être soumis au jugement d'un juri d'accusation, ou d'être exposé à subir l'appareil d'un juri de jugement; il est, par cette raison, de la plus grande importance que les deux magistrats qui concourent à tracer sa destinée réunissent leur sagesse et leur intelligence pour le diriger dans la véritable route de la justice.

On ne peut pas se le dissimuler, le magistrat de sûreté et le directeur du juri ont une grande influence sur l'opinion de ce premier tribunal qui peut rompre tout à coup les chaînes du captif, ou l'envoyer d'un seul mot devant la cour de justice, où il aura pour adversaire un accusateur public, et pour juges des hommes qu'il ne connoît point, et pour règle de leur décision un sentiment intérieur, une inspiration de leur conscience qui peut souvent les égarer. Il est donc bien important que l'information de laquelle doit émaner la sentence qui flétrira ou absoudra l'accusé, soit dirigée par la prudence et l'impartialité. Je le sais, sur dix accusés, neuf au moins sont coupables d'un délit plus ou moins grave; mais c'est ce dixième enveloppé de soupçons, dont il faut alléger le malheur, auquel il s'agit d'épargner des humiliations, une lutte douloureuse, les erreurs d'un jugement funeste, et même la tristesse d'une absolution qui ne peut pas compenser les dégoûts, les ennuis, les dépenses et les sollicitudes qui l'ont précédée.

La loi a bien prévu qu'il étoit possible que les deux magistrats qui dirigent l'information ne fussent pas toujours d'accord, et elle a en conséquence établi un tribunal qui les écoute, qui les entend, qui termine leur débat; mais cette division est souvent funeste à l'accusé dont elle prolonge la captivité, et il est bien plus à désirer qu'un même esprit de justice et d'humanité anime ces deux autorités qui doivent toujours marcher vers le même but : il est de leur devoir de recueillir toutes les preuves, d'éclaircir tous les témoignages, de prêter la même assistance à l'accusé, de se défendre de toutes les préventions, et de rechercher la vérité avec un zèle égal. Il tient souvent à si peu de chose que cette vérité sorte des ténèbres, que rien n'est à négliger pour la faire jaillir dans tout son éclat.

Des exemples valent toujours mieux que de simples

préceptes ; voilà pourquoi je me plais à en rapporter quelques-uns. Il y a plusieurs années, un ancien do-mestique, dont la fidélité avoit été éprouvée par de longs services, fut subitement détourné de ses prin-cipes de probité par l'effet que produisit sur son esprit la vue d'un trésor que son maître eut l'imprudence de lui découvrir. De ce moment, il ne s'occupe plus que des moyens de s'assurer la possession de l'or que son œil avide a convoité, et de se garantir du soupçon de l'avoir dérobé. Après avoir adopté mille projets, il s'arrête à celui-ci. Il se procure à diverses reprises, une certaine quantité de poudre, qu'il renferme dans une boîte à laquelle il a pratiqué un trou : il en fait découler une légère traînée de poudre, il y adapte une longue bande d'amadou ; avant d'y mettre le feu, il profite de l'absence habituelle de son maître, il brise hardiment le coffre qui contient l'or, dont il s'empare, et qu'il transporte au loin. Le soir, avant d'aller trouver son maître qu'il doit rame-ner, il met le feu à cette matière combustible qui, selon son calcul, le communiquera à la poudre in-flammable ; mais heureusement il ignore que le feu, en minant sourdement l'amadou, le resserre et l'é-loigne insensiblement du point de contact qui pro-duiroit l'explosion.

Quelle fut sa surprise lorsque, de retour à la mai-son qu'il habite, il ne voit aucun signe d'effroi, aucun changement ! Le maître monte avec sécurité, ouvre la porte de son appartement comme de coutume : alors le serviteur déconcerté voudroit pouvoir replacer la

somme

somme qu'il a prise, réparer la fracture trop visible
dont il est l'auteur ; mais cela n'est plus en son pouvoir : ce n'est que le lendemain à son réveil que le
maître s'aperçoit qu'il a été volé, et qu'il découvre
le moyen infernal qu'on a employé pour ensevelir le
vol sous des ruines ; il va faire sa déposition chez un
commissaire, qui se transporte sur les lieux accompagné d'un inspecteur de police. Tous deux arrêtent
leurs soupçons sur le domestique ; mais le maître
proteste de sa fidélité : pourriez-vous me dire, monsieur, lui demande l'inspecteur, si votre porte étoit
fermée à double tour lorsque vous êtes rentré chez
vous? Oui, lui répond-il. Eh bien, réplique l'inspecteur, c'est une raison de plus pour penser que votre
domestique est coupable ; car, depuis vingt ans que
j'exerce ma profession, j'ai toujours remarqué que
ceux qui s'étoient introduits furtivement dans un
appartement négligeoient d'en refermer la porte à
double tour : au surplus, permettez-moi de faire en
particulier quelques questions à ce serviteur que vous
croyez innocent. Sur-le-champ il le conduit à l'écart,
l'interroge sur l'emploi qu'il a fait des heures écoulées
pendant l'absence de son maître ; il revient à celui-ci,
et lui déclare qu'il est tellement persuadé que ce misérable est l'auteur du crime, qu'il ne peut se dispenser de le faire conduire en prison. Le maître,
désolé, souffre avec la plus grande répugnance ce
qu'il ne lui est pas possible d'empêcher : c'est alors que
l'on met tout en usage pour confondre l'assurance
et l'imposture d'un scélérat qui a exposé tous les

15

habitans d'une maison à périr pour satisfaire sa cupidité et, jouir d'une opulence si odieusement conquise.

On commence par constater que toutes les personnes auxquelles il prétend avoir parlé dans l'intervalle qu'on lui a circonscrit ne l'ont pas vu; que les effets qui avoient à ses yeux quelque prix ne sont plus dans la chambre qu'il occupoit; enfin, à force de recherches et d'enquêtes, on parvient à découvrir une pauvre marchande qui déclare avoir vendu une quantité d'amadou à un domestique qu'elle reconnoîtroit, parce qu'il lui a long-temps parlé avant de conclure son marché. Elle est confrontée à l'accusé, qui se trouble en la voyant et a bien de la peine à soutenir *qu'elle se trompe*, *qu'elle le prend pour un autre*; mais elle lui rappelle avec tant de sang-froid tout ce qu'il lui a dit, en quelle espèce de monnoie il l'a payée, qu'il n'est pas possible d'hésiter entre le mensonge et la vérité.

Déjà le criminel n'a plus d'espérance; il demande à parler à son maître, se jette à ses genoux, lui fait l'aveu de son larcin et réclame son indulgence: il la réclame en vain; l'inexorable justice est là, et lui fait expier dans un supplice, peut-être trop cruel, sa coupable pensée et les conséquences horribles qui devoient en résulter.

Ce fait que j'ai rapporté peut servir de leçon au commun des lecteurs; il doit les bien convaincre que, de tous les crimes combinés par la perversité humaine, il en est bien peu qui ne soient décelés par quelques circonstances qui échappent à la réflexion et à la prévoyance; qu'ils retombent presque toujours sur la coupable tête qui les a enfantés; que plus ils sont compliqués et enveloppés d'artifice, plus ils donnent de prise à la justice pour en saisir les auteurs.

Un poëte de l'antiquité a dit que la peine finissoit presque toujours par atteindre le coupable. Toute belle que soit cette maxime, nous nous permettrons d'observer qu'il en est plus d'un qui ont échappé à sa poursuite, et c'est souvent par la faute des juges, qui n'ont pas le talent de les envelopper dans leurs mensonges et négligent d'accumuler les faits ou les circonstances qui produiroient la conviction dans tous les esprits.

CHAPITRE V.

DE LA SÉANCE DES COURS DE JUSTICE.

LA position d'un prisonnier sur lequel pesoit une accusation capitale étoit, sous notre ancienne législation, bien pénible et bien inquiétante.

Pendant tout le cours de l'instruction, isolé, sans appui, on le laissoit dans l'ignorance de la plainte rendue contre lui et des dépositions à sa charge; ce n'étoit qu'après le récolement des témoins qu'on les lui présentoit dans le silence d'un cabinet, où le rapporteur du procès lui adressoit quelques questions d'un ton grave et sévère. Lorsqu'il paroissoit pour la première et dernière fois devant le tribunal qui alloit prononcer sur son sort, il falloit, quels que fussent son nom et sa dignité, qu'il se déterminât à se placer sur un siége ignoble, dont la seule vue lui annonçoit que les conclusions du ministère public le condamnoient à l'infamie et peut-être à la mort. Son esprit, troublé par cette pensée, trouvoit à peine quelques réponses à un court interrogatoire qu'on lui faisoit subir pour la forme. Bientôt on lui ordonnoit de rentrer dans sa prison; les juges délibéroient sur son sort en son absence, le condamnoient à la majo-

rité d'une seule voix; le greffier descendoit dans son
obscur asile, le faisoit appeler et lui lisoit sa sentence. Si elle l'avertissoit que le glaive de la justice alloit trancher le fil de ses jours, deux personnages d'un caractère bien opposé ne tardoient pas
à lui apparoître : le premier s'emparoit de son corps
pour le détruire ; l'autre rappeloit son ame épouvantée, s'efforçoit de la recueillir, de l'environner
d'espérance et de la lancer dans une heureuse
éternité.

Aujourd'hui il paroît devant ses juges avec plus
de confiance et plus de lumières : déjà il connoît son
accusateur ; rien de tout ce que les dépositions con-
tiennent de grave ne lui est caché ; il a pour égide
un défenseur qu'il a choisi ; les témoins répéteront à
haute voix ce qu'ils ont dit ; il pourra les combattre,
saisir leurs contradictions, les interpeller, les ramener
à la vérité s'ils s'en écartent ; des jurés qu'il pourra
émouvoir, dont l'ame n'est point endurcie par l'habitude de condamner, qui n'ont point d'intérêt à le
trouver coupable, qui désirent même son triomphe,
prennent part à la lutte qu'il soutient. Si l'accusateur
public s'est laissé emporter par son zèle et a jeté la
terreur dans son esprit, il est rassuré et par l'éloquence et par la méthode d'un orateur exercé dans
le genre de défense qui convient à sa cause.

Un président, inaccessible à toutes les passions,
semble tenir la balance entre l'accusateur et l'accusé ;
il résume avec calme tout ce qui a été dit pour et
contre ; il fait sortir d'une discussion calme et pai-

sible la lumière qui achève d'éclairer l'impartialité
d'un jury dont il n'est que l'organe.

La séance d'une cour de justice est, quoi qu'on en
puisse dire, un des spectacles les plus imposans; elle
présente encore quelque chose de plus solennel lorsqu'il s'agit de statuer sur une accusation importante.
L'accusé, débarrassé de toute entrave, placé entre
deux gardes qui sont tout à la fois ses protecteurs et
ses surveillans, paroît aussi libre que tous les assistans. Lorsqu'il a obtenu la permission de parler,
tant qu'il se renferme dans sa défense, il peut se
livrer à toute la sublimité de l'éloquence; et, de la
hauteur de son ministère, le procureur-général l'in-
terpelle, lui ordonne de s'expliquer sur un fait, il a
la faculté de lui répondre avec la fermeté de l'innocence; et, pourvu qu'il ne s'écarte pas des bornes
du respect, il peut lutter de raisonnement contre son
redoutable adversaire, et repousser toutes ses objections. Un juré attentif vient quelquefois à son secours,
et fait éclaircir un point que son trouble a laissé dans
l'obscurité. Il oppose aux témoins que son accusateur
a fait entendre ceux qu'il a indiqués à la justice et
qui peuvent détruire l'édifice de calomnie que la haine
ou la vengeance auroit élevé contre lui. Enfin, si, malgré tout ce qu'il a dit ou fait dire pour sa justification,
le jury le trouve coupable et le réduit à la nécessité
d'entendre un jugement terrible, comme ce jugement
doit porter sur un texte de la loi, si le tribunal s'en est
écarté, il peut encore élever la voix pour exiger qu'il
s'y renferme. Ce n'est pas tout, il lui reste une res-

source dans son malheur. Un tribunal suprême existe ; et si quelques formes protectrices de l'accusé ont été violées, il a la certitude de voir son jugement anéanti, et d'être traduit devant une autre cour, qui lui sera peut-être plus favorable.

Il étoit difficile à la sagesse humaine d'imaginer plus de moyens de fortifier l'innocence contre la calomnie, de la défendre de la prévention et de la mettre à l'abri de ces erreurs qui ont quelquefois répandu le deuil dans les tribunaux, et empoisonné de remords l'ame des magistrats, auxquels il ne restoit plus qu'à gémir sur la foiblesse de l'esprit humain. Après avoir rendu un pareil hommage à notre nouvelle législation, ne me sera-t-il pas permis d'ajouter quelques réflexions sur la manière d'interroger les témoins, sur les défenseurs que l'on nomme *officieux* et sur les individus qui composent le jury ? C'est ce que je me propose de faire dans les chapitres suivans.

CHAPITRE VI.

DES TÉMOINS.

La justice, avant de prononcer un arrêt qui inté-resse l'honneur ou la vie des hommes, ne peut pas s'environner de trop de lumières; elle doit faire ap-procher d'elle tout ce qui est capable de l'éclairer : mais il faut qu'elle se garantisse d'une confusion obscure ou importune; c'est à elle qu'il appartient de démêler ce qui peut l'éclairer ou l'égarer dans sa route. Quoique des intérêts particuliers ne doi-vent pas entrer en balance avec le devoir important d'acquérir les preuves nécessaires, il est cependant de sa prévoyance d'économiser le temps et les deniers du trésor public, et de prendre en considération les déplacemens onéreux des étrangers qu'elle ap-pelle à des débats judiciaires.

L'instruction qui a précédé le jury d'accusation fait d'abord connoître de quelle importance peut être un témoignage déjà consigné au procès. Il faut l'avouer, rien ne contrarie plus l'esprit public que la vue d'un témoin appelé à grands frais d'un domi-cile éloigné, et qui déclare ne rien savoir des faits contenus dans la plainte dont on lui a donné lecture. On gémit sur son déplacement et sur la stérilité de sa comparution. Le magistrat est le protecteur de tous les citoyens : il ne doit donc pas , par cette raison, les contraindre de quitter leur domicile, d'abandonner leurs affaires domestiques, de braver la rigueur des saisons, parce qu'un accusé ou un témoin indiscret aura prononcé leur nom et les aura vaguement indiqués. On pourroit , dans ce cas , éclaircir un doute en requérant une déposition écrite que l'on soumettroit à l'accusé ; s'il ne la contestoit pas , s'il n'exigeoit pas que le témoin lui fût confronté, elle seroit reconnue pour véritable.

On ne peut pas traiter avec trop d'égards et de ménagement des hommes qui s'avancent dans le sanctuaire de la justice pour y faire entendre la vérité, et s'exposent quelquefois en la déclarant à des haines et à des vengeances.

Plus d'une fois j'ai été affligé d'une question qu'on leur adresse indistinctement d'après une formule ancienne et que la délicatesse sembleroit proscrire. Et en effet qu'y a-t-il de plus étrange que de demander à un général, à un prélat, à un magistrat , s'il est parent ou serviteur d'un journalier accusé de vol ou d'assassinat ? Il me semble qu'on auroit pu substituer une question plus décente à celle qui blesse une oreille délicate ; il est au moins superflu de lui demander s'il est son parent, son allié ou son domestique, lorsqu'il a déclaré ne le pas connoître ; s'il répond qu'il le connoît, on pourroit lui demander s'il existe entre eux quelque rapport de parenté ou de dépendance : ce qui supposeroit que l'accusé peut tenir au témoin par quelques liens de parenté ou de servitude.

L'humanité a tant de côtés foibles qu'il faut bien éviter tout ce qui peut la contrarier ou la troubler dans un moment où elle doit être attentive et recueillie. Je voudrois donc qu'on épargnât, surtout aux femmes, auxquelles on impose la loi de dire toute la vérité, la triste nécessité de déclarer publiquement quel est leur âge. Pourquoi ne se contenteroit-on pas de cette question : Avez-vous passé l'âge de la majorité ? Voilà tout ce qu'il importe à la justice de connoître pour donner plus ou moins de poids aux témoignages. Ce sont là, m'objectera un grave magistrat, de bien misérables réflexions. Est-ce ma faute si l'espèce humaine est si frivole et si puérile; si le seul soupçon d'une alliance qui la dégraderoit aux yeux du public effarouche sa vanité; si une confidence qu'elle ose à peine faire à elle-même, est pour elle un sujet de chagrin lorsqu'il faut la proférer à haute voix, en présence d'une nombreuse assemblée? Aussi plus d'une fois cette déclaration qu'on a promis de faire avec tant de vérité et de franchise, a-t-elle commencé par un mensonge; mais c'est surtout dans la manière d'interroger les témoins, de leur rappeler ce qu'ils ont dit, ou ce qu'ils savent, que le juge doit redoubler d'égard et de décence. Les détails dans lesquels on l'oblige d'entrer, les circonstances sur lesquelles on exige qu'il s'explique, ont laissé des traces si fugitives dans sa mémoire qu'il est bien excusable de ne pas se les rappeler, ou de se contredire quelquefois. C'est seulement lorsque sa déposition a le caractère de la calomnie, de la partialité et de la malveillance, qu'il est permis de lui montrer de l'indignation et de l'intimider par la menace d'une poursuite rigoureuse.

Ce qu'il affirme est d'une si grande importance, il influe tellement sur l'opinion des jurés, qu'il faut aussi permettre à l'accusé de le combattre sans aigreur, sans diffamation. Quoiqu'il y ait une grande différence entre un accusateur et un témoin, l'un et l'autre mettent l'honneur et la vie de l'accusé en péril : celui-ci doit donc avoir la faculté de repousser les attaques de l'un et de l'autre, et de tirer avantage de leurs contradictions ou de leurs mensonges.

Ce seroit lorsque la conviction du crime et du coupable est entrée dans tous les esprits, qu'il seroit prudent de condamner au silence un accusé trop audacieux qui se débat dans sa honte et dans son désespoir : alors la justice commande de faire cesser une lutte trop désagréable pour l'innocent organe de la vérité. Enfin le magistrat qui préside ne doit point oublier, tant que le témoin ne se montre point suspect de mensonge ou d'exagération, qu'il ne fait qu'obéir à la justice, qu'elle lui doit protection et même indulgence pour ses oublis, pour ses erreurs; qu'il doit être plutôt invité que commandé; que plus sa tâche est pénible, plus elle doit être adoucie par le ton de l'estime et de l'encouragement.

Il n'est pas aussi aisé qu'on semble le croire de recueillir de la bouche d'un témoin tout ce qu'il est essentiel de savoir et d'approfondir, de discerner à travers des hésitations ce qui est certain ou douteux, de préciser les faits qui se lient à l'affaire, d'éclaircir les points sur lesquels l'accusé et le témoin diffèrent, de les concilier avec ceux qui sont prouvés, de raffermir une mémoire incertaine sur les dates, de guider la candeur sans prétendre l'inspirer, de s'interdire des questions oiseuses et qui ne produisent que des réponses insignifiantes.

Le juge et le témoin ne doivent être animés que d'une pensée, que d'un seul désir; l'un de savoir tout ce qui est, l'autre de ne dire que ce qu'il sait.

Dieu de bonté! à qui seul il appartient de connoître toute vérité et de lire au fond des cœurs, répands la lumière de la justice sur ceux qui la rendent en ton nom; ne permets jamais que l'innocence soit immolée à la prévention; donne-lui la force de terrasser la calomnie, de confondre l'imposture; épargne aux arbitres de nos destinées le remords déchirant de faire gémir dans les fers celui qui n'a jamais abusé de sa liberté, ou d'avoir plongé dans le néant de la mort un être qui avoit reçu de toi la vie et qui pouvoit l'honorer encore par des vertus!

CHAPITRE VII.

DES DÉFENSEURS OFFICIEUX.

Ce n'est pas pour enrichir un orateur, ou lui fournir les moyens de subvenir aux superfluités du luxe, que la loi a donné un défenseur officieux à l'accusé. Le titre qu'elle lui a conféré présente une idée bien opposée : elle a pensé qu'un misérable, livré sans secours à la sévérité d'une loi menaçante, assailli par un accusateur, accablé par une foule de témoins, pourroit être troublé par l'appareil d'une cour imposante; que, quand bien même il seroit doué de la faculté d'écrire et de parler avec ordre et clarté dans des circonstances moins périlleuses, il auroit encore besoin d'un interprète étranger à sa position, qui entendroit avec sang-froid le débat ouvert sous ses yeux, qui recueilleroit les témoignages, les compareroit avec l'acte d'accusation, en feroit remarquer la foiblesse ou les contradictions, repousseroit avec les forces de la logique des présomptions destituées de fondement, et parviendroit dans la suite, par des considérations puisées dans la sagesse et l'équité, sinon à changer une opinion fatale, du moins à l'adoucir. Tel a été l'objet humain et salutaire du législateur. Il étoit bien loin de supposer qu'il feroit

naître une classe d'hommes cupides qui déshono-
reroient le plus beau ministère par des liaisons viles,
par des rapports honteux, qui iroient s'installer dans
la fange du crime pour se concilier la confiance des
accusés et en exprimer la substance, dont les cabinets seroient le réceptacle des complices intéressés
à étouffer sous la ruse et le mensonge des faits qui
les atteignent et menacent leur liberté. Enfin le législateur pouvoit-il prévoir que ces prétendus officieux ne verroient que leur intérêt dans les causes
dont ils embrasseroient la défense; qu'ils redouble-
roient d'ardeur, de zèle et de véhémence en raison
de l'argent qu'ils auroient reçu; qu'ils préféreroient
l'or d'un criminel qu'ils ont eux-mêmes condamné
d'avance, au bonheur de rendre à une famille désolée
un innocent qui ne peut leur offrir que des prières
et les témoignages d'un cœur reconnoissant ?

Je suis loin d'accuser de cette sordide avidité
tous ceux qui se livrent à l'emploi de défenseurs; il
en est sans doute plusieurs parmi eux qui comptent
pour beaucoup l'estime des juges qui les entendent,
la reconnoissance du malheureux qu'ils ont défendu,
le suffrage du public touché de leur zèle généreux,
et ne mettent point en balance quelques parcelles
d'or avec la gloire attachée à une profession qui est
sublime lorsqu'elle est noble et désintéressée. Que
ne puis-je transmettre à tous ceux qui aspirent à l'avantage de s'illustrer dans la carrière de l'éloquence,
les conseils que je reçus dans ma jeunesse d'un philosophe dont je suis loin d'approuver les exagérations

et de partager les erreurs! Je me le rappelle encore,
jaloux d'entendre et de connoître le célèbre Diderot,
je me fis présenter à lui par un de ses disciples; j'en
fus accueilli avec cette affabilité et cette bonté paternelle qui le caractérisoient. Bientôt il développa devant nous cette vaste érudition qui se montroit dans
tous les sujets qu'il traitoit. J'ai eu plus d'une fois
l'occasion de me rapprocher des savans, des hommes
de lettres qui ont illustré le siècle dernier: jamais je
n'en ai rencontré un qui s'exprimât avec autant d'é-
loquence et de verve. Soit qu'il parlât des beaux-arts,
de la littérature ou des systèmes philosophiques, il
ressembloit alors à un inspiré: ses yeux étoient étin-
celans, sa physionomie rayonnoit de génie; et, lors
même que dans son enthousiasme il sembloit s'éloigner de toutes les idées reçues, son délire étoit si
éblouissant de lumières qu'on étoit tenté de le préférer à la raison. Et lui aussi, sans être avocat, s'étoit
montré le défenseur du misérable. Je veux, me dit-
il un jour, vous apprendre de quelle manière je suis
parvenu à arracher de l'avarice une modique pension
pour une femme dont la beauté s'étoit éteinte dans
une horrible maladie, et qui avoit été impitoyable-
ment délaissée par un ministre jadis attaché à son
char. Elle étoit sans secours, sans assistance; elle
étoit en proie à l'indigence la plus déplorable. Il tira
à l'instant la copie d'un mémoire dont je n'ai retenu
que quelques fragmens. «Serez-vous toujours im-
» pitoyable envers celle qui mettoit son bonheur à
» faire le vôtre? Pourriez-vous soutenir la vue des

» privations que j'éprouve, et contempler de sang-
» froid celle qui réchauffe à la chaleur de deux
» tisons des mains que vous avez tant de fois couvertes
» de baisers? Si vous continuez d'être insensible à
» ma douleur, il ne me restera plus d'autre ressource
» que d'aller me réfugier dans ce vaste hospice où
» la misère, la folie et les douleurs sont accumulées :
» les malheureuses que j'y rencontrerai et dout je
» deviendrai la compagne, ne me prendront-elles
» pas pour une insensée lorsque je leur dirai que j'ai
» vu plus d'une fois à mes genoux le dispensateur
» de la fortune, que long-temps il a sollicité en vain
» mes faveurs, et qu'après m'avoir juré tant d'a-
» mour et de reconnoissance, il m'a laissé tomber
» dans l'abîme de la honte et de la misère? »

J'ai eu le bonheur, ajoutoit-il, d'obtenir pour cette
infortunée plus que je n'espérois : *Je n'ai pas seu-
ment touché le marbre, je l'ai fait suer.* Voulez-vous,
me disoit-il un jour, voir affluer tous les plaideurs
dans votre cabinet, et les carrosses s'arrêter à votre
porte? commencez par vous installer dans une chambre isolée; nourrissez-vous de pain et de lait; étudiez
sans cesse les lois dans leur origine et dans leurs dé-
veloppemens; ne sortez de chez vous que pour aller
dans les bibliothèques publiques, afin d'y puiser
dans les livres, qui vous manquent, les connoissances
utiles à votre profession; allez entendre quelquefois
vos meilleurs orateurs; pénétrez-vous de leur cause,
et lorsque vous irez vous délasser dans quelques promenades solitaires, vous referez leur discours, vous
les

les animerez du geste et de la parole ; vous sortirez ensuite de votre longue obscurité, du silence, de l'étude et de la méditation ; vous vous montrerez au grand jour ; vous vous présenterez dans l'arène avec les forces d'un athlète vigoureux ; et, soit que vous écriviez, soit que vous plaidiez, vous étonnerez les magistrats et vos adversaires par la puissance de votre logique et le torrent d'une éloquence entraînante. Malheureusement je n'ai pas suivi ces sages conseils, je me suis laissé séduire par les attraits d'une société frivole, j'ai préféré des succès éphémères à une réputation durable ; et, pour jouir trop vite, j'ai dissipé le peu que j'avois acquis.

Tant que ceux qui se consacrent à la profession d'avocat ou de défenseur officieux ne voudront voir que le moment présent, n'attacheront pas toute la gloire, tout le bonheur de leur existence à conquérir l'estime publique par les vertus de leur profession, et ambitionneront d'autre supériorité que celle du talent, n'auront pas le courage de supporter une noble indigence par des privations obscures, ils courront le risque de se dégrader par une cupidité ardente, de briller d'un luxe plus honteux que les dehors de la pauvreté ; ils ne sortiront jamais de la classe des mercenaires qui vendent leurs foibles talens à l'opulence, et ne sont que les esclaves du riche qui oublie bientôt leurs services lorsqu'il croit les avoir payés.

La carrière du défenseur officieux semble plus ouverte et d'un accès plus facile pour les causes criminelles que pour les causes civiles ; elle exige moins d'érudition , mais elle ne demande pas moins de talens ni de vertus. Celui qui s'y dévoue n'est pas obligé , pour conquérir de la renommée , de faire toujours triompher son client, de le soustraire à la peine qu'il a méritée ; il lui suffit de dire pour lui tout ce que l'accusé auroit pu faire entendre en sa faveur s'il avoit le talent de s'exprimer ; il y a même une sorte de pudeur et de loyauté qui lui interdit de nier ce qui est évident ; il ne doit pas se dégrader jusqu'à devenir l'organe du mensonge, en affirmant ce qu'il sait être contraire à la vérité. Il lui est sans doute permis de voiler des circonstances qui peuvent nuire à la défense de l'accusé. Une discrétion religieuse lui est impérieusement commandée pour tout ce qui lui a été révélé dans le secret de la confiance ; c'est à lui qu'il appartient de proposer et de faire valoir tous les moyens d'excuse qui peuvent adoucir la rigueur de la loi. Qu'il s'efforce d'émouvoir , d'attendrir les magistrats et les jurés, lorsque son éloquence protége la foiblesse et l'inexpérience , mais qu'il se garde bien de compromettre ces grands ressorts de l'art oratoire dans les actes de scélératesse ou d'atrocité; qu'il ne s'avilisse pas jusqu'à s'identifier avec un assassin, avec un brigand. *Voilà ce que l'accusé m'autorise à vous dire, voilà ce qu'il déclare ou ce qu'il prétend prouver.* C'est en s'exprimant ainsi qu'il s'en isolera avec dignité, et se montrera l'homme de la loi et non l'égide du crime. Je suis loin de prétendre que l'orateur doive rejeter le

prix que l'accusé ou sa famille attache à son zèle
et à ses talens; il y a une grande distance entre là
pureté qui cède à la reconnoissance et la cupidité
qui la sollicite ou la presse en la menaçant d'un funeste abandon. J'aimerois mieux sans doute, pour
l'honneur du ministère de défenseur officieux, qu'il
s'exerçât par des hommes riches et délicats qui dé-
daigneroient les dons d'un accusé, et trouveroient
leur juste salaire soit dans l'estime publique, soit
dans l'espoir d'être élevé un jour aux fonctions de la
magistrature; mais il faut savoir composer avec la
foiblesse humaine et n'en pas exiger plus de vertus
qu'on ne peut en attendre.

CHAPITRE VIII.

___

Il est pénible de revenir sur des sujets qu'on a traités. J'ai déjà dit ce que je pensois de cette institution dont notre effervescence s'est emparée dans un moment où la nation françoise se proposoit d'élever une constitution qui rivalisât avec celle de l'Angleterre.

Il existe deux jurys différens. Le premier est convoqué pour décider si, d'après une information, il s'élève assez de nuages sur la tête d'un accusé pour présumer qu'il soit coupable, et lui faire subir les épreuves d'une instruction publique. Le second, pour prononcer définitivement sur les questions que le tribunal soumet à son intégrité. On peut juger, d'après l'importance de ces deux missions, combien il est essentiel qu'elles ne soient confiées qu'à des hommes éclairés, impartiaux et capables de s'élever à la hauteur de l'autorité dont la loi les investit. Mais comment pouvoir faire ce choix; comment concilier des exclusions avec l'idée fausse d'égalité parfaite qui dominoit nos législateurs lorsqu'ils ont transporté sur un sol non préparé une institution qui fleurissoit depuis des siècles dans les îles britanniques? Aussi n'a-t-on

pas tardé à reconnoître combien elle avoit de peine
à prendre racine parmi nous, et à y produire les
fruits salutaires qu'on en espéroit. Long-temps une
mauvaise honte s'est efforcée de la défendre contre
les dégoûts et la clameur publique. Quant à nous
qui sommes étrangers à son introduction, et qui
n'avons jamais réclamé en faveur des accusés que la
publicité de l'audience et l'assistance d'un conseil,
nous dirons avec impartialité, que le jury peut être
maintenu parmi nous, si l'on veut le purifier de tous
ses vices.

Le plus essentiel, sans doute, est sa composition
dans laquelle on fait entrer des individus dénués de
lumières, de fortune, de vertus et de considération,
qui regardent l'honneur de statuer sur le sort de
leurs semblables comme une corvée à laquelle ils
s'efforcent de se soustraire par le mensonge, ou dont
ils s'acquittent avec une indifférence odieuse, et se
jouent trop souvent de l'opinion qu'ils se commu-
niquent ou adoptent par instinct.

Aujourd'hui que nous sommes revenus à des idées
plus justes sur l'intervalle que la nature et l'éducation
ont mis entre un homme et un autre, et que nous
sommes persuadés qu'il ne suffit pas d'être doué de
la faculté de parler pour l'être de celle de bien
penser, il me semble qu'il seroit possible d'ennoblir
tellement les fonctions de jurés que tous les citoyens
honnêtes fussent jaloux de les remplir et de voir leurs
noms inscrits sur cette liste honorable de laquelle le
sort les feroit sortir; ce seroit même pour eux un

sujet de peine que d'en être un jour retranché, si,
par leur indifférence, par une partialité reconnue,
par une séduction honteuse, ils avoient encouru cet
affront. En adoptant ce plan, il suffiroit de rendre
au jour ces listes de notables rédigées à grands frais
dans tous les départemens, et qui, à peine créées,
furent plongées dans les ténèbres; on y ajouteroit les
noms des citoyens honorés du suffrage public, celui
des électeurs; on auroit alors une masse de citoyens
distingués, qui seroit une source pure de jurés pour
toute la surface de l'empire.

Ce n'est pas assez que d'indiquer les hommes dignes
de recevoir la lumière pour la répandre ensuite dans
le sanctuaire de la justice, il faut encore s'occuper
d'alléger le tribut d'équité qu'ils doivent à leurs com-
patriotes, et de le rendre le moins onéreux à l'état.
Ecartons donc de cette fonction ce qu'elle a de pénible et d'effrayant ; ne laissons plus aux jurés la
perspective d'une nuit entière à consommer dans un
isolement silencieux ou dans l'agitation d'une lutte
stérile. Toutes les fois qu'une heure se seroit écoulée
depuis le moment où les jurés seroient entrés en délibération sans être d'accord sur les questions pro-
posées à leur sagesse, leur chef auroit le droit d'in-
viter les magistrats à venir recueillir leur suffrage
individuel; huit sur douze formeroient la décision
suprême.

Si l'accusé échappoit à la condamnation par la réunion d'une minorité prépondérante, la cour prononceroit qu'il est *légalement absous.* S'il réunissoit

en sa faveur la majorité des suffrages, elle prononceroit qu'il est *honorablement acquitté*, et ordonneroit l'affiche de son jugement dans le lieu de son domicile; mais si son innocence étoit tellement évidente que les jurés se fussent accordés à la proclamer, et si d'ailleurs sa conduite paroissoit irréprochable, le président seroit autorisé à lui remettre une médaille de la valeur de cinquante francs, sur laquelle seroit gravé un lys comme un signe ostensible de son innocence.

Pourquoi ne pas épargner aux cultivateurs éloignés des villes où siégent les tribunaux la peine de venir composer un jury d'accusation? Ne seroit-il pas tout à la fois plus humain et plus économique de conférer cette première autorité aux citadins, lorsque l'accusé n'auroit point acquis un domicile parmi eux?

Le jury de jugement pourroit aussi être formé des mêmes notables lorsque l'individu traduit devant lui seroit étranger au département. Les mêmes jurés ne pourroient être convoqués plus de deux fois dans le cours d'une année. On affranchiroit de cette mission tous ceux qui donneroient pour excuse les fonctions du sacerdoce, celles d'officier de santé, des emplois militaires, les travaux de la campagne ou des infirmités qui les rendent sédentaires.

Ce n'est pas l'institution du jury qui a jusqu'à présent donné lieu à tant de murmures et de réclamations, c'est la forme sous laquelle l'esprit d'inconséquence l'a créé, et peut-être ne sera-t-elle pas plustôt détruite que bien des individus la regretteront.

J'avoue que, malgré tout mon respect pour la magistrature, et toute la justice que je rends à ses lumières, si j'avois le malheur d'être accusé, j'aimerois
mieux être jugé par des hommes sans passions, sans
intérêts, qui ne seroient doués que d'un sens droit
et d'un cœur équitable, que par des hommes dont
l'ame est endurcie par l'habitude de voir des coupables et de les condamner. Cette assertion qui pa-
roîtra peut-être sévère n'a rien d'effrayant pour les
juges, elle est puisée dans la nature et fondée sur
l'expérience.

Je me rappelle encore un fait dont je fus frappé
dans ma jeunesse; je commençois à peine à suivre le
barreau lorsque je vis entrer dans la grand'chambre
du parlement un faussaire qui s'étoit fabriqué des
lettres de licencié pour exercer la profession d'homme
de loi. Il avoit été condamné à venir faire amende
honorable avant de recevoir l'empreinte d'un fer
chaud; il étoit précédé de deux hommes, dont l'un
portoit une torche ardente qui répandoit une triste
clarté sur la face livide du coupable; il résistoit de
tous ses efforts aux injonctions réitérées de fléchir
les genoux et d'implorer le pardon de Dieu et de la
justice; il osoit, après son jugement, protester de
son innocence; ce spectacle rare et nouveau pour
plusieurs magistrats excita l'étonnement parmi eux;
je remarquai que tous les conseillers-clercs qui, par
leur titre, étoient dispensés de siéger à *la Tournelle* et
ne voyoient jamais de criminels, manifestoient de
l'intérêt pour le coupable, et paroissoient très-émus

de son sort, tandis que les autres magistrats se montroient impassibles et repoussoient avec dédain les
supplications qu'il leur adressoit.

Je dirai aussi avec la même franchise que je fré-
mirois, malgré l'innocence la plus évidente, de voir
ma destinée dépendre de l'opinion de ces jurés pris
au hasard dans les campagnes ou dans la classe d'artisans grossiers, dénués de tout jugement et de toute
sensibilité.

Je ne l'ai point oublié : un jour appelé par mes
fonctions à aller recueillir les suffrages d'un jury de
jugement qui devoit prononcer sur le sort d'un assassin
que toutes les preuves de son crime accabloient, quel
fut mon étonnement, après avoir demandé au premier des jurés s'il étoit *constant* qu'un homme eût
été tué, de le voir d'abord hésiter, et me répondre
ensuite d'une manière négative : ce stupide juré avoit
cependant entendu le rapport des chirurgiens qui
déclaroient avoir vu le cadavre percé de plusieurs
coups, et frappé d'un instrument tranchant. Lorsqu'il
m'eut dit que ce fait ne lui paroissoit pas constant ,
j'employai d'autres expressions plus usitées pour
arriver à son intelligence ; mais voyant que mes paroles étoient vaines, je lui présentai une boule blanche
qu'il jeta dans la boîte; si deux autres eussent été
aussi ineptes, le brigand rentroit dans la société
et échappoit à la condamnation la plus méritée; je
m'assurai depuis que cet individu n'avoit aucune relation avec l'accusé, qu'il ne prenoit aucun intérêt
à sa conservation, et que c'étoit uniquement faute de

jugement qu'il avoit opiné en sens contraire de tous ses collègues.

Quel homme pourroit se reposer sur le sentiment de son innocence s'il avoit de pareils juges? Mais aussi quel seroit le malheur des magistrats s'ils étoient condamnés à devenir les organes d'un jury composé de semblables élémens!

Il importe également à l'accusé, aux magistrats, à l'ordre public et à l'honneur de la justice que l'institution du jury soit abolie, ou qu'elle prenne une forme nouvelle si on veut la conserver. En Angleterre les jurés sont revêtis d'une grande considération. Pendant le cours de leurs séances le respect national s'étend sur leur auguste mission qui paroît sacrée; leur opinion n'est point circonscrite dans un cercle de questions qui les enchaînent. *L'accusé est-il coupable? ou n'est-il pas coupable?* Voilà la seule qui lui soit adressée, et sur laquelle ils prononcent avec une liberté absolue. Ils n'ont point de compte à rendre de leur jugement, c'est leur conscience qui les inspire et prononce; c'est à Dieu seul qu'ils répondront de l'usage qu'ils auront fait de l'autorité qui leur est conférée. Ils sont, aux yeux du peuple, des *oracles* qu'un esprit de justice illumine subitement. Malheur à celui qui se croiroit plus éclairé qu'eux et oseroit s'élever contre leurs décisions! L'accusé acquitté rentre paisiblement dans ses foyers sans que le moindre murmure le poursuive; son accusateur n'a plus qu'à respecter en silence la loi qui le protégera à son tour, s'il paroît innocent à de semblables ministres.

Rendons-nous justice, et convenons qu'il y a loin de la légèreté avec laquelle nous réformons les jugemens, et cassons les arrêts les plus équitables, à cet esprit public qui fléchit devant une institution antique que l'on regarde maintenant comme la sauvegarde de la liberté et de la vie des citoyens.

Nota. On peut voir ce que j'ai dit sur le même sujet dans le *Danger des Souvenirs* (1), ouvrage que quelques lecteurs s'obstinent à regarder comme un roman, quoiqu'il renferme plus de vérités que bien des histoires.

_____

(1) Deux vol. in-8.°, 6 fr. Chez le même libraire.

CHAPITRE IX.

DES TRIBUNAUX SPÉCIAUX.

L A faveur de l'établissement du jury, si c'en est une, ne se répand pas indistinctement sur tous les accusés ; il en est qui, par la nature de l'accusation dirigée contre eux, en sont privés. Les incendiaires, les faux monnoyeurs, les faussaires, ceux qui se révoltent contre la force armée, et lui opposent ouvertement la violence et la rébellion, sont traduits devant un tribunal composé de six magistrats, qui décident de leur sort, sans l'assistance des jurés ; et ce qui ajoute encore à la terreur de ce tribunal, c'est la suprématie de ses jugemens dont l'exécution rapide n'est point arrêtée par l'équité protectrice de la cour de cassation.

C'est là un motif de plus pour les juges investis d'un si grand pouvoir et d'une autorité si formidable, d'apporter dans l'examen des affaires qui s'instruisent devant eux toute l'attention, toute l'intégrité que la loi attend de leurs lumières. Lorsqu'elle a remis dans leurs mains le glaive qui frappe et anéantit, elle n'a pas voulu les rendre plus effrayans pour l'accusé ; elle ne s'est proposé que de montrer plus d'activité contre le crime, et de le soumettre à une sévé-

rité plus prompte. Plus la peine que le tribunal
spécial inflige au coupable est terrible, plus il doit
s'abstenir de l'appliquer légèrement, et se pénétrer
de l'esprit de la loi qui n'a voulu imprimer une flétrissure ineffaçable que sur le méchant, dirigé par le
dessein de nuire à ses semblables, ou qui s'est mis,
par une révolte audacieuse, en opposition avec les
instrumens de l'autorité souveraine. Ce seroit une
véritable calamité que la création des tribunaux
spéciaux, si ceux qui les composent voyoient toujours
dans l'imitation de l'écriture d'un autre le crime de
faux, s'il s'obstinoit à confondre une simulation quelquefois commandée par la prudence, ou même la
pudeur avec l'imposture d'un faussaire frauduleux;
alors les simples jeux de l'amitié, ou les innocentes
plaisanteries de la société, pourroient être transformés
en crime, et donner lieu à une condamnation horrible par ses conséquences. Il est aussi de simples
distractions ou des surprises qui peuvent donner à
l'homme le plus pur les apparences d'un faussaire.
Eh! quel est celui, dans quelque emploi que les circonstances l'aient placé, qui peut se flatter de n'a-
voir jamais apposé sa signature à la suite d'un écrit
dont la date n'étoit pas véritable, ou dont l'énoncé
ne soit pas littéralement exact? C'est afin de rassurer
tous les fonctionnaires publics, tous les citoyens, contre
l'abus que l'on pourroit faire de ces erreurs excusa-
bles ou involontaires, qu'elle a expressément déclaré
que, pour être considéré comme faussaire, il falloit
que le juge trouvât dans l'action qui lui est dénoncée

et le caractère de la méchanceté et le dessein de
nuire à autrui. Il en est de même de l'incendie; il
ne suffit pas, pour être jugé incendiaire, d'être l'auteur de l'embrasement d'une grange, de la destruction d'un édifice dévoré par les flammes, puisque ce
malheur peut être l'effet d'une imprudence, d'une
action irréfléchie et inconsidérée. Il faut, pour être
punissable, que cet acte ait été précédé de la réflexion, qu'il ait été inspiré par une ame perverse
qui se soit complue dans le désastre pour satisfaire
sa haine et sa vengeance.

Tous les habitans d'un empire sont redevables de
leur sécurité à la protection de la loi; ils doivent
donc respect et obéissance à ses ministres et à ses
agens. Sans cette soumission aveugle à celui qui parle
et ordonne au nom de la loi, il n'y auroit plus que
désordre, que rébellion, qu'anarchie. Le peuple seroit en guerre ouverte avec l'autorité qui commande,
et la victoire demeureroit toujours au plus audacieux
et au plus fort. Il étoit donc d'une grande sagesse de
contenir par la terreur celui qui seroit tenté de se ré-
volter contre un ordre émané de la justice, et de
soustraire autant qu'il est possible l'homme qui commande en son nom, au danger de perdre la vie ou à
la nécessité de donner la mort, si l'on refusoit de lui
obéir.

Il est, à l'égard de ce délit, des circonstances qui
embarrassent l'équité et troublent l'intelligence d'un
juge qui ne veut pas être plus sévère que la loi.
Toutes les fois que la gendarmerie s'offre à un ci-

toyen et le somme d'obéir à un ordre dont l'exécution
lui a été confiée, si, loin d'y déférer, il saisit une
arme pour repousser l'autorité qui lui commande le
respect et la soumission, il se rend criminel, et le juge
qui le condamne n'a point de reproches à se faire;
mais n'en seroit-il pas autrement, si cette gendarmerie travestie dans la nuit, et dissimulant ses intentions, s'attachoit aux pas d'un braconnier, l'investis-
soit tout à coup, jetoit le trouble et l'épouvante dans
ses esprits par des voix menaçantes et en lui enjoignant de remettre son arme. Le mouvement que feroit cet homme ému, agité, pour se mettre en défense, le refus qu'il feroit d'abandonner le fusil dont
il seroit armé, les efforts qu'il emploieroit pour conserver cette propriété, le constitueroient-ils en rébellion ouverte avec la force armée? Ne seroit-il pas
fondé à s'écrier : La   m'autorise à protéger mon
champ contre la rapacité des bêtes sauvages, avec une
arme à feu; j'ai donc eu le droit de la porter; la
même loi défend aux gardes chasse de me désarmer:
ce sont donc eux qui contreviennent à ses ordres, en
m'enjoignant de remettre mon arme. En vain lui objectera-t-on que ce n'est pas à l'ordre d'un simple
garde qu'il a refusé d'obéir, mais à celui d'un gen-
darme; il répondra que, ce dernier n'étant pas dans
ses véritables fonctions, il a pu confondre les individus et refuser à l'un ce que l'autre n'avoit pas le
droit d'exiger.

Je n'ai cité cet exemple que pour garantir les juges
du regret d'avoir enlevé aux travaux de la campagne

un bon cultivateur, un chef de famille qui auroit
par malheur cédé à un mouvement naturel et opposé
une résistance imprudente ou momentanée à un simple
règlement qui se trouve en opposition à une loi qui
n'est point encore abrogée.

Au surplus, toutes ces réflexions émanent d'un
magistrat qui ne se propose que de concilier la justice avec l'humanité, qui craint de voir convertir en
crime les foiblesses de l'orgueil et l'habitude des préjugés. En acceptant les fonctions de juge, dont les
suffrages de ses concitoyens l'investirent à une
époque bien orageuse, il s'étoit dit : Je ne ferai jamais répandre le sang de mon semblable; si un accusé est privé de la vie, ou s'il est condamné à traîner
la chaîne de l'esclavage, ce seront d'autres que moi
qui l'auront trouvé coupable; ma conscience se repo-
sera sur la leur : j'aurai encore la faculté de suspendre l'injustice lorsqu'elle sera évidente, de soumettre à une nouvelle épreuve la décision du jury,
en rapprochant de lui de nouvelles lumières (1).
Lorsque je parcourrai la ville que j'habite, ou si
j'erre au loin dans les campagnes, je n'aurai jamais à
craindre de rencontrer une veuve ni des orphelins
qui détourneront le visage à mon approche, en disant
au fond de leur cœur : Voilà celui qui m'a enlevé un
époux, qui nous a ravi notre père. Si un autre eût
siégé à sa place, peut-être n'aurions-nous pas à gémir

(1) Si l'opinion des jurés est opposée à celle du tribunal, les trois
juges ont le droit d'exiger qu'ils rentrent en délibération, et que les
adjoints, jusqu'alors silencieux, y prennent part.

mir sur une mort qui nous a plongés dans l'opprobre et le malheur.

Aujourd'hui cet état de sécurité n'existe plus pour moi. Maintenant j'ai aussi à redouter de faire tomber sur la tête d'un innocent une peine qu'il étoit si loin de mériter, de plonger dans la fange des galères un jeune homme inexpérimenté qui aura prêté une main trop docile aux sollicitations de la fraude, à l'ascendant d'un maître ou à l'autorité d'un père. Le jugement auquel j'aurai concouru retranchera de la vie un fils de famille qui étoit l'espoir et l'orgueil de la sienne, parce que dans un mouvement de fierté il aura rougi de mettre bas l'arme qu'il portoit, et sera convaincu d'avoir repoussé la violence par la force et d'avoir frappé de mort celui qui l'en menaçoit injustement.

La loi qui adjoint trois juges civils à trois juges des cours criminelles pour la composition d'un tribunal spécial, me force de me résigner à un ministère pour lequel je me suis senti tant d'éloignement. Hélas! si j'éprouve cette répugnance, c'est moins par pitié pour l'accusé qui en est trop souvent indigne, que par la crainte de tomber un jour dans une de ces erreurs que j'ai plus d'une fois relevées avec autant de courage que d'énergie, pour jeter dans l'ame des magistrats une défiance salutaire et pour leur épargner des regrets superflus.

17

CHAPITRE X.

DE LA POLICE CORRECTIONNELLE.

Quel seroit le ressort de ce tribunal, s'il s'étendoit sur tous ceux qui ont besoin d'être corrigés! M. de Montesquieu dit quelque part que les François avoient fondé l'hôpital des Petites-Maisons pour laisser croire que ceux qui n'y étoient pas renfermés jouissoient de leur bon sens. Ne pourroit-on pas en dire autant en voyant le petit nombre de ceux qui passent à la police correctionnelle? Mais quel tribunal suffiroit à condamner tous ceux qui méritent la censure des lois par la dépravation de leurs mœurs, par leurs emportemens, par les excès de débauche, par leurs fraudes, par leurs vices domestiques? C'est véritablement une belle institution que celle de ce tribunal; il a un caractère paternel jusque dans sa sévérité; il paroît plus s'occuper de corriger que de punir; il humilie sans flétrir; et si l'homme qu'il a condamné à une captivité limitée veut revenir à la probité et à la sagesse, trois années d'une conduite régulière semblent effacer sa première faute, puisqu'il échappe à la peine attachée à la récidive.

Des délits d'une nature bien différente exposent les individus à être traduits devant ce tribunal; et peut-

être, sous ce point de vue, doit-on regretter qu'on
lui ait donné une attribution trop étendue et trop
confuse. Et en effet, qu'y a-t-il de commun entre
l'enfant qui a laissé échapper une vache confiée à sa
garde, et le filou qui s'est introduit dans une maison
et y a dérobé des effets précieux? Pourquoi rapprocher l'homme qui a outragé les mœurs publiquement
et exercé des violences sur une femme, d'une jeune
villageoise qui a eu l'imprudence d'aller ramasser
dans une forêt quelques branches détachées par le
vent pour réchauffer sa famille et cuire ses grossiers
alimens? Ces accusés, qui laissent entre eux un si
grand intervalle, sont pourtant appelés par les
mêmes voix, introduits dans la même enceinte, placés sur les mêmes siéges et condamnés par les mêmes
juges. Ne seroit-il pas plus équitable et plus décent
d'assigner des jours différens et des audiences bien
distinctes pour des délits qui n'ont aucun rapport
entre eux.

Je suis loin de demander le rétablissement de ces
diverses justices qu'une nouvelle législation a suppri-
mées. J'en regrette cependant deux : celle de la maî-
trise des eaux et forêts et celle du tribunal de l'honneur. La conservation de nos forêts est d'un si grand
intérêt pour l'ordre public, pour la prospérité des
manufactures, qu'on ne peut trop en surveiller l'entretien. Mais puisqu'il faut, pour opérer quelque bien,
le faire sortir de l'ordre de choses où l'on est placé,
je proposerai seulement de créer pour les délits ru-
raux une police que l'on désigneroit sous le titre de

police forestière. C'est à ce tribunal seul que seroient cités tous ceux qui seroient contrevenus aux règlemens qui concernent les bois, les forêts, la pêche, la chasse, le pâturage des bestiaux, le port d'armes, enfin tous ceux qui seroient prévenus de braconnage ou de délits champêtres. Je désirerois aussi qu'on établît près de cette police un receveur des amendes, dans les mains duquel tous les condamnés pourroient verser sur-le-champ l'amende prononcée contre eux ; et ce ne seroit que huit jours après qu'ils auroient différé de se libérer envers l'état, qu'on pourroit leur signifier le jugement et leur faire encourir les frais qui aggravent stérilement leur peine et leur misère.

Il est des coupables d'une nature si odieuse qu'on ne craint pas de les exposer à l'humiliation de la police correctionnelle, et de les présenter aux regards du public comme des accusés qui ont encouru la sévérité de la loi : c'est déjà un châtiment qu'elle leur inflige. Cependant ils ne sont point encore convaincus ni condamnés, et c'est une raison pour ne pas le rendre trop pénible. L'accusé qui se rend volontairement à l'appel de la justice pour se disculper ou se soumettre à la condamnation qui va être prononcée contre lui, ne devroit pas être placé sur la ligne des prisonniers que la force armée conduit aux pieds du tribunal. Ce sont là, dira-t-on, de minutieuses distinctions ; mais pourquoi ne pas les faire lorsque la délicatesse et l'équité les réclament ? Que les juges correctionnels n'oublient jamais qu'un ministère de bonté et de protection leur est confié, et que, puis-

que la loi ne désespère pas de ceux qu'elle traduit
devant eux, ils ne doivent pas commencer par jeter
le désespoir dans leur ame, et leur fermer le retour
aux sentimens d'honneur.

Tous ceux qui sont traduits à la police correctionnelle ne doivent pas être envisagés sous le même aspect; ils n'ont pas tous le caractère de la dépravation et de l'improbité, quoiqu'ils aient encouru une
condamnation humiliante. Est-il beaucoup de gens,
même estimables, qui puissent se flatter d'échapper,
dans tout le cours de leur vie, à la honte d'une peine
correctionnelle? A cette question, je crois voir plus
d'un lecteur frémir d'indignation. Qu'ils me disent
cependant s'ils sont bien certains de n'être jamais entraînés dans les jeux d'une société tumultueuse et
bruyante, de laquelle sortira une rixe qu'ils n'ont
pas dû prévoir. Si, pour leur propre défense ou celle
de leurs amis, qu'on nommera des complices, une
lutte s'anime au point d'occasioner la moindre effu-
sion de sang, les voilà exposés à une plainte, à un
mandat d'amener ou de dépôt, et à une peine correctionnelle.

Il y a quelques mois, un vieillard lettré, qui a contracté l'habitude de se promener sur une de nos ave-
nues un livre à la main, fut atteint d'une pierre par
un petit vagabond qui vouloit la lancer à un de ses
camarades; distrait et troublé par ce coup imprévu,
il fait quelques pas en menaçant de sa canne l'étourdi
qui l'a frappé. Celui-ci, loin de montrer du repentir de son action, provoque la colère du vieillard, en

lui faisant des deux doigts de sa main qu'il a séparés, un signe insultant, et semble le défier par la légèreté de sa course. La colère de l'offensé s'accroît ; et, dans l'impuissance d'atteindre celui qui se joue de ses pas chancelans, il lui lance sa canne dans les jambes, et le fait tomber. L'enfant pousse alors des cris, se relève en présentant un visage ensanglanté par sa chute. Il court à la maison de son père ; tout éploré, désigne à ses parens l'auteur de son accident, et se garde bien de raconter ce qui l'a précédé. Le père, dans son émotion, va consigner sa plainte chez un juge de paix, fait mettre son enfant au lit : un chirurgien vient le visiter ; il constate une contusion à la jambe et un léger gonflement au nez. D'après ce rapport fait à la hâte, quel est l'étonnement du vieillard qui avoit déjà oublié ce petit événement, de se voir cité devant le directeur du jury, pour y subir un interrogatoire ? Il n'auroit pas tardé à être privé de la liberté et conduit au tribunal comme un criminel, s'il n'eût rencontré un juge équitable devenu médiateur entre lui et le père, qui fut bientôt désarmé par un léger sacrifice.

Quelques mois après, un homme pur et religieux fut provoqué, en revenant dans sa maison à l'approche de la nuit, par une de ces créatures qui trafiquent de leur personne, et spéculent sur la foiblesse humaine : indigné de cette attaque, l'homme repousse l'effrontée avec le mépris qu'elle lui inspire ; furieuse de l'outrage qu'elle reçoit, elle s'élance sur l'homme qui la dédaigne, et qui, craignant qu'elle n'ait le pro-

jet de lui enlever sa montre ou son argent, la frappe
rudement. La malheureuse pousse des cris horribles,
appelle à son secours, déclare hardiment qu'elle a
été attaquée, sollicitée, que sa résistance est l'unique
cause des traitemens qu'elle a reçus. Le vice auroit
remporté un triomphe éclatant sur la vertu, si l'ex-
cellente réputation de l'homme et la mauvaise renommée de la femme n'eussent étouffé le scandale de
cette affaire.

J'ai rapporté ces deux exemples pour prouver
que cette loi protectrice de l'enfance et de la foiblesse
d'un sexe auquel la nature a refusé la force dont il
n'a pas besoin, peut quelquefois égarer des juges qui
s'attacheroient plus à sa lettre qu'à son esprit ; et
mettre en péril l'honneur de l'individu le plus irréprochable. Cette loi si sage, si respectable dans ses
motifs et dans ses distinctions, a étendu aussi sa protection en faveur du vieillard ; mais il est des sexa-
génaires qui, dans leur âge avancé, ont conservé une
telle vigueur, qu'un jeune homme ne pourroit pas
lutter contre eux avec avantage : cependant si, sans
égard à leur agression, on punissoit trop sévèrement
le jeune homme qui les auroit frappés, ne courroit-
on pas le risque de donner une fausse application à
la pensée du législateur qui n'a pas dû tout prévoir,
et s'est reposé sur la sagesse des ministres de la justice.

Il est temps de revenir aux vrais coupables, à ceux
qui méritent réellement d'être corrigés par une détention plus ou moins longue. De ce nombre sont

sans doute les voleurs, les perturbateurs de l'ordre public, ceux qui abusent de leurs forces, jettent l'effroi dans les villes ou les campagnes, troublent le culte religieux et outragent les autorités qui sont ou les organes ou les instrumens de la loi. Je vois dans la punition que leur inflige le législateur l'intention de corriger le vice. Mais cette intention est-elle remplie par quelques mois d'emprisonnement? Si l'oisiveté est une des grandes sources du vol, l'inaction à laquelle le prisonnier est condamné pendant le cours de sa détention le disposera-t-elle au travail, ou n'achèvera-t-elle pas plutôt de lui en faire perdre l'habitude et les facultés? Je conçois qu'un chef de famille qui, s'abandonnant à un excès de colère, se sera porté à des actes de violence, aura offensé un ministre du culte, ou injurié un magistrat dans l'exercice de ses fonctions, acquiert plus d'empire sur ses passions et les réprime, lorsqu'un jugement l'aura retenu captif pendant un mois, l'aura condamné à une amende graduée sur sa contribution, et fait supporter les frais d'un procès. Mais peut-on espérer le même changement, la même révolution dans les idées d'un voleur? Lorsqu'il aura acquitté le tribut que la justice aura imposé sur sa personne et sa liberté, la porte de sa prison s'ouvrira pour lui. Où ira-t-il? à quel maître osera-t-il demander de l'ouvrage ou du service? Il est presque nu, il n'a ni recommandation à faire valoir, ni papiers à montrer; il ne sait pas même où il pourra trouver un gîte pour passer la nuit qui s'approche, et pendant laquelle il va errer dans les rues ou sur

les chemins. Toute sa ressource, s'il n'est pas encore
devenu un brigand, sera d'aller mendier son pain
et de solliciter une hospitalité passagère dans une
ferme voisine. Mais qui le vêtira ? qui lui fournira le
moyen de gagner des alimens ? La charité ne peut
pas subvenir aux besoins de l'indigence honnête : dé-
tournera-t-elle ses dons en faveur d'une misère errante
et crapuleuse ? Peut-être avoit-il commis un premier
vol par foiblesse, il en commettra mille par nécessité ; en vain l'a-t-on menacé d'une peine plus forte
s'il tomboit dans la même faute. Si vous voulez le
préserver d'une rechute, fournissez-lui donc les
moyens de se soutenir dans la probité ; n'exigez pas
de cet être si foible, si débile au moral, une vertu
plus qu'humaine, celle qui fait préférer la mort au
larcin et à la fraude.

La difficulté d'opérer un semblable changement
est grande sans doute, mais elle n'est pas insurmon-
table ; je vais essayer de la franchir en reproduisant
des idées qui ne sont pas neuves, mais qui peuvent
être utiles. Je voudrois que dans chaque département il y eût un édifice consacré à la correction des
individus condamnés par la police des tribunaux. Ils
seroient divisés en plusieurs quartiers ; l'un seroit
affecté à la classe des voleurs, l'autre à celui des débauchés, un troisième aux mendians paresseux, un
quatrième aux hommes violens qui auroient répandu
le sang de leurs semblables. Tous ces prisonniers
porteroient un signe apparent et caractéristique de
leur délit. Le voleur auroit une manche noire, le

sanguinaire en auroit une rouge, le mendiant paresseux en porteroit une qui auroit la couleur de feuilles
mortes, celle de l'ivrogne et du débauché auroit la
teinte de la lie de vin, celle de l'impudique auroit la
couleur de chair. Un autre quartier de cette maison
seroit désigné sous le titre de quartier d'amélioration
ou d'amendement. Lorsqu'après quelques mois d'é-
preuves on auroit mérité d'y être transféré, le coupable ne porteroit plus le signe humiliant de son
délit, et on lui fourniroit les outils et les instrumens
nécessaires à son genre de travail. Si même il étoit
parvenu à inspirer quelques degrés de confiance, on
pourroit lui permettre d'aller travailler chez un
maître ou chez un cultivateur, à la charge de rentrer tous les soirs dans la prison, et de remettre
les deux tiers de son salaire à un économe qui lui
en tiendroit compte au moment où la liberté renaî-
troit pour lui. Je voudrois qu'on établît dans cette
maison une chambre de discipline. Si un voleur étoit
convaincu d'avoir dérobé le moindre effet, soit à un
de ses compagnons, soit à la prison; si l'impudique
avoit gravement offensé les mœurs, je n'hésiterois
pas à les condamner à recevoir sur les épaules vingt-
cinq coups de verges qui leur seroient vigoureu-
sement appliqués par un guichetier. Ce châtiment
seroit toujours précédé de l'autorisation du juge de
paix, qui ne l'ordonneroit que d'après un rapport
certifié de tous les principaux officiers de la maison.
L'isolement ou une captivité plus obscure et plus
resserrée, l'assujétissement de boire une quantité

déterminée de mesures d'eau, seroient la punition des autres prisonniers.

Je ne fais ici qu'esquisser un projet de correction susceptible de recevoir toutes les modifications et tout le développement que l'autorité du législateur peut lui donner.

Il est une autre classe de coupables que l'on s'efforceroit en vain de corriger; c'est celle des femmes ensevelies dans la débauche. La plupart d'entre elles sont si perverses, si déhontées, qu'on ne peut rien espérer ni de leur châtiment, ni de leur repentir; le remords n'a plus de prise sur leur ame gangrenée; leur corruption morale et physique les rend si funestes à la société qu'il seroit à désirer qu'elles cessassent d'exister.

Si cependant il s'en trouvoit parmi elles qui fussent susceptibles de revenir, je ne dis pas à la vertu, mais à quelque lueur de repentir, il ne faudroit pas être sans pitié à leur égard; ce seroit à l'œil de la surveillance qu'il appartiendroit de démêler ces prodiges et de les faire rentrer dans l'existence civile, en les faisant passer par la route de la pénitence et du travail : mais les rejeter tout à coup sans épreuves et sans distinction dans le sein de la société, après quelques mois de prison, c'est faire refluer une source impure de débauche et de venin dans le corps social, qui auroit un si grand besoin d'être épuré. C'est pour ces fléaux de l'espèce humaine qui sont l'opprobre de leur sexe et font le malheur du nôtre, que je regrette que la France n'ait pas une île lointaine sur

laquelle il soit, en tout temps, possible de verser
ce limon impur condamné à une stérilité éternelle.
Tous les navigateurs seroient avertis de s'en écarter
comme d'une contrée pestiférée. Deux supérieures
générales seroient choisies parmi ces vierges actives
qui ont tellement contracté l'habitude de la charité,
que l'exercice de cette vertu est devenu pour elles un
besoin : elles ne s'éloignent d'un être souffrant que
pour en aller soulager un autre plus souffrant encore ;
elles ne sont pas plus attirées par l'espoir de la reconnoissance que détournées par l'ingratitude ; elles
ne prennent de repos que pour y puiser la force de
continuer le lendemain le bien qu'elles ont commencé
la veille. Détachées de toutes les jouissances, de toutes
les affections mondaines, elles n'ont plus pour amis,
pour parens, que les pauvres : aussi, dociles à la
voix qui leur commande, elles se transportent humblement et sans regrets d'une contrée dans une autre ;
quelque pays qu'elles habitent, pourvu que la douleur et les souffrances ne manquent point à leur
zèle, elles ne s'y croiront jamais étrangères.

Ces deux chefs vénérables seroient investis d'un
pouvoir illimité ; elles auroient la garde des magasins,
la disposition des semences, la surintendance des
troupeaux ; elles se feroient soulager et fortifier par
les sujets qu'elles jugeroient les plus intelligens et
les moins corrompus, auxquels elles accorderoient
des alimens plus appétissans, des vêtemens moins
ignobles ; elles pourroient même leur procurer la
faveur insigne de rentrer un jour dans leur patrie

pour prix de plusieurs années d'assiduité et de repentir, mais à la condition qu'elles consacreroient le
reste de leurs jours au service des hôpitaux. Un fort
dans lequel seroient renfermées quelques compagnies
d'invalides, seroit, en cas d'alarme et de rébellion,
un lieu de refuge et un moyen d'assistance. Tout
soldat ou officier qui oseroit approcher, sans en être
requis par elles, de l'enceinte soumise à leur domination, seroit puni de mort. Bientôt on ne distri-
bueroit aux habitantes de cette colonie que la toile
qu'elles auroient filée, d'autres étoffes que celles
qu'elles auroient tissues, d'autre linge que celui
qu'elles auroient blanchi, d'autres chaussures que
celles qu'elles auroient fabriquées, d'autres légumes
que ceux qu'elles auroient cultivés. Les lectures, les
estampes, les danses, les liqueurs fortes qui pourroient animer leurs sens, échauffer leur imagination,
leur seroient sévèrement interdites. On leur pres-
criroit l'usage fréquent des bains, qui deviendroient
le principal délassement des travaux qu'on leur assi-
gneroit en raison de leur adresse et de leurs facultés.
La voix de l'humanité réclameroit peut-être en faveur
de ces créatures perverses dont la religion ne désespère jamais, l'établissement d'une chapelle que les
larmes de la pénitence arroseroient un jour. On ne
leur en refuseroit pas l'entrée; elle seroit desservie
par de respectables missionnaires qui s'efforceroient,
par de pieuses exhortations, par d'ardentes prières,
de réconcilier le ciel avec ce qu'il y a de plus vil sur
la terre.

Ce seroit encore une belle tâche, je ne dis pas
pour l'éloquence, mais pour un ministère de charité,
que de ranimer par le remords et l'espérance ces
êtres dont le vice avoit éteint toutes les affections, et
qui étoient déjà devenus la proie de la corruption et
de la mort.

Puissent ces idées que je jette au hasard au-devant
de la sagesse du gouvernement n'être pas perdues
pour jamais, et fructifier dans l'avenir !

RÉSUMÉ.

J'AI achevé la tâche pénible que je m'étois imposée. On a vu dans la première partie de cet ouvrage des délits qui intéressent l'ordre public ; j'ai présenté dans la seconde ceux qui touchent plus directement la tranquillité des familles ; j'ai indiqué dans la troisième les moyens de les constater. Je m'étois proposé d'en consacrer une quatrième à graduer les peines proportionnées à leur gravité ; mais, je l'avoue, mon cœur s'est resserré à l'idée de traîner mon imagination de supplices en supplices, et j'abandonne ce travail à des ames plus fermes que la mienne. Je suis si loin de pouvoir créer de nouvelles tortures que, s'il dépendoit de moi, je transformerois tous les châtimens en peines infamantes, et tous les tribunaux criminels en tribunaux d'honneur ; je ne ferois tomber la mort que sur l'assassin ; l'esclavage, que sur le pervers inaccessible à toute honte et endurci contre le remords : l'exil, le bannissement, la dégradation civique, un signe flétrissant et caractéristique du délit, attaché aux vêtemens ou à la demeure du coupable pendant un certain nombre d'années, seroient la punition de la fraude, de la mauvaise foi ; je me rappelle encore le temps où l'affiche d'un jugement, où la prononciation d'une

amende séparoit de la société entière l'individu qui
en avoit été flétri; où l'idée seule du blâme faisoit
frémir et poursuivoit le coupable jusque dans ses
foyers d'où il n'osoit plus sortir. En vain auroit-il
voulu prendre part aux combats et s'exposer aux
hasards de la guerre; il étoit condamné à vivre et à
mourir dans la honte : inutilément sa fortune lui
auroit-elle procuré tous les moyens d'acquérir un
emploi civil; tous les greffes, tous les tribunaux se
fermoient devant lui; les spectacles, les promenades
publiques paroissoient lui être interdits ; s'il eût osé
s'y montrer, un désert sembloit se former autour
de sa personne, et loin d'être importuné de la foule
il n'auroit eu qu'à gémir de son isolement.

L'interdiction du lieu que l'on nomme *la Bourse*
frappoit d'ignominie, dans les villes de commerce,
un négociant infidèle. La défense de pénétrer dans
le chœur d'une église pour y prendre sa place, étoit
une punition terrible, même pour le prêtre le plus
immoral. Quel militaire n'étoit pas prêt à se percer
de son épée si on lui retiroit l'honneur de la porter !
Un procureur frappé d'interdiction, retrouvoit une
ame pour la douleur. Un avocat rayé du tableau,
croyoit son nom effacé du livre de vie. Un magistrat
prévaricateur, dépouillé de sa robe, auroit fui les
regards des hommes, comme si la justice l'eût réduit
à un état de nudité. Il n'y a pas jusqu'à l'artisan qui
ne fût très-affecté de l'arrêté de ses confrères qui le
déclaroit indigne d'être élevé aux charges de sa com-
munauté.

Ils

Ils connoissoient bien peu le parti qu'on pouvoit
tirer de l'honneur chez une nation délicate et généreuse, ceux qui n'ont imaginé, pour punir les coupables, qu'une longue gêne, que des années de fers,
que le supplice de la mort. Les opinions, les maximes qui généralisent l'espèce humaine me font pitié.
Il y a souvent autant de distance entre un homme
et un autre qu'il en existe entre le vice et la vertu,
entre la stupidité et l'éclat du génie. Contemplez,
si vous le pouvez, ces quatre individus que des jugemens émanés du même tribunal exposent sur un
échafaud aux regards du public; voyez ces deux brigands attachés près l'un de l'autre, nulle trace de
douleur ne paroît sur leur front découvert, ils pro-
mènent un œil tranquille et presque dédaigneux sur
les assistans, ils sont disposés à insulter à la curiosité
qui les observe : un troisième, immobile, paroît
concentrer une masse de douleurs dans son ame; à
peine s'échappe-t-il un souffle de sa poitrine oppressée,
il ne voit rien, il n'entend rien, il voudroit cesser
d'être, voilà tout le vœu qu'il forme, tout le sentiment qu'il éprouve. Etranger à ceux qui partagent
son opprobre, il ignore si celui qui est à son côté
gémit, se désole et annonce par sa foiblesse une défaillance presque totale. Les deux premiers sont des
artisans du crime qui volent par instinct, qui con-
voitent tout ce qu'ils voient, et ne cherchent à le
dérober que pour le convertir dans cette liqueur qui
fait leur principale jouissance, et qui a d'autant plus
de prix à leurs yeux qu'elle leur fait perdre le peu

de raison qu'ils ont reçu de la nature; l'autre est
une ame fière, emportée, qui n'a pu souffrir une
légère offense et a mutilé un insolent mercenaire.
Le quatrième est le commis d'un banquier qui, pour
briller aux yeux d'une maîtresse et pour fixer sa
conquête, a détourné l'argent qui lui étoit confié ; ils
sont également condamnés à traîner la chaîne du
galérien, à être revêtus de son habit ignominieux ;
les deux premiers sont déjà résignés à leur sort; ils
le supporteront gaiement s'il leur est possible de
s'enivrer encore quelquefois, et s'ils entrevoient le
moyen de briser leurs fers et de se dérober à la servitude pour commettre de nouveaux larcins. Le troisième ne survivra pas long-temps à son malheur ;
déjà la mort s'est emparée de toutes ses facultés ;
son sang altéré fait circuler la flamme dans ses
veines ; une fièvre ardente le dévore ; la justice a cru
ne pas lui ôter la vie, et cependant elle l'a tué. Le
quatrième reprendra des forces, contractera l'habitude de l'humiliation et de l'esclavage ; il écoutera
le langage de la perversité qui lui fera honte de sa
douleur et finira par ne pas valoir mieux que ceux
dont il partagera la destinée.

Quel changement, me demandera-t-on, voudriez-
vous apporter à ces jugemens conformes à la loi ?
Je condamnerois les deux brigands, sans l'exposition
qui n'est pas une peine pour eux, à un esclavage
illimité ; à moins qu'au terme fixé par la loi, leur
famille déposât, en les réclamant, une somme de
mille francs dont le gouvernement leur feroit la

rente, et qui seroit perdue pour eux et leur caution
s'ils se rendoient coupables de la même faute. Je
fixerois le troisième pendant quatre jours de suite à
la porte de la mairie ; un crêpe rouge voileroit le
visage de cet homme violent, s'il avoit mutilé un citoyen ; je l'exposerois sur un échafaud dans la place
publique avec un voile noir, s'il lui avoit donné la mort.
Dans le premier cas je le condamnerois à un emprisonnement d'une année, à la confiscation d'un quart
de son bien envers l'état qu'il auroit frustré du secours
d'un citoyen, et à une pension alimentaire en faveur
de l'homme mutilé ; dans le second cas sa détention
seroit de cinq ans, la confiscation d'un tiers de son
bien envers l'état, et le second tiers pour la veuve ou
les enfans de la victime de sa colère.

A l'égard du quatrième, comme l'exposition seroit
pour lui un véritable châtiment, je lui en ferois subir
toute l'horreur, et je le condamnerois à travailler
pendant six années, sous les vêtemens de l'indigence,
dans un atelier de charité. Ces peines ainsi variées me sembleroient dans une proportion plus équitable avec le caractère des coupables et la nature de
leur crime.

Mais je m'aperçois que j'entre, malgré moi, dans
le sujet que je voulois m'abstenir de traiter. Je passe
à une idée plus douce qui se concilie davantage avec
la trempe de mes pensées. Ils étoient bien dans le
délire de la démocratie ceux qui vouloient enlever
au monarque le plus beau lustre du pouvoir, le plus
magnifique attribut de la souveraineté, ce qui peut

18.

le plus le dédommager de ses sollicitudes, de ses anxiétés, je veux dire le droit de faire grâce ou de commuer les peines. Le maître du tonnerre montre toute sa puissance lorsqu'il fait sillonner les éclairs qui précèdent le bruit et l'éclat de la foudre, lorsqu'il soulève la tempête et jette l'épouvante jusque dans le sein des habitans des mers. La nature consternée reconnoît alors que nulle puissance n'est comparable à celle de son maître. Tous les êtres vivans cherchent à se dérober à sa colère; les animaux les plus féroces, frappés d'épouvante, abandonnent leur proie pour se réfugier dans leurs antres; mais combien ce grand dominateur paroît plus majestueux lorsqu'il laisse entrevoir sa bonté à travers un ciel serein et azuré, lorsqu'il fait tomber sur la terre une rosée salutaire, lorsqu'il répand sur les campagnes et étend sur la cime des arbres cette verdure éclatante que l'on nomme avec tant de raison *la couleur de l'espérance*, puisqu'elle promet déjà tant de richesses. C'est alors que la nature semble animer par l'amour et la reconnoissance tout ce qui respire dans son sein et exprime sa joie. Les habitans des airs le célèbrent par leurs concerts harmonieux; les fleuves qui ne sont plus retenus captifs sous la main glacée de l'Ibère, vont porter leurs larges tributs à l'Océan: tout présente le mouvement du bonheur et de la vie. Ah! c'est alors qu'il est doux de reconnoître que l'on a un maître, que nul n'a la pensée de contester son pouvoir, et que l'ame se sent disposée à le chérir et à l'adorer!

RÉFLEXIONS

SUR LE DUEL.

J'ai parlé dans cette partie de mon ouvrage de l'homicide, et peut-être s'étonnera-t-on que j'aie passé si légèrement sur le délit qui enlève le plus d'hommes à la patrie, et qui a tant de fois répandu le deuil sur les familles. Que pourrois-je dire de plus que ce que j'ai exposé ailleurs sur ce triste sujet.

Le Duel est un crime qui semble être sorti de l'enceinte des tribunaux, et sur lequel la justice, la raison n'ont plus de prise. Inutilement la sévérité des lois, l'autorité d'un grand monarque se sont-elles efforcées de l'étouffer. Il a surmonté toutes les puissances, et s'est montré avec une audace superbe à la face des magistrats et des rois. La religion a tonné en vain contre les excès de son délire. La voix d'un faux honneur a parlé avec plus d'empire que celle de tous les moralistes ; elle a dit à l'homme de guerre : Tu es un lâche si tu ne te rends pas à l'appel fait par ton ennemi, et si tu hésites à lui prouver que tu ne crains ni de lui donner la mort ni de la recevoir de sa main. Elle a dit au noble : Tu n'es pas digne de porter l'épée qui te distingue du vulgaire, si tu balances à la tirer au premier signe d'un adversaire qui paroît te provoquer ou douter de ta valeur. Inutilement prétendrois-tu que des exploits, que des actes de courage ont trop de fois signalé ta bravoure pour qu'on puisse la révoquer en doute ; ton ennemi en tirera plus d'avantage et se vantera de t'avoir inspiré de la peur.

C'est ce langage aussi absurde que barbare qui l'a emporté sur tout ce que les hommes les plus sages, les plus éloquens, ont fait entendre dans les chaires de morale et dans le sanctuaire des lois. Que peut la terreur des châtimens sur un insensé qui brave la mort, pour lequel la patrie n'est rien, puisqu'il s'expose à s'en exiler pour jamais, qui sacrifie à l'aveuglement de son préjugé les grâces de sa jeunesse, les avantages de sa fortune, et préfère de traîner dans des cours étrangères un corps mutilé et une existence misérable à la douceur de vivre paisible au sein d'une famille qui l'honore et le chérit ?

Tout ce que l'on écrira contre le duel et le suicide n'aura pas plus d'effet que les clameurs d'un pilote n'en obtiennent contre les vents et la tempête. Ce n'est que par une manœuvre habile et en louvoyant avec adresse qu'on peut diminuer le danger d'une passion effrénée qui enlève à la France plus de soldats que le fer de l'ennemi, et prolonge les dangers de la guerre jusque dans le calme de la paix.

Les duels n'ont jamais été plus fréquens en France que lorsque les individus étrangers à l'ordre de la noblesse ont voulu paroître lui appartenir. Le roturier s'est flatté de prouver qu'il étoit gentilhomme ou digne de l'être, parce qu'il n'en craignoit pas un qui le fût réellement.

Le soldat armé d'un sabre ou d'une épée s'est cru déshonoré s'il ne soutenoit ses prétentions justes ou injustes avec le fer qu'il avoit le droit de porter. Il a vu ses chefs repousser une offense par leurs armes. Il n'a pas voulu leur céder en courage, et s'est flatté de conquérir leur estime en montrant la même témérité. Aussi le duel a-t-il long-temps été circonscrit dans la classe des nobles, des prétendans à la noblesse et des militaires.

Autant il paroissoit d'une nécessité absolue à ceux-là de ne pas endurer la plus légère offense, et même l'apparence d'un tort, sans manifester la résolution de la laver dans le sang de son agresseur, autant les autres se seroient exposés au ridicule et à la risée publique s'ils avoient feint de vouloir recourir au même moyen de vengeance.

Un médecin qui auroit provoqué en duel son confrère, un savant qui en eût défié un autre, un homme de loi qui auroit pris l'attitude d'un spadassin, n'auroient excité que le mépris et la pitié.

C'eût été bien pis si cette provocation meurtrière fût sortie de la bouche d'un théologien ou d'un professeur de l'université.

La raison de cette différence n'étoit pas de ce que l'on supposoit moins de délicatesse ou d'honneur aux hommes qui exerçoient ces professions; mais de ce qu'ils avoient d'autres titres à la gloire et à la célébrité que celui de brave.

Le fameux Sainte-Foix perdoit plus qu'il ne gagnoit dans ses combats singuliers, et il avoit besoin, pour se les faire pardonner, de produire deux jolies comédies ou un ouvrage tel que ses Essais historiques sur Paris.

Il en étoit autrement de l'homme dont la bravoure constituoit le principal mérite, qui ne pouvoit plus se montrer sous les drapeaux et dans les sociétés distinguées, s'il laissoit soupçonner que la valeur ne fût pas sa qualité distinctive.

C'est surtout aux yeux des femmes que les guerriers ont voulu se parer de ces dehors chevaleresques qui promettoient un défenseur de plus à la foiblesse d'un sexe timide. Ce ne fut que trop souvent pour lui plaire et conserver son estime que le glaive fut tiré, et qu'il exposa une amante offensée à perdre celui qui lui avoit fait généreusement le sacrifice de sa vie.

Il faudroit se jeter dans l'antiquité la plus reculée si l'on vouloit rechercher l'origine du duel qui a précédé de bien des siècles les temps de chevalerie. Cet égarement paroît avoir été trop naturel aux Francs, comme la passion du jeu qui étoit si dominante chez nos ancêtres, qu'elle les aveugloit au point de compromettre leur liberté et de se réduire à la honte de l'esclavage pour acquitter une dette plus sacrée à leurs yeux que leur personne.

C'est après avoir médité long-temps sur une maladie aussi invétérée et qui semble appartenir à notre

organisation que j'ai cherché le remède qui pouvoit,
sinon la guérir, du moins en atténuer les funestes
ravages. Je proposerois d'interdire le port d'armes à
tous soldats, à tous officiers qui seroient en garnison,
lorsque leur service ou des cérémonies militaires
n'exigeroient pas qu'ils se montrassent sous les dehors
imposans d'un homme de guerre. Les seuls officiers
généraux et colonels conserveroient ce signe du commandement.

Quelque offense qu'il eût reçue, nul militaire
ne pourroit proposer ou accepter un défi qu'il n'en
eût prévenu son chef et obtenu de lui de purifier
son honneur outragé. Si c'étoit un simple soldat en-
rôlé pour un temps limité qui sollicitât cette malheureuse faveur, le chef appelleroit devant lui
l'agresseur et l'offensé, s'efforceroit d'obtenir du
premier une satisfaction si complète qu'elle ne laissât
dans l'ame du second aucun ressentiment, aucun
désir de vengeance. Mais s'il ne parvenoit pas à ce
point désirable, il permettroit à l'offensé de laver
son offense dans le sang de son ennemi, l'autori-
seroit à faire le choix des armes, en le prévenant
que s'il mutiloit son adversaire, il seroit comptable
envers la patrie du même nombre d'années de service dont son rival étoit chargé ; que si, au contraire, il demeuroit, par l'effet du combat, hors
d'état d'acquitter sa dette personnelle, il seroit
renvoyé sans récompense ; que l'unique moyen d'é-
chapper à ce double danger étoit de remettre le soin
de sa vengeance au jugement du corps qui seroit

tout à la fois le protecteur de sa personne et de son honneur.

Je présume qu'en adoptant ce plan, on préviendroit beaucoup de duels entre les soldats.

S'il s'étoit élevé entre deux officiers du même corps une querelle assez vive, assez animée pour déterminer l'un d'eux à mettre sa vie et celle de son camarade en péril, il ne pourroit lui porter un défi sans en prévenir son colonel, qui tenteroit d'abord de faire renaître l'amitié dans le cœur ulcéré; s'il ne pouvoit y parvenir, il formeroit dans son régiment un tribunal d'honneur composé du major et des quatre plus anciens capitaines : les deux adversaires y seroient cités; après les avoir entendus, il prononceroit que l'offense exige ou n'exige pas une réparation, condamneroit celui qui seroit chargé d'un tort à satisfaire l'offensé par une déclaration amicale, et à quelques jours d'arrêts ou de prison suivant la gravité de l'injure.

Si l'agresseur se refusoit à cette réparation en déclarant qu'il persiste à regarder son camarade comme un homme sans courage, sans honneur, sans probité, on lui enjoindroit de fournir les motifs de son opinion; et s'ils étoient jugés raisonnables, il lui seroit défendu de répondre au défi d'un adversaire déshonoré, et qu'on expulseroit sur-le-champ du corps. Mais si cette accusation étoit trouvée calomnieuse, le diffamateur seroit condamné à faire pendant six mois le service de simple soldat; si, après ce terme expiré, il ne se rétractoit pas devant le tribunal d'honneur , il se verroit pour jamais destitué de son grade.

Il en seroit de même à l'égard des lieutenans et des sous-lieutenans,

Si, dédaignant ces formes protectrices de l'honneur, deux officiers s'étoient battus à l'insu de leurs chefs, celui qui auroit blessé son camarade seroit présumé criminel, puisqu'il auroit craint de soumettre sa cause à une autorité respectable ; l'arme dont il auroit fait usage seroit ignominieusement brisée, et il descendroit d'un grade pour une blessure légère, et seroit replacé dans le rang des simples soldats s'il avoit mis son ennemi hors d'état de servir.

Mais ce n'est pas seulement dans la classe militaire que le duel se propage et assouvit la soif de sang qui le dévore. De jeunes citadins qui se tiennent éloignés des drapeaux ne se croient pas étrangers aux combats singuliers, s'y provoquent pour les querelles les plus légères. Ils refusent de se mesurer avec l'ennemi de leur nation, et se font gloire d'attenter à la vie d'un compagnon de plaisir et d'étude : des hommes plus graves et qui doivent mieux connoître le prix de l'existence la compromettent souvent pour un vil intérêt, pour une passion méprisable, pour une brusquerie échappée à l'ignorance et à la grossièreté, quelquefois pour un jeu de mots qu'une inconséquence s'est permise sans méchanceté. C'est surtout en raison du peu d'esprit et de délicatesse dont l'homme est doué, qu'il est le plus disposé d'opposer au trait d'une légère épigramme la pointe de son épée. Il croit que sa menace est une preuve de courage, et elle ne prouve que sa sottise. On a souvent répété que les hommes d'esprit et de talent se battoient rarement, et on en a conclu qu'ils avoient peu de valeur. La véritable raison est qu'il existe entre eux un genre d'escrime bien supérieur à celui des spadassins. C'est la nature qui est leur maître d'armes, et la finesse de leur réplique et de leur saillie a plus de grâce et de mérite que les brillans assauts où le fleuret joue le principal rôle. Ces combats meurtriers qui enlèvent un fils à une mère, un époux à une femme enceinte, un citoyen aux arts, méritent toute l'attention du législateur, et ses efforts pour les prévenir seront comptés au nombre de ses bienfaits, et accroitront la reconnoissance de l'humanité.

J'insisterai, pour détruire ce fléau national, sur le projet que j'ai déjà proposé dans un chapitre précédent, d'ériger un tribunal d'honneur dans toutes nos cités populeuses.

Tout individu dont la profession seroit libérale et l'existence estimée, pourroit, s'il avoit été offensé dans sa personne, dans son honneur, requérir que ce tribunal fût convoqué extraordinairement pour y traduire son adversaire et obtenir la réparation qu'il auroit le droit d'attendre de la loyauté chevaleresque. Ces seuls mots prononcés avec une franchise sévère, *Le tribunal déclare que vous avez eu tort*, seroient une peine pour l'homme délicat. Mais s'il prononçoit ces mots : *Le tribunal a jugé que vous étiez un calomniateur*, est-il un offensé dont la vengeance

ne seroit pas assouvie, et pourroit prétendre à une
réparation plus solennelle ?

Si l'injure étoit d'une telle gravité, d'une nature
si odieuse qu'elle ne pût être lavée ni par la rétrac-
tation ni par une soumission à une peine pécuniaire ou
à de justes dédommagemens, le tribunal déclareroit
que le coupable est tellement sorti des limites de
l'honneur qu'il s'est rendu indigne de porter aucune
arme militaire et d'en faire usage; et s'il osoit enfreindre cette défense, elle seroit communiquée à
toutes les autorités, à tous les tribunaux où il ne
seroit plus envisagé que sous l'aspect d'un homicide
armé pour accomplir le crime.

Si l'agression avoit eu pour cause une intention
vile, telle que celle de se soustraire à une dette légitime, à un engagement sacré, ou de se faire céder
par la crainte et par la foiblesse ce qu'on ne pourroit
obtenir de la justice, ce tribunal déclareroit que le
provocateur est inique et sans honneur, il feroit défense à tout homme qui respecte son opinion de répondre aux provocations de cet agresseur, sous peine
de partager son infamie.

Je me trompe beaucoup si l'existence d'un semblable tribunal dans nos principales villes ne pré-
venoit pas les duels, n'étouffoit pas bien des vengeances, et ne ramenoit pas les formes polies dont
la jeunesse paroît s'éloigner de jour en jour.

Je pressens toutes les objections que l'on peut me
faire. Eh quoi! me demandera-t-on, vous flattez-vous
d'appaiser avec vos froides réflexions la bouillante

colère d'un homme généreux qui aura reçu un démenti, ou qu'un insolent aura frappé? Prétendrez-
vous aussi qu'il faille présenter une autre joue à celui
qui nous aura donné un soufflet?

Je regarde certainement comme un des grands
malheurs l'injure dont vous parlez, répondrai-je à
mon interlocuteur; mais croyez-vous qu'un soufflet
que la grossièreté auroit appliqué à un héros l'auroit
déshonoré? Il est arrivé plus d'une fois à Turenne,
à Catinat de se promener dans les allées du Cours
et dans la plaine qui s'étend au bord du château des
Invalides.

Supposez qu'un *marodeur*, un soldat sur lequel
ces deux généraux auroient fait appesantir la discipline militaire, eût conservé un tel ressentiment de
son châtiment, qu'à la vue de l'un de ces généraux,
il eût conçu le projet de se venger et se fût oublié au
point de le frapper au visage et de se dérober par
la fuite à une mort méritée : croyez-vous que leurs
lauriers auroient été flétris, parce que le sang du coupable n'auroit pas été versé, et qu'ils auroient perdu
quelque chose dans l'estime des hommes?

Le maréchal de Saxe a fait quelque séjour à
Londres. Si un Anglais eût cru venger sa patrie, hu-
miliée dans les champs de Fontenoi, en frappant
d'un coup de bâton celui qui avoit conduit les Français à la victoire, imaginez-vous que, parce que cet
insensé se fût perdu dans la foule, et soustrait à la
vengeance du héros irrité, il auroit fallu le considérer comme un être dégradé aux yeux de la France et

de l'Angleterre? Enfin, pour nous rapprocher de personnages moins éloignés, supposons que le maréchal de Mouchy, que le maréchal de Ségur, que nous avons avons vus partager la captivité de tant d'hommes d'opinions diverses, et éprouver les excès de la persécution, eussent rencontré dans leur prison un être assez pervers pour abuser de l'infortune du premier et profiter de l'impuissance à laquelle une honorable blessure avoit réduit le second, en est-il un parmi vous qui leur eût retiré son estime? Convenez donc qu'un soufflet commence par déshonorer celui qui le donne, parce qu'il a offensé la dignité de l'homme et s'est ravalé au rang de la plus vile espèce de lutteurs, et qu'envisagé sous cet aspect, il ne mérite pas l'honneur d'un combat singulier, mais la flétrissure ignominieuse de la main du bourreau.

On raconte que Lamotte, plus estimé par l'élégance de sa prose que par ses vers, se trouvant un jour à une représentation d'*Inès de Castro*, eut le malheur de marcher sur le pied d'un homme qui étoit près de lui. Ce turbulent spectateur, irrité d'une pression involontaire qu'il regardoit comme une injure, lui donna un soufflet. Jeune homme, lui dit le vieillard qui étoit privé de la vue, quelle va être votre douleur lorsque vous saurez que celui que vous venez de frapper si indignement est aveugle. A ces mots, l'homme confus alla cacher sa honte et ses remords dans la foule, où il se perdit. Je le demande, est-il un homme de bien qui, dans une

semblable circonstance, n'eût préféré le malheur
de Lamotte à la brutalité de celui qui l'avoit outragé?

Une offense bien grave à l'oreille délicate du préjugé, c'est un démenti. Il est d'abord très-rare qu'il
soit clairement articulé par un homme bien né. S'il
échappe à un homme ignorant et grossier, il n'humilie que lui. Vous vous trompez, cela n'est pas
exact, on vous en a imposé : voilà les expressions
dont le feu de la discussion permet de se servir. Sont-
elles assez attentatoires à l'honneur pour qu'il faille
faire couler le sang de celui qui les a proférées? Il n'y
a qu'un esprit bien borné, bien ridiculement superbe
qui oseroit le prétendre. Je me rappelle à ce sujet
le propos que me tint un personnage fier de sa naissance : il avançoit qu'un de ses amis avoit, avec raison, donné un coup d'épée à un de ses camarades
qui lui avoit soutenu qu'une aventure qu'il racontoit
n'étoit pas éxacte. Je me permis de lui observer qu'il
auroit fallu d'abord s'assurer si le fait articulé étoit
vrai ou faux. Et qu'importe? répliqua-t-il; sachez,
monsieur, que le mensonge qui sort de la bouche
d'un gentilhomme est plus respectable que la vérité
qui s'échappe de celle d'un bourgeois. Cette maxime,
repartis-je, est d'un si grand sens et si neuve pour
moi, que je ne l'oublierai de ma vie. Je m'éloignai à
l'instant pour adresser la parole à un autre. Mais, si
je fus scandalisé d'une présomption aussi insolente,
une scène bien différente me réconcilia avec le noble
orgueil d'un officier général qui repoussa le défi

que

que lui proposoit un gentilhomme, qui se prétendoit
offensé de ce qu'il appeloit un démenti. Eh! pourquoi, lui demanda l'ancien militaire, me mesurerois-
je avec vous? Quelle gloire acquerrois-je en vous
donnant la mort! Peut-être votre famille, qui en seroit peu touchée, me demanderoit-elle le prix de votre
sang! Si vous avez réellement du courage, comme
vous voulez le faire croire, montrez-vous, ainsi que
moi, dans vingt combats contre les ennemis de la
France, et vous n'aurez plus besoin, pour signaler
votre bravoure, de vous montrer si susceptible sur le
point d'honneur. Voilà, répliqua le gentilhomme,
une étrange manière de sortir d'affaire! Vous êtes le
maître, Monsieur, repartit l'officier général, de
prendre mon refus pour de la peur. Essayez de persuader que vous m'ayez inspiré quelque crainte. Il
prononça ces mots d'un ton si martial, d'un air si supérieur, que son adversaire en fut déconcerté; il
murmura une réponse que personne n'entendit, et
s'éloigna.

Le maréchal de camp, aussi calme qu'avant la dis-
pute, parla avec un air indifférent d'une affaire qui
occupoit l'attention publique, et laissa dans tous les
esprits l'idée d'une fermeté inébranlable.

Je le sais, il n'est pas donné à tous les individus
d'avoir les mêmes titres à l'estime publique et de
pouvoir se retrancher dans une réputation de courage. Mais qu'importe à celui qui sent au fond de
son cœur qu'il mérite l'estime des autres, et qu'il ne
lui a manqué que l'occasion de la conquérir?

S'il étoit jamais permis de s'exposer au hasard d'un duel et au malheur de devenir homicide, ce seroit peut-être lorsqu'on rencontre un calomniateur qui diffame l'innocence et la vertu. C'est alors que l'on peut excuser l'indignation de la colère et ses emportemens : le duel semble se revêtir des brillantes couleurs de la chevalerie. Mais est-il beaucoup d'objets qui méritent ce généreux dévouement? Sera-ce pour une femme légère dans ses propos, inconséquente dans sa conduite, qui brave la médisance par ses manières, qu'on s'exposera à perdre sa liberté, sa fortune et sa vie? Vous saura-t-elle même gré du sacrifice que vous ferez à sa beauté passagère? Devez-vous vous montrer plus jaloux qu'elle-même de sa réputation, ne courez-vous pas le risque d'achever de la ternir par l'éclat d'un combat dont elle sera l'unique cause? Vous vous flattez d'acquérir quelques droits à son amour en vous montrant son chevalier, êtes-vous bien sûr qu'elle puisse aimer, et que ces préférences ne seront pas pour un danseur agréable, pour un chanteur à la mode, pour un dissipateur qui répare les malheurs du jeu et satisfait tous les caprices?

Celui qui élève aujourd'hui sa voix contre le duel, qui fait de vains efforts pour écarter un fléau destructeur, a failli, dans sa jeunesse, s'immoler à son délire et à sa fureur, mais aussi fut-il jamais une plus belle cause? Une femme qui, par respect pour le plus sacré des devoirs, s'étoit condamnée à l'indifférence, avoit fermé son cœur à toutes les affections

et dérobé ses sens à toutes les voluptés, avoit été
calomniée en ma présence par un audacieux irrité
de ce que la sagesse l'avoit banni de son temple.
Hélas! j'avois payé comme tant d'autres un tribut
d'amour à ses perfections. Avec quel ménagement,
quelle réserve, quelle dissimulation respectueuse
j'osai lui laisser entrevoir un sentiment que la vertu
repoussa avec tant de grâce et de délicatesse!

Un jour que nous dissertions sur ces idées vagues,
sur ces distinctions trop générales de pénétration et
de jugement que l'on attribue plus particulièrement
aux deux sexes : Les femmes, lui dis-je, ne démêlent
pas avec autant de justesse qu'on le prétend les affections de ceux qui les environnent. Je connois un
homme, continuai-je, que vous honorez de votre
confiance et de votre estime, que vous placez peut-
être au nombre de vos amis, eh bien! vous ne lui
devez que de la haine; si ses vœux étoient exaucés,
cette fortune dont vous faites un si noble emploi,
qui vous procure de si douces jouissances, vous seroit
ravie; la naissance dont vous vous parez avec tant de
raison seroit obscurcie, contestée ; les parens qui se
font gloire de vous appartenir vous désavoueroient.
Mais alors cet' ennemi si cruel s'adouciroit, il vous
trouveroit encore trop riche des dons que la nature
vous a prodigués, et il s'estimeroit heureux de
pouvoir vous dédommager de tout ce que l'injustice des hommes vous auroit enlevé.

Ne me faites pas connoître, me répondit-elle,
celui qui me veut tant de mal; il me ferait perdre un

19.

ami que je veux conserver, qui seroit alors le dépositaire de ma confiance et de mes sollicitudes?
Femme aussi généreuse que belle, lui répliquai-je,
que votre bonté se rassure, je saurai imposer silence
à mon cœur, et me montrer digne du titre dont vous
daignez encore m'honorer.

Ce n'est pas ici le lieu de raconter par quelle fatalité ce qu'il y avoit de plus parfait sur la terre fut
retranché de la vie. Ce qui me sera permis d'ajouter,
c'est que l'homme ne peut pas mourir de douleur,
c'est qu'il lui est possible de supporter le poids du
chagrin le plus accablant, de passer plusieurs mois
suspendu entre l'existence et le néant, de vivre de
breuvages qu'une soif dévorante lui fait prendre,
d'errer au milieu de ses semblables comme parmi
des ombres, d'écouter sans entendre, de parler loin
de sa pensée, d'échapper comme par miracle à tous
les dangers qu'il rencontre dans une cité populeuse,
d'être surpris dans ses courses lointaines par les ténèbres, de revenir machinalement à sa demeure et
de la retrouver par la force de l'habitude, et de ressaisir insensiblement la raison, comme un malade qui
sort des portes du tombeau pour entrer dans la langueur d'une longue convalescence qui n'est ni de la
santé ni de la maladie......

Par quelle fatalité des souvenirs éloignés viennent-
ils encore troubler mon esprit et le détourner du
sujet que je veux traiter!

Les duels seroient bien plus rares s'ils n'avoient
pour cause que la délicatesse d'un honneur offensé,

ou que la noble protection que la bravoure accorde
à la foiblesse outragée.

. Mais, à la honte de l'humanité, la plupart de ces
champions si vains de leur farouche courage n'ont
perdu la vie que parce qu'ils avoient d'abord perdu
la raison. Il n'est pas un homme sensé qui ne rougit
de tirer l'épée contre un adversaire reconnu pour
fou, quelque injure qu'il en eût reçue. Quelle différence y a-t-il donc entre celui-ci et l'individu dont
les esprits sont obscurcis par les fumées du vin?
Voyez avec quelle volubilité il parle, quel égarement dans ses yeux, quel feu enflamme ses joues : ses
bras s'agitent involontairement, un mauvais génie
le domine, il articule des mots dont le sens lui
échappe; demain il ne saura pas ce qu'il aura dit la
veille, et vous serez forcé de lui rappeler ses invec-
tives, ses menaces, avant de le faire consentir à réparer l'offense sortie de son délire. S'il osoit, il dé-
savoueroit tout ce qu'il a dit; mais un faux honneur
le retient, et il se résigne à vous croire et à vous tuer
si le sort des armes lui est favorable.

N'en peut-on pas dire autant de ce furieux que la
soif de l'or vient d'entraîner au jeu. Il se flattoit de
gagner beaucoup d'argent, et il a perdu tout ce qu'il
possédoit.

Il a même exposé au hasard de la fortune un argent
qui n'étoit point à lui. La misère, le déshonneur,
la prison, s'offrent à sa vue, et vous exigez qu'il soit
de sang-froid. Vous êtes assez injuste pour croire
que c'est un être raisonnable qui vous offense, qui

vous provoque. Ne comprenez-vous pas que la vie
lui est devenue si odieuse qu'il cherche à s'en débarrasser : eh! que lui importe une blessure de plus ,
lorsque son cœur est déchiré ? vous ne lui ferez pas
plus de mal qu'il ne voudroit s'en faire à lui-même.
Il vous invective , prétendez-vous être plus respectable à ses yeux que le ciel, auquel il adresse ses im-
précations. Rendez-lui tout ce qu'il a perdu , déli-
vrez-le de ses engagemens téméraires, bientôt il aura
recouvré sa raison ; et , loin de vouloir attenter à vos
jours, il vous embrassera comme un ami, comme un
bienfaiteur ; si au contraire vous attachez plus de
prix à quelques pièces d'or que vous ne tenez que de
l'aveugle fortune , qu'à l'honneur et à la vie d'un de
vos semblables, risquez de lui arracher encore l'existence, le seul bien qui lui reste.

Combien d'hommes se seroient abstenus de se battre
s'ils avoient pensé aux malheurs qui doivent suivre
un combat! Une mère désolée, une épouse en deuil,
des frères irrités et qui se croiront obligés de devenir
des vengeurs, la nécessité de fuir si l'on sort vic-
torieux, d'abandonner ses emplois et de porter sur
une terre étrangère sa douleur et ses remords : voilà
les pensées qui échappent à la vengeance implacable,
parce qu'elle est aveugle et ne peut rien voir dans
l'avenir.

Il est peut-être plus qu'on ne pense au pouvoir
des femmes d'anéantir ce préjugé qui leur enlève des
époux et des frères. Qu'elles cessent de relever par
des éloges imprudens cette bravoure qui met en péril

ce qu'elles doivent chérir le plus; qu'elles re-
tirent leur estime à ces fléaux de la société qui
croient acquérir des titres à leur suffrage et à leur
amour, en se parant des dehors d'une valeur chevaleresque. Il en est plus d'une parmi elles qui se
croient bien pures, bien innocentes, et qui ont à
se reprocher d'avoir fait répandre le sang humain
par des louanges ou des dédains inconsidérés. Elles
sont les véritables homicides. Ce sont elles qui ont
poussé le glaive dont la vue les effraie : à les entendre, une seule goutte de sang les fait frémir.
Qu'elles assistent donc à ces combats qu'elles semblent proscrire, qu'elles contemplent ce visage défiguré, ce corps qui rougit la terre où il sera bientôt
enseveli. Voilà leur ouvrage, voilà le fruit de leurs
opinions légères.

Combien elle est plus respectable la mère prévoyante qui répète devant ses fils qu'il n'y a d'honorable que les blessures reçues à la guerre; que
la seule bravoure estimable et digne de louange est
celle qui consiste à attendre ou à donner la mort sur
un champ de bataille; qu'il n'y a pas plus de gloire
à triompher au sein de la paix d'un spadassin insolent, qu'il n'en revenoit à un vil gladiateur qui s'ex-
posoit à la mort en combattant contre les bêtes
féroces!

O femmes qui êtes nos premières institutrices,
combien de travers, de vices et de crimes vous pourriez éviter à l'humanité par une juste distribution de
votre blâme et de vos éloges! Vous vous plaignez

d'avoir perdu de votre ascendant ; mais quel usage
en avez-vous fait ? N'avez-vous pas plus d'une fois
animé, encouragé la médisance et l'indiscrétion, au
lieu de les réprimer par un visage austère ? Loin de
protéger l'épouse délaissée et trahie, n'avez - vous
pas accueilli le parjure et le dissipateur ? Il ne tenoit
qu'à vous de faire naître l'émulation parmi les
talens, d'exciter le génie, de l'enflammer du désir
de la gloire par l'espérance d'obtenir des distinctions et des préférences ; vous les avez accordées à
l'ignorance, à la présomption. Vous pouviez faire
triompher les bons principes, en réduisant la perversité à la honte, à la solitude ; vous l'avez admise dans vos cercles, et vous n'avez pas rougi
de partager les fruits d'un larcin scandaleux. Quelle
leçon et quels exemples avez-vous donnés à la jeunesse ; vous l'avez dégoûtée, par vos dédains, des travaux utiles et honorables ; vous l'avez fixée le plus
long-temps qu'il vous a été possible dans l'indépendance du célibat, en exagérant les dépenses du
luxe, et en versant le mépris sur des alliances qui
n'étoient pas précédées d'une fortune immense ; comme
si la modestie, la vertu, l'économie, ne formoient
pas la dot la plus désirable ! Peut-être seroit-il
temps encore de ressaisir la puissance que vous avez
perdue, mais ce ne sera plus que sur la génération
naissante que vous pourrez exercer votre empire. Si
vous voulez vous créer des sujets, prenez les traits de
Minerve : que sa sagesse vous inspire ; que vos faveurs ne soient que de l'estime ; que votre esprit

soit de la bonté ; que votre censure soit de la justice; que votre principale parure soit de la grâce;
que votre luxe soit de la générosité. La patrie vous
devra plus alors qu'à tous les instituteurs dont l'autorité est si passagère, et dont les préceptes sont
si vite oubliés.

PROJET

D'UN HOSPICE MATERNEL.

DISCOURS

SUR LES ENFANS DE LA NATURE.

Je voudrois, avant de terminer ce volume, payer encore un tribut à l'humanité; mais qui me rendra les forces que j'ai perdues? qui me communiquera le talent qui me manque? Ceux que je vais m'efforcer de défendre n'ont point réclamé le secours de ma plume; ils n'ont point animé mon zèle par de magnifiques présens, ni par l'espoir de grandes récompenses. Hélas! les misérables, ils ne sont sortis du néant que pour entrer dans la honte et l'abandon. La charité ne les reçoit que parce qu'elle n'ose les rejeter, que parce qu'elle ne connoît pas la main qui les lui a présentés. Les petits de la louve sont moins à plaindre qu'eux, puisqu'ils ont une mère qui les alaite, qui accourt à eux après avoir été au loin leur chercher la pâture. Malheur à celui qui ten-

teroit de les ravir! Les infortunés pour lesquels j'é-
lève la voix, délaissés, méconnus de celle qui leur
a donné le jour, n'en recevront ni les soins ni les caresses. S'ils meurent, pas une larme ne sera versée ;
pas un regret ne les suivra dans le cercueil qu'on
prête à leurs mânes jusqu'au moment où la terre les
ensevelit et les dévore.

S'ils échappent par hasard aux dangers qui environnent leur naissance et contrarient leur accroissement, quelle est leur destinée, quel sera leur partage? Nul encouragement à espérer, nul héritage à
recueillir.

Est-il un ami de l'humanité qui puisse songer sans
frémir aux dangers qui précèdent la naissance de ces
fruits de la foiblesse ou du vice? On gémit sur le
nombre de ceux qui existent, c'est sur la quantité
de ceux qui ont été privés de la lumière qu'il faudroit
s'apitoyer. Des breuvages, des saignées, des exercices violens pour en étouffer le germe; des compres-
sions douloureuses pour contrarier leurs dévelop-
pemens; des accouchemens mystérieux et homicides,
ou des abandons furtifs, des ensevelissemens dénaturés! Faut-il parler après cela de la cruelle indifférence des commissionnaires chargés d'aller les déposer dans les ténèbres, à la porte d'un hospice qui
les reçoit nus et à demi-morts de froid, de fatigue
et d'épuisement?

Ce n'est qu'après avoir traversé tant de dangers
qu'il est permis à cet être fragile de commencer à
vivre. On le place d'abord sur le sein d'une étran-

gère qui lui donne à regret le lait qu'elle se flattoit de vendre plus cher. Elle a si peu à espérer de la vie de son nourrisson, et si peu à perdre par sa mort, qu'elle fait tomber sur lui toute son indifférence. Ce ne sera qu'après des vagissemens bien longs, bien multipliés, qu'on daignera se réveiller pour lui, et apaiser sa faim dévorante. Le malheureux! il n'a rien à espérer que de l'importunité. La nuit il est comprimé dans des langes si dégoûtans qu'il vaudroit mille fois mieux qu'il pût s'agiter sur une herbe flétrie ou sur des feuilles desséchées , comme les animaux.

Où trouvera-t-il à son réveil une mère qui l'enlevera de son berceau avec des bras délicats, qui charmera ses petites douleurs par une main caressante , par le doux murmure de sa voix, qui le plongera dans une eau dégourdie, qui sourira à ses mouvemens, qui promenera la finesse du lin sur ses organes naissans, qui lui parlera comme s'il pouvoit l'entendre, qui lui adressera des injures d'une bouche si caressante , d'un regard si expressif, qu'elles seroient à l'intelligence d'un plus grand prix que toutes les douceurs du langage ?

La nature ne devroit-elle pas prendre en pitié sa foiblesse et son délaissement, lui épargner tous les maux dont elle est si prodigue pour l'enfance? Elle n'est avare envers lui que de bien , que de plaisir : on diroit qu'elle veut déjà le préparer à toutes les misères qui doivent le suivre dans le cours de la vie.

Si la force de sa constitution triomphe de toutes

les infirmités , de toutes les privations qu'il aura
éprouvées dans son enfance, par quelle route arrive-
ra-t-il à la jeunesse? L'ignorance, la rudesse, la grossièreté l'y conduiront. Son moral sera aussi négligé
que l'a été son physique ; et lorsqu'il sera rejeté dans
la société, il n'aura pas plus de talent pour se garantir
de l'indigence que de principes pour se préserver
du vice.

Mais, va-t-on s'écrier, pourquoi chercher à nous
émouvoir sur cette pepinière de créatures humaines
sorties du sein de la misère et de la débauche. Hommes
impitoyables qui tenez ce langage, êtes-vous bien
sûrs que pas un de ces êtres dont vous dédaignez
l'existence ne tient à vous , et qu'ils sont tous étrangers
à vos proches et à vos amis ! Ah! si tous les riches ,
tous les hommes célèbres, toutes les grandes dames
avoient la franchise du citoyen de Genève, s'ils ré-
véloient leurs turpitudes par des confessions publiques , combien de naissances mystérieuses et criminelles nous seroient dévoilées, des enfans produits
par l'adultère dans l'absence des époux, et portés
frauduleusement dans le vaste dépôt de l'enfance
abandonnée; d'autres issus d'un amour qui a précédé
le mariage, et qu'on a condamnés à l'obscurité pour
ne pas déshonorer leur mère! Est-il quelqu'un qui
ignore que le fameux d'*Alembert* étoit du nombre
de ces créatures dévouées aux ténèbres et à la misère;
qu'il fut , heureusement pour les sciences, recueilli
par une généreuse vitrière sur les marches de l'église
où il avoit été déposé; que, lorsqu'il devint célèbre,

celle qui lui avoit donné le jour furtivement voulut
le rappeler vers elle et se réconcilier avec la nature
outragée ; que le savant eut la noble fierté de ne
pas reconnoître pour sa mère celle qui l'avoit d'abord
désavoué pour son fils.

Non, non, tous les enfans exposés sur les routes,
dans les carrefours, abandonnés dans les forêts ou
présentés à la charité publique, ne sont pas les fruits
d'une prostitution déhontée, ou de la foiblesse villageoise. J'en citerai pour exemple un fait bien authentique ; je ne passerai pas même sous silence les noms
de quelques personnages connus , parce que l'histoire
que je raconterai dans toute sa simplicité ne peut
pas les compromettre, et qu'ils ont d'ailleurs payé
tous le tribut à la mort, qui dévore sans pitié la
vertu, la grâce et le talent.

J'ai parlé au commencement de cet ouvrage d'un
Américain qui me fit connoître et sentir tout le charme
de l'amitié. Vingt-cinq ans écoulés depuis qu'il a
été enlevé à mon attachement ne me l'ont point fait
oublier.

La société nombreuse dans laquelle il étoit répandu avoit présenté à ses ardens désirs une jeune
personne qui s'étoit annoncée pour la veuve d'un
officier, et qui étoit venue solliciter à ce titre une
pension de la cour. Une apparence de douleur, une
gravité sentencieuse dans les discours, formoient un
contraste touchant avec la fraîcheur de son teint et la
vivacité de ses regards. Le créole, si disposé à s'enflammer à la vue d'une femme aimable, prit pour

elle 'uh vif intérêt, et offrit le secours de ses protecteurs et de ses sollicitations. On parut sensible
à son zèle, on lui promit des papiers qu'on attendoit
et qui n'arrivoient point. Bientôt, au lieu de parler
d'affaires, on ne s'entretint plus que d'amour, et le
jeune solliciteur ne sollicitoit plus que des faveurs
qu'on lui refusoit avec la réserve d'une pudeur toujours prête à s'alarmer.

Une résistance mesurée par l'esprit et l'intelligence
animoit et réprimoit tout à la fois les plus vifs désirs.

Je ne tardai pas à devenir le confident des regrets,
des espérances, des querelles, des raccommodemens,
enfin de tout ce que les passions ont de calme et
d'orageux. Dans le délire où étoit mon jeune ami,
il s'engagea solennellement à prendre pour épouse
celle qui ne vouloit pas se contenter d'être adoptée
pour amante. Mais il exigea, lorsqu'il fut sur le point
de partir pour Saint-Domingue , qu'elle se retirât
dans un couvent à Orléans. Sa passion jalouse lui
prescrivit de n'en sortir que pour communiquer avec
la famille d'un magistrat janséniste et économiste, à
laquelle il la recommanda comme une personne qu'il
se proposoit d'épouser à son retour.

La prétendue veuve souscrivit à cette loi, toute
austère qu'elle lui parut, et ce sacrifice la rendit
plus précieuse encore, car il ne lui en coûta rien de
se couvrir du voile de la piété; et la grave famille
qui la reçut d'abord avec froideur, fut si édifiée
de sa réserve et de ses discours qu'on ne la voyoit
plus qu'avec peine rentrer dans la retraite où elle

paroissoit se complaire. La supérieure l'appeloit un
ange de perfection, et auroit bien voulu l'aggréger à
son troupeau. Malheureusement pour elle, un jeune
lieutenant, neveu de la supérieure, vint passer son
semestre à Orléans. Il rendoit d'abord à sa tante quelques visites. La bonne religieuse, fière d'avoir un
neveu d'une taille agréable, d'une figure charmante,
et dont les manières aisées annonçoient une éducation parfaite, s'en para aux yeux de sa belle pension-
naire, qui ne tarda pas à partager le sentiment qu'elle
avoit inspiré au jeune militaire. Mais où se dire de
bouche, où se répéter ce que des yeux s'étoient dé-
clarés à travers une grille? La feinte modestie ne
laissa pas ignorer qu'on sortoit quelquefois du couvent, qu'on alloit chez le lieutenant-général du bail-
liage, qu'on passoit des semaines entières à sa campagne. Il n'en fallut pas davantage pour s'arranger
de manière à s'y rencontrer; et, par une imprudence
bien funeste, on accorda trop facilement au nouvel
amant ce qui avoit été refusé avec tant de rigidité à
celui qui s'étoit éloigné.

Ces entrevues si délicieuses n'étoient pas aussi fréquentes qu'on l'auroit désiré, et on se gardoit bien
de leur sacrifier une réputation qu'on ménageoit avec
soin. Cependant le temps du semestre s'écouloit; et
le jeune militaire, forcé de s'éloigner, ne laissa de sa
tendresse qu'un gage bien embarrassant. A force
d'art et de gêne, on étoit parvenu à dérober ses apparences; et l'illusion étoit encore si complète, que le
bon janséniste ne cessoit de s'extasier sur les principes

cipes et sur la morale de celle qu'il retenoit le plus
long-temps qu'il pouvoit à sa maison de ville et de
campagne. Elle se mêloit aux études de ses filles, les
perfectionnoit dans les ouvrages de l'aiguille. Il les
engageoit à la prendre pour modèle.

Un chanoine qui s'étoit efforcé de répandre quelque éclat sur son nom par un hymne au soleil, ne
trouvoit rien de comparable sous l'astre qu'il avoit
chanté. Au milieu de tous ses éloges, croissoit,
se développoit l'être qui devoit bientôt les dissiper.
La nature surmontoit tous les obstacles qu'on lui
opposoit, avertissoit par de secrètes douleurs que le
terme fatal n'étoit pas éloigné. Mais comment se dérober aux regards de l'amitié, à qui confier sa faute
et son embarras? On lutte encore quelques jours
contre une impérieuse nécessité.

Il ne reste plus un instant à perdre : on s'éloigne
sous un faux prétexte, on gagne avec peine la forêt.
Là, solitaire, tourmentée par les douleurs les plus
vives, on s'assied sur la terre, on s'y roule avec les
accès de la fureur, on la déchire de ses ongles, on'
retient ses cris, on comprime ses gémissemens. Une
villageoise passe heureusement près de la victime qui
se débat contre la crise qu'elle éprouve. Une voix
plaintive appelle le secours de l'étrangère, qui des-
cend de dessus sa modeste monture et paroit bien
étonnée de l'embarras et de l'isolement où se trouve
une belle dame élégamment vêtue; elle lui offre
une assistance charitable, et parvient à la délivrer
de son fardeau; elle enveloppe de son tablier la

malheureuse créature qu'elle vient de recevoir, aide
la mère à se relever, la place sur l'animal docile qui
paît l'herbe avec indifférence, et la conduit à sa
chaumière, où elle achève de lui donner les soins
qu'exige un événement qui lui est familier.

La nouvelle mère, après avoir confié ce qu'elle ne
peut absolument lui dissimuler, la conjure d'accepter quatre louis pour subvenir aux premiers besoins
de l'enfant, en lui recommandant de le faire baptiser
sous les noms qu'elle lui laisse par écrit. Le lendemain, ses forces sont à peine revenues qu'elle regagne
à pas lents la maison du magistrat; elle arrive le
soir, remonte à sa chambre, où elle passe la nuit.
Le lit qui la reçoit est l'unique confident de ses sollicitudes et de ses tristes pensées; le jour qu'elle re-
voit lui ramène l'espérance. Elle se flatte qu'avec de
l'argent elle enchaînera dans le silence la langue qui
pourroit révéler son secret; mais elle est bien dans
l'erreur. Le curé, auquel on a présenté l'enfant, veut,
avant de lui administrer le baptême, connoître l'auteur de ses jours. Il jette l'épouvante dans l'ame de la
villageoise, lui fait craindre les recherches de la justice. Cette timide campagnarde lui déclare alors tout
ce qu'elle sait, et consent à le suivre dans la maison
où il se propose de se rendre sur-le-champ. Il demande à parler en particulier à M. Letrone (c'est le
nom de l'économiste); il prie ce magistrat de lui dire
ce qu'il doit faire pour ne pas enfreindre la loi. Quel
est l'étonnement de cet homme si scrupuleux, lorsqu'il apprend qu'une veuve pour laquelle il a conçu

une si grande estime est sortie de sa maison pour
aller dans une forêt déposer le fruit d'un amour illégitime! A peine en peut-il croire l'honnête pasteur
qui l'éclaire. Il a besoin, pour être convaincu de la
vérité, de l'entendre sortir de la bouche de la villageoise qui se tient à l'écart; il se fait répéter toutes
les circonstances sur lesquelles son attention s'appuie. Transporté de colère et d'indignation, il monte
à la chambre de la malade. Il est donc vrai, lui dit-
il, que j'ai eu le malheur d'accueillir le vice, qu'il
peut se cacher sous les dehors les plus trompeurs?
J'espère, Madame, que vous ne souillerez pas plus
long-temps mon habitation, que vous n'exposerez
pas mes filles à respirer encore l'air du crime.
Arrêtez, lui répond la malheureuse à laquelle
s'adresse ce discours; arrêtez ce torrent d'injures, si
vous ne voulez pas me faire mourir : procurez-moi le
moyen de m'éloigner, et je pars sur-le-champ.

Des ordres sont donnés de mettre les chevaux à la
voiture. La malade y monte et retourne à son couvent où elle demeure encore à peine quelques jours,
bien résolue de quitter une ville où la vérité n'auroit
pas tardé à flétrir son nom. Ajouterai-je à ce récit
déjà trop long, que M. Letrone et l'auteur de l'hymne
au soleil vinrent à Paris, qu'ils me demandèrent ce
qu'on pouvoit faire de cet enfant qu'ils ne vouloient
point élever à leurs frais, et me prièrent de leur communiquer ce que je savois sur l'existence de la mère,
qui leur avoit répété plusieurs fois qu'elle me con-
noissoit? Ils ne me dissimulèrent rien de ce qui les

avoit pénétrés de douleur et d'étonnement. Je vous dois, leur répliquai-je, autant de franchise que vous m'en montrez. Cette veuve dont vous avez été enthousiasmé n'a jamais eu de mari. J'ai pris des informations sur son origine et sa fortune pour éclairer mon ami, et j'ai su qu'elle étoit la fille d'un pauvre officier qui n'a pour exister que sa modique pension ; qu'après avoir reçu une bonne éducation par les soins d'un oncle qui n'est plus, elle est venue à Paris pour être institutrice chez une grande dame, qui s'en est séparée, parce qu'elle s'est aperçue que son mari vouloit aussi l'adopter pour sa maîtresse.

Dirai-je aussi, pour l'instruction de la jeunesse, que mon impétueux Américain, de retour en France, ne fut pas plus tôt informé de la trahison de son infidèle, qu'il brûla de la revoir pour lui exprimer toute sa colère et tout son dédain ; que long-temps il la chercha dans les grandes assemblées, dans les spectacles ; qu'enfin il parvint à la découvrir à l'Opéra ; qu'il la suivit jusqu'à la voiture où elle monta avec une dame et un chevalier qui leur donnoit la main ; qu'il ne perdit point de vue le carrosse qui l'emportoit, sans avoir bien remarqué la maison où il s'étoit arrêté ?

Satisfait de cette découverte, il ne se donna point de relâche avant d'être parvenu à la voir et à lui parler. D'abord elle feignit de ne pas le reconnoître. Que je suis malheureuse, lui dit-elle, si votre cœur est aussi changé que votre visage ! Étonné de ses paroles, l'Américain essaya d'articuler quelques mots de reproches. Je le vois, reprit-elle, la calomnie m'a poursuivie jusqu'ici. Mais, je vous le déclare, je ne vous verrai de ma vie si le moindre soupçon d'infidélité a pénétré dans votre ame. Honorez, continua-t-elle en jetant sur lui un regard aussi tendre que séducteur, celle qui n'a cessé de s'occuper de vous, et ne la réduisez pas à descendre à une justification qui nous humilieroit tous les deux.

O aveuglement d'une passion trop dominante! Ce langage superbe et hypocrite fit rentrer l'amant dans toutes ses illusions. Bientôt il révoqua en doute tout ce que je lui avois appris. J'eus tellement pitié de sa foiblesse que je n'eus pas le courage de la combattre, et je ne doute pas qu'il n'eût couvert de son nom tant d'erreurs et de perfidie, si la mort n'eût, de son souffle empoisonné, dissipé son délire et ses projets.

Après avoir démontré qu'il est de malheureuses circonstances où les enfans de l'amour sont exposés à perdre le jour à l'instant où ils l'ont reçu, si la charité ou le hasard ne les sauve d'une destruction rapide, il est temps de faire entrevoir le moyen d'étendre sur eux une main salutaire et protectrice.

Dans le chapitre sur l'Infanticide, j'ai hasardé quelques idées sur le sujet qui m'occupe dans ce moment. Mais je vais m'élever à des pensées d'un ordre bien supérieur et d'une utilité plus générale. J'oserai m'investir d'un pouvoir qui n'aura pour limites que le salut public, que les droits de la nature et la sublime équité qui planent au-dessus de toutes les passions et de tous les intérêts.

Je ferai construire dans chaque département, à l'entrée de la ville principale, un édifice que, pour l'honneur de l'humanité, je ne désignerai pas sous le titre
honteux d'*Hospice des Enfans-trouvés;* car il faut
oublier que cette dénomination leur fut donnée, parce
que l'hospice connu sous ce nom fut institué pour
recevoir les enfans trouvés dans les rues et dans les
carrefours, où ils étoient exposés à devenir la pâture
des animaux immondes qui les parcouroient. Loin
de repousser les dépositaires de ces êtres misérables
et abandonnés, ils seroient accueillis et dédommagés,
nulles questions importunes ou indiscrètes ne leur
seroient adressées. Plus le nombre de ces enfans de
la nature seroit grand, plus je m'en applaudirois : je
les regarderois comme autant de sujets soustraits aux
mauvais exemples, aux pernicieux principes et à
l'ignorance; j'en formerois une pépinière de citoyens
purs, destinés à être l'ornement de la génération future. J'adapterois aux mâles une éducation virile qui
fortifieroit leur corps, éclaireroit leur esprit; j'en
écarterois, par de bonnes études, par des exercices salutaires, tous les germes de corruption. Ce seroit, si
l'on veut, une nouvelle caste, une nouvelle tribu
dans l'état, de laquelle je ferois sortir un jour des
militaires distingués par leur bravoure et leurs lumières, des ministres du culte dévoués tout entiers
à leur auguste fonction. Ceux d'entre eux dont l'intelligence bornée paroîtroit inaccessible aux calculs
de la géométrie, au goût des arts et aux grandes vérités de la religion, je les condamnerois à fertiliser

la terre avec les instrumens que la nature ne leur auroit pas refusés. Les enfans dont le caractère se déve-
lopperoit avec calme et douceur, et qui ne se montreroient pas agités de passions vives, seroient plus particulièrement dirigés vers l'étude de la morale et de
l'histoire sainte; ils n'apprendroient le grec et le latin
que dans les auteurs sacrés; ils se pénétreroient de la
première de ces deux langues, en traduisant les éloquens discours de saint Jean - Chrysostome et ses
touchantes homélies. Ils ne seroient imbus que de la
latinité des principaux pères de l'église; ils ignore-
roient jusqu'aux noms d'Horace, d'Ovide, de Térence,
de Tibulle. Leur imagination ne seroit jamais allumée par ces peintures que le génie a trop multi-
pliées et qui poursuivent l'enfance jusque dans ses
songes. Les mêmes soins que Lycurgue apporta pour
former des guerriers indomptables, je les applique-
rois à fournir à l'état des prêtres aussi purs que leur
ministère peut l'exiger; ils ne connoîtroient l'origine
du monde et de ses révolutions que par les inspirations de la Bible et des livres sacrés, ou par l'éloquent discours de Bossuet.

La naissance de l'église, ses persécutions, ses combats, ses triomphes, leur seroient présentés par l'impartialité de Fleury. Quelques odes de Rousseau,
les tragédies d'Esther et d'Athalie, le Poëme de la
Religion, leur donneroient une idée du magnifique
langage de la poésie; ils se fortifieroient contre les
argumens de l'incrédulité par la lecture des grands
sermonaires dont se glorifie la chaire apostolique.

Tous les livres profanes ne seroient pas à leurs yeux d'un plus grand prix que ne le fut à ceux du calif *Omar* la célèbre bibliothèque d'Alexandrie.

Leurs sens, ensevelis dans une ignorance prolongée de tout ce qui pourroit devancer la puissance de la virilité, seroient combattus à leur réveil par une sagesse inaccessible à toutes les séductions.

Du milieu de ces hommes ainsi disposés, sortiroient de chastes interprètes d'un maître dont la naissance est un mystère, et dont la vie fut, jusqu'à sa fin déplorable, un modèle d'humilité, de douceur et de bienfaisance. Habitués à la sobriété, aux privations, on ne les entendroit jamais murmurer de la modicité de leur traitement; ils en concluroient que, ne recevant à peine que le nécessaire, ils sont dispensés de donner le superflu.

Elle seroit bien différente l'éducation réservée à cette milice naissante que l'on destineroit à figurer un jour sous les aigles de l'empire. On commenceroit, dès l'âge de six ans, à disposer leurs corps aux exercices militaires. Tous leurs jours tourneroient au développement et à l'accroissement de leurs forces. Leur émulation consisteroit d'abord dans la régularité de leur marche, dans la rapidité de leur course, dans l'adresse de leurs hostilités ou de leur défense. Familiarisés avec le changement des saisons, on les conduiroit à une sorte d'insensibilité aux rigueurs du froid et aux ardeurs du soleil. On se garderoit d'émousser les sens précieux à leur profession, en fatigant leur vue par des caractères trop fins ou trop rapprochés. Les bois, les sentiers difficiles ne les arrêteroient pas dans leurs promenades; ils porteroient gaiement leurs provisions, s'embarrasseroient peu d'être surpris par la nuit. De petites tentes seroient dressées sur le sommet d'une montagne, et ils y attendroient le jour dans un profond sommeil.

Quelquefois on les diviseroit en deux bandes, qui chercheroient à se surprendre, à se dérober, qui se retrancheroient par des fossés, par des palissades faites à la hâte; ils apprendroient la géométrie pratique, avant d'en appliquer les règles par théorie. Les sauvages, que le cours des fleuves n'arrête pas, ne se précipitent pas avec plus de promptitude et d'assurance dans l'eau que ne le feroient ces petits nageurs, familiers avec l'élément qui n'épouvante que la réflexion et l'inexpérience. Leurs bains fréquens seroient dans la rivière, et la glace seule leur déroberoit un plaisir salutaire dont ils auroient contracté l'habitude.

La boussole seroit leur guide, la hauteur du soleil et les ombres plus ou moins prolongées leur tiendroient lieu de montre; et, pendant la belle saison, le goût de l'astronomie leur seroit inspiré par les points lumineux répandus dans le ciel, et ils ne jugeroient de la grandeur de l'ouvrier que d'après les merveilles de l'ouvrage qui se développeroient à leurs regards et ensuite à leur intelligence.

Quel bonheur pour eux si le rigide hiver venoit à précipiter cette poussière humide et flottante qui change tout-à-coup la surface de la terre et étend

sur elle un tapis éblouissant ! avec quelle ardeur ils
l'amoncèleroient, l'élèveroient en diverses pyramides
qu'ils réuniroient, et auxquelles ils donneroient les
dimensions d'un fort inexpugnable! Bientôt ils le
garniroient de boulets pressés, arrondis de leurs
mains, qu'ils feroient ensuite pleuvoir sur de téméraires assaillans, tandis que d'autres s'avanceroient
avec art et appliqueroient à leurs attaques les élémens
du *génie*.

Si l'on voit souvent l'enfance ignorante et décou-
ragée, ce n'est pas la faute de la nature, qui l'a
rendue si avide de savoir, si disposée à recevoir toutes
les jouissances; c'est celle de ses pères, de ses instituteurs qui dédaignent de mêler l'instruction à ses
jeux et de la conduire aux sciences par la route du
plaisir. Presque tous les enfans ont du penchant à
tracer sur la terre des ronds ou d'autres figures.
Pourquoi ne pas profiter de ce goût machinal pour
les conduire insensiblement à décrire un cercle parfait, à figurer des triangles, à prolonger des lignes
parallèles? On accorderoit, à titre de récompense,
une règle, un crayon, un compas, et la permission
de fixer sur le papier les figures qu'on auroit tracées
avec intelligence sur le sable. On ne tarderoit pas à
faire comprendre à ces nouveaux géomètres l'utilité
et la précision de l'idiome algébrique qui place la
démonstration sous les yeux.

C'est en ne paroissant point enseigner qu'on parvient à captiver l'attention et qu'on réussit à instruire
celui qui a toujours le désir d'apprendre, lors même
qu'il redoute le travail.

Trois grandes affections rempliroient le cœur de
nos jeunes élèves : l'amour de la providence qui les
échauffe, les éclaire et les nourrit ; l'amour de l'état
et de son chef qui les adopte, les élève et les protège ; un vif attachement à leurs compagnons d'existence, qui seroient leurs frères, leurs véritables amis,
et qui n'auroient jamais à leur contester que l'honneur d'en être surpassés en zèle, en courage, en docilité pour leurs maîtres, en dévouement pour le salut
et la gloire de la patrie, leur unique mère.

Lorsqu'ils auroient atteint l'âge où l'état lève sur
toutes ses provinces le tribut de défenseurs qu'exige
le nombre d'ennemis qui menacent ses frontières, on
verroit sortir de l'enceinte des établissemens que
j'ai créés, des légions de jeunes gens déjà disposés à
soutenir les fatigues de la guerre. Une tendresse
aveugle et indiscrète ne grossiroit pas leur danger,
ne s'efforceroit pas de les arrêter dans leur marche,
n'amolliroit pas leur courage par des regrets trop
expressifs. On n'auroit à craindre de leur part, ni
désertion, ni lâcheté. S'il leur étoit permis de se réunir en bataillons distincts, ce que l'histoire raconte des
jeunes compagnons du grand Cyrus ou du bataillon
sacré, qu'une amitié réciproque et une généreuse
émulation rendoient invincibles, se réaliseroit sous
nos yeux.

Comme ces légionnaires enrôlés dans chaque département seroient un noble à-compte sur leur contribution militaire, ils acquerroient un premier titre
à la reconnoissance des familles qui conserveroient

leurs membres. Ce ne seroit pas un service moins grand aux yeux des amis de l'ordre et de la morale, que celui de préserver les villes et les campagnes du malheur de voir s'éteindre la légion des ministres du culte et les autels privés de ses pontifes.

Je touche à l'article le plus difficile à traiter, et je ne l'aborde qu'en tremblant.

La nature, jalouse de conserver toutes ses productions et de perpétuer les espèces sorties de sa fécondité, les a distribuées en deux sexes dans une proportion presque égale. Il faut donc s'attendre à recevoir, parmi ces êtres délaissés par la maternité, autant de filles que de mâles. Quelles seront leur éducation et leur destinée? Serai-je moins sensible et moins pitoyable à l'égard de ces innocentes créatures, qu'envers celles d'un sexe différent? Ajouterai-je au malheur de la naissance celui d'être condamné sans exception, à l'ignorance, à des travaux pénibles, à des emplois serviles? Leur ravirai-je tous les avantages dont la nature les a douées? Ne leur donnerai-je aucune sauvegarde contre la corruption et la débauche? Non, je n'aurai point à me reprocher cette injuste partialité; je m'efforcerai d'en former une digne récompense de la vertu, de la bravoure et du talent.

Après leur avoir fait donner tous les soins qu'exige la foiblesse de l'enfance pour leur assurer une constitution saine et une conformation régulière, on observera d'un œil attentif leurs dispositions particulières, leurs inclinations distinctes et toutes les perfections dont elles sont susceptibles. Celles dont les traits délicats annonceroint les prémices de la beauté seront garanties de tous les accidens qui peuvent l'altérer. On aura pour elle cette surveillance, ces recherches que l'on accorde plus particulièrement aux fleurs dont les amateurs sont si jaloux.

Si, parmi celles auxquelles la nature a refusé le don de la beauté, il s'en trouvoit quelques-unes qui parussent douées de plus d'esprit, de plus d'intelligence, on feroit valoir ce précieux dédommagement par les talens qu'elles cultiveroient et l'instruction qu'on leur transmettroit. Pas une d'elles ne négligeroit les travaux auxquels la délicatesse de leur constitution paroît les avoir spécialement destinées.

Lorsqu'à l'exemple de Platon on jette ses pensées sur un canevas chimérique, on ne doit pas craindre qu'elles se trouvent en opposition avec d'antiques préjugés ou des opinions trop austères. Aussi les exposerai-je avec assurance, quoique je pressente qu'elles seront rejetées par des ames timorées qui auroient appris sans émotion que les êtres que je protège sont devenus en naissant la proie de la mort, ou marchent dans le sentier de la vie chargés du poids de la misère, du mépris et de toutes les infirmités humaines,

Il n'est pas un étranger, pour peu qu'il soit équitable et éclairé, qui nous conteste la supériorité sur tous les peuples dans le genre dramatique. Les plus aveugles enthousiastes de *Shakespeare* ne sont pas

encore parvenus à nous persuader que l'étonnant délire du poète anglais fût comparable à la sublime
raison de Corneille. On ne réussiroit pas plus à nous
faire croire que l'élégante sagesse d'*Adisson* appro-
chât de la sensibilité harmonieuse de Racine. Quel
est le peuple qui ne scroit pas fier d'avoir à nous
opposer, je ne dis pas des chefs-d'œuvres tels que
ceux de Voltaire et de Crébillon, mais seulement
des pièces nationales semblables à celles de *Dubel-
loy* ? Ses grandes compositions ne sont pas faites pour
être lues dans le silence des cabinets : ce sont des
toiles sur lesquelles ont été peints de magnifiques
personnages. Elles ne doivent pas être déroulées insensiblement, mais développées tout à coup pour
être exposées dans le jour le plus favorable. Si elles
sont une richesse de la nation, elles n'appartiennent
pas seulement à quelques habitans de Paris; tous
ceux de la France doivent en jouir. Mais que seroit
le divin *Stabat de Pergolèse*, dans un pays où il
n'y auroit ni voix ni instrumens pour l'exécuter?
Nous avons une musique savante, harmonieuse, et
nous manquons de musiciens !

On s'étonne de la rareté des bons acteurs. Lorsqu'une actrice vraiment digne d'éloges débute sur la
scène française, on l'annonce comme un phénomène.
Mais si on considère ce que l'on a fait pour étouffer
ce talent si nécessaire à la gloire de la nation, on
sera bien plus surpris que nos poètes dramatiques
trouvent des sujets capables de devenir les organes
de leurs nobles pensées. On a tellement avili, dé-

gradé ceux qui se sont dévoués à cette profession qu'ont illustrée les *Baron*, les *Lekain*, les *Dumesnil*, les *Clairon*, qu'on a peine à concevoir que d'autres tentent de marcher sur leurs traces. Cependant, par combien d'études, par quelle éducation, par quel travail opiniâtre arrive-t-on à la perfection de cet art si dédaigné? Ce n'est pas assez que d'avoir une stature imposante, un organe pur, une mémoire heureuse, des intonations justes, il faut connoître l'histoire, les mœurs, les habitudes de tous les peuples, pour se pénétrer du caractère des personnages qu'on doit représenter. Avec ces qualités précieuses, on sera encore un acteur froid et monotone, si l'on n'a pas reçu une ame accessible à toutes les grandes passions, si l'on ne sait pas s'identifier avec le héros qu'on fait parler; si, se bornant au seul rôle qu'on joue, on n'a pas suivi toute la conduite de la pièce pour se mettre en harmonie avec tous ceux qui y figurent. Voilà cependant ce qu'on prétend avoir le droit d'exiger de ceux auxquels on n'accorde qu'à ce prix des éloges et des applaudissemens. De qui attend-on tant de peines, tant de soins, tant d'études préliminaires? d'une classe d'hommes qui ont reçu le jour dans une condition obscure et indigente, qui ont eu à surmonter les préjugés et les contradictions d'une famille honnête et ignorante; qui, dès leurs premiers pas dans la carrière, ont essuyé des dégoûts, des murmures, des humiliations, et n'ont été tolérés que par un despote dont le silence indulgent est quelquefois aussi pénible que sa sévérité. Si ce sont-là les moindres écueils pour l'acteur, à combien d'autres une actrice n'est-elle pas exposée? La mère qui l'a conduite dans la carrière du théâtre, a déjà spéculé sur les attraits de sa fille. En la disposant à recevoir les applaudissemens du parterre, elle s'occupe encore davantage de lui concilier le suffrage d'un riche habitué *des loges*, qui viendra marchander des faveurs déjà promises ou accordées à un maître qui n'aura pas voulu donner gratuitement ses premières leçons.

Voilà le mal auquel mon projet est de remédier. J'ai dit que mes jeunes orphelines qui paroîtroient douées d'esprit, d'intelligence et de talent, recevroient tout le développement dont leurs facultés seroient susceptibles. Eh bien! je consacrerai à Melpomène et à Thalie celles qui seront les plus dignes d'être offertes à ces deux muses. Si ce sont des victimes, elles seront pures, elles deviendront les organes de l'amour avec une ame chaste. Elles peindront tous les sentimens, et elles leur seront étrangères; j'en ferai des Iphygénie, des Phèdre, des Andromaque. Mais jusqu'à ce qu'elles trouvent un Achille, elles ne seront point amoureuses : la passion qu'elles feindront pour Hippolyte leur inspirera plus d'horreur que de penchant pour le vice; et, en pleurant comme la veuve d'Hector, elles se pénétreront de la fidélité conjugale. Si elles jouent le rôle d'Antigone, elles sentiront que ce n'est pas toujours un malheur d'avoir été frustré d'un père, et qu'il existe de si mauvais frères qu'il est souvent préférable d'être sans parens,

parens, à la douleur d'avoir à rougir de ceux que la
nature nous donne.

Ce ne sera pas d'abord dans les rôles de nos grands
tragiques qu'on essaiera ces talens naissans; de petites pièces, telles que celles de Favart, les habi-
tueront à soutenir les regards du public et à mériter
ses suffrages.

Je me trompe beaucoup si, par la suite, on ne
voyoit pas sortir de toutes les maisons que j'aurois
répandues sur la surface de l'empire, des actrices qui
ne paroîtroient point en opposition avec leurs rôles,
des cantatrices inspirées par le goût, des danseuses
dont les grâces et l'enjouement s'accorderoient avec la
décence, qui viendroient purifier un jour nos théâtres
et éclipseroient nos sirènes, en se montrant plus
jalouses de plaire à la multitude que de faire des
conquêtes particulières. Les confidences qu'oseroient
leur faire de licencieuses compagnes seroient reçues
avec tant de froideur qu'on ne seroit pas tenté de
les réitérer. Elles se présenteroient sur la scène et dans
les foyers, telles qu'un beau génie a peint la vertueuse
Clarisse, fixée par la scélératesse au milieu des séductions du vice.

Nous nous montrerions si difficiles sur les premiers
germes du talent, nous exigerions des dispositions si
prononcées pour les beaux arts, que le nombre de
ceux ou de celles qui seroient détournés de la route
commune paroîtroit insensible.

Le penchant aux emplois serviles, aux travaux
grossiers, aux professions vulgaires, ne seroit point

contrarié : on placeroit les apprentis chez des maîtres d'une probité reconnue ; on engageroit les maires des communes à indiquer les bons fermiers, les riches laboureurs, disposés à recevoir des enfans sains et robustes et à les associer à leurs travaux champêtres.

La maison de laquelle ils sortiroient avec reconnoissance leur fourniroit un trousseau et une somme d'argent suffisante pour subvenir à leurs premiers besoins.

On ne conserveroit parmi les filles que celles dont les inclinations nobles, une certaine grâce dans les manières et le langage, décéleroient une origine moins commune que celle des autres, et qui, par une éducation plus soignée, se montreroient dignes d'être le prix de la valeur et de la vertu.

On prolongeroit avec le même soin l'éducation des jeunes militaires qui montreroient de l'aptitude aux sciences, le plus d'ardeur pour leurs exercices, dont le cœur paroîtroit s'enflammer au récit des faits héroïques, ou se resserrer en apprenant les défaites qui auroient terni la gloire des armes françaises.

Le même soin seroit accordé à ceux qui se montreroient, par la régularité de leur conduite, par une grande retenue dans leurs discours, par leur amour de l'étude, disposés à porter l'édification dans nos nouveaux séminaires, et à se rendre dignes d'être un jour élevés à la solennité du sacerdoce.

J'ai franchi les grandes difficultés du sujet que j'ai voulu traiter. On en découvre toute l'étendue. Semblable à l'architecte qui, voulant séduire l'opulence

Incertaine, ne présente sur son plan que de riches colonnes, que des masses imposantes, que des perspectives agréables, j'ai eu l'attention d'épargner à mes lecteurs l'ennui des détails. Il me reste cependant à prévenir une objection à laquelle j'ai dû m'attendre. Vous construisez, me demandera-t-on, d'après votre projet, de vastes édifices dans tous les départemens, vous y élevez tous les enfans qu'on y dépose, vous leur fournissez une nourriture saine, vous leur donnez de bons instituteurs, vous subvenez aux frais de leur apprentissage; il en est d'autres auxquels vous accordez des dots qu'elles offriront aux époux devenus dignes de s'associer à leur grâce, à leur sagesse et à leur talent. Où trouverez-vous des fonds suffisans pour supporter la charge énorme que vous vous imposez? Je les puiserai dans une idée bien simple et bien naturelle. N'est-il pas vrai que tous ces enfans qui ont reçu le jour sur le sol de la France sont français? Quoique toutes les familles les rejettent, les désavouent, il est certain qu'ils appartiennent à quelques-unes d'entre elles, qu'ils ont tous des pères, des mères, des oncles. Eh bien! je profiterai de ce vague dans lequel on les laisse errer et flottans, pour les agréger à toutes les familles, pour leur faire prendre une part dans toutes les successions; elle sera modique cette part, elle n'appauvrira pas le riche, et elle sera insensible aux indigens. Je leur assignerai un centième dans toutes les successions directes et un cinquantième dans les successions collatérales. C'est avec ce revenu toujours subsistant, et qui porte sur une base trop assurée, que j'accomplirai le dessein le plus avantageux à la nation et le plus conforme aux droits de l'humanité.

Eh! qu'importe au vieillard qui sort de la vie de laisser à l'enfant qui vient d'y entrer un léger tribut de bienfaisance? Celui qui donne alors est moins à plaindre que celui qui reçoit. Il est soulagé d'un poids accablant qui retombe sur l'être délicat qui le suit. Les misères du premier sont déjà dans le passé, celles du second sont dans le présent et s'accroîtront encore dans l'avenir. Si les hommes étoient doués d'une sensibilité prévoyante, ils considéreroient leur triste demeure comme une vaste hôtellerie, dans laquelle des milliers de voyageurs semblables à eux doivent aussi séjourner. Loin de tout consommer, de tout absorber, ils leur laisseroient par pitié quelques subsistances et des traces salutaires de leur passage.

Quant à moi qui me détache sans regret de la terre, parce que je vois tous les jours moissonner par le temps ce qui en faisoit le charme à mes yeux, je demande à l'ami qui me survivra de faire graver sur ma tombe ce peu de mots :

« Ici repose celui qui voulut toujours produire le » bien et n'eut pas la puissance d'arrêter le mal; » qui s'efforça d'étouffer le crime et ne parvint pas » même à rassurer l'innocence; dont les affections » furent si souvent repoussées par les vivans, qu'il » préféra de les reporter sur des personnages qui ne » sont plus ou qui n'existent pas encore. Fatigué de

» ne rencontrer qu'injustice et misère dans les réali-
» tés, il essaya de s'en consoler en cherchant la per-
» fection et la félicité dans des chimères.

   » Trop affligé des calamités qui fondirent tout-
» à-coup sur la France, il en détourna ses regards
» pour contempler des contrées moins agitées. Il en
» décrivit les antiques constitutions : mais ce que sa
» plume avoit tracé, l'épée d'un héros ne tarda pas
» à l'effacer. »

F I N.

TABLE

DES CHAPITRES CONTENUS DANS CE VOLUME.

~~~~~~~~

PREMIÈRE PARTIE.

SECONDE PARTIE.

TROISIÈME PARTIE.

(328)

FIN DE LA TABLE.

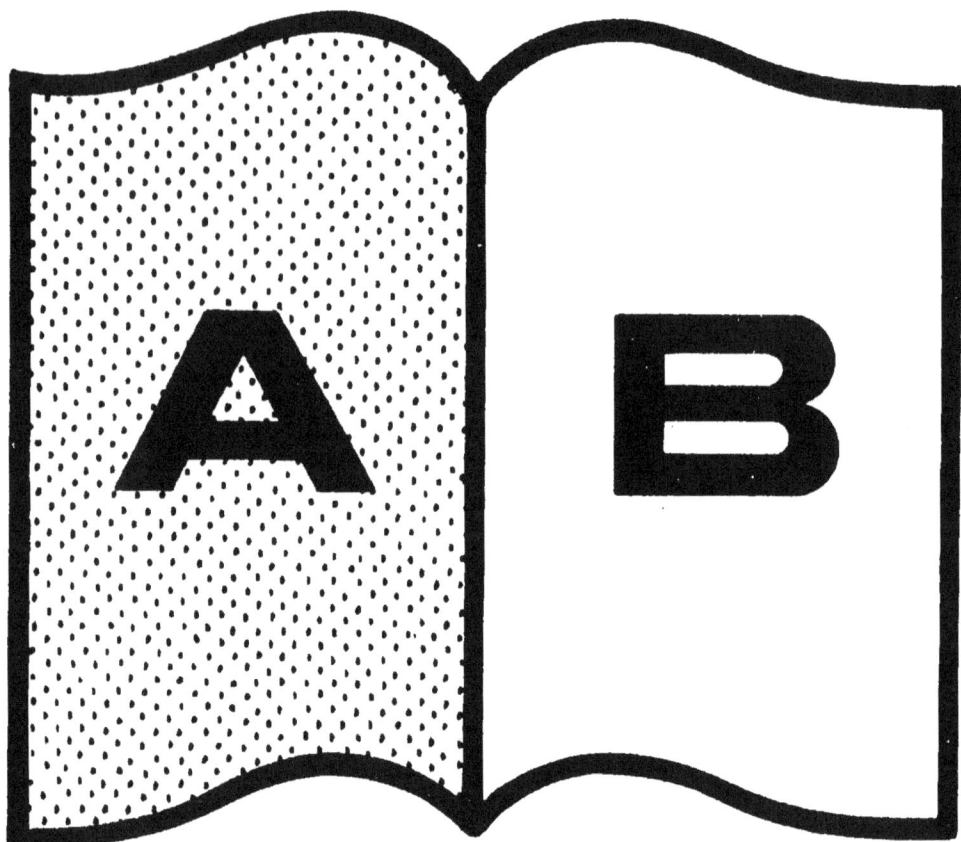

Contraste insuffisant

NF Z 43-120-14